西学东渐研究

第 一 辑

西学东渐与中国社会现代化

中山大学西学东渐文献馆　主编

商务印书馆
2008年·北京

图书在版编目(CIP)数据

西学东渐研究.第一辑/中山大学西学东渐文献馆主编.
—北京：商务印书馆，2008
ISBN 978-7-100-05780-6

Ⅰ.西… Ⅱ.中… Ⅲ.哲学史—研究—中国　Ⅳ.B2

中国版本图书馆 CIP 数据核字(2008)第 021134 号

所有权利保留。
未经许可,不得以任何方式使用。

XĪXUÉ DŌNGJIÀN YANJIŪ
西 学 东 渐 研 究
第 一 辑
中山大学西学东渐文献馆　主编

商 务 印 书 馆 出 版
（北京王府井大街36号　邮政编码 100710）
商 务 印 书 馆 发 行
北京瑞古冠中印刷厂印刷
ISBN 978-7-100-05780-6

2008年4月第1版　　开本 787×960　1/16
2008年4月北京第1次印刷　印张 18
定价：36.00元

西学东渐研究①

主　编

中山大学西学东渐文献馆

学术委员会

（按姓氏拼音为序）

蔡禾　程焕文　程美宝　陈春声　陈少明　杜维明　关子尹　黄见德　刘昭瑞　刘笑敢　梅谦立　倪梁康　沈清松　林岗　梁庆寅　李明辉　李萍　王宾　吴义雄　余纪元　张贤勇　张西平　张志扬　赵仪文

---

① 封面：广东省政协主席陈绍基题词。

编 者 的 话

在中国社会漫长的发展过程中,有两次文化交流的活动广泛而深入地影响了它的历史进程。一次是发生在公元1世纪到8世纪间的中印文化交流,另一次是16世纪末以来的中西文化交流。在这两次文化交流中,哲学都是交流的核心部分,表现在前一次是印度佛教思想的输入,在后一次则是西方科学与哲学的东渐。这两次的西学东渐进展至今,前者已或多或少地成为历史,后者却仍在持续地进行之中。

这后一个文化交融与知识流动过程的影响是如此深远,以至于我们可以说,中国的近现代思想史,基本上是由西学东渐的历史所构成的。这个时期的重要思想事件,无一不与西方思想的进入相关联。尤其是西方哲学理论的东渐,包括马克思主义在中国的传播,对近代中国的历史发展起到了至关重要的作用,成为中华历史迈向现代化过程中的重要文化现象。对这个过程的文献收集和分析研究,是一件极为重要的工作,其意义已经超出了纯粹的学术领域。

在广东省政协的支持下,中山大学在2006年12月1日成立了国内首个"西学东渐文献馆"。这个机构的产生有其直接的契机:中山大学所在的广东省,在近代中西文化交流史上具有极其重要的地位。1582年,利玛窦便是从这里进入中国,并最早在中国传播西学,从而掀开了近代中西文化交流的序幕。1840年鸦片战争后,这里也是最早对外开放的地方。容闳率领幼童赴美留学,也是从这里出发的。康有为、梁启超对西学的选择,从制度层面推进到思想层面,同样是从这里开始的。孙中山领导的几次共和革命,也主要是依托广东地区进行。尤其是在中国第二次的主动对外开放过程中,广东更是处在新时期改革开放的前沿,扮演了排头兵的角色。

因此,在广东建立"西学东渐文献馆",不仅可以对近代以来广东积累的西方思想文化资源及其与中国文化交融的初步成果进行充分利用和深入发掘,而且也可以西学东渐过程的系统理论研究为总体方向,统合和规整现有的中山大学各个学科的研究力量。通过对西学东渐方面文献资料的系统收集,力图在若干年内首先构建一个西方哲学理论东渐的专门研究乃至西学东渐的一般研究的文献中心,而后经过长期的发展,努力形成中山大学人文社会科学的一个特色理论研究方向,构造人文社会科学研究的一个聚合点。哲学、宗教学、历史学、教育学、人类学、医学乃至各门自然科学,都可以在这个总体的研究趋向下做出各自的努力。相信这个研究方向会对国内外学术界在此领域的研究有所促进,并可以在若干年内,联合国内外的相关研究力量,最终构建出一个西学东渐的研究中心。

怀着这些基本意向,中山大学西学东渐文献馆在中华全国外国哲学史学会、中国现代外国哲学学会的支持与协助下,与汕头大学新国学研究中心合作举办了"西方哲学东渐与中国社会现代化"的国际学术研讨会。此次会议于2006年12月1—6日先后在广州与汕头举行。为了取得对过去四百年西方哲学东渐的正确认识,提高未来我国西方哲学研究的学术水平,推进新世纪中外哲学更大规模的交流与更高层次的会通,这次研讨会主要围绕后者,即十六世纪末以来"西方哲学东渐与中国社会现代化"交流心得、开展讨论。为此,出席会议的国内外代表,围绕上述主题提交了一批论文,并在会上就与此有关的论题进行了热烈的交流与深入的讨论。

这里集结发表的论文,便是这次研讨会报告的一部分。它们无论是从总体上还是局部上都进一步深化了对四百年来西方哲学理论东渐的认识。

通过文献的收集、整理、编撰、发表,通过各种讨论、研究活动的组织,通过相关研究成果的出版,中山大学西学东渐文献馆希望能够为国内外相关领域的研究者和研究活动提供一个研究、交流、合作的场所!

中山大学西学东渐文献馆
2008年1月18日

目　录

复杂的文化传统 …………〔瑞士〕埃尔马·霍伦斯坦（1）
略论四百年来的西方哲学东渐 ………… 黄见德（15）
关于西学东渐的经验教训——兼论话语
　霸权与"失语症"问题 ……………… 王树人（28）
关于"西学东渐"的回顾与展望 ……… 王守昌（39）
"惟一的"、"最好的"，还是"独立互补的"？
　——"西学东渐"再检讨 …………… 张志扬（44）
明末清初的西哲东渐 ………………〔法〕梅谦立（58）
西学东渐与中国的现代化进程 ………… 江　怡（70）
科学、民主与民族精神重建 …………… 易崇辉（85）
西学东渐与现代中国哲学 ……………… 谢地坤（105）
明清间亚里士多德哲学在中国的传播 …… 张西平（116）
在西方形而上学发展的逻辑连接处
　"点击"哲学观 ……………………… 程家明（136）
利玛窦看中国 …………………………… 余怀彦（155）
黑格尔在中国——一个批判性的检讨 …… 张汝伦（164）
关于"海洋文化的儒学"与"法政主体"
　的省思 ……………………………… 李明辉（200）
新儒学的《宣言》与德性伦理学的复兴 …… 余纪元（216）
试论梁漱溟早期对柏格森哲学中两个

核心概念的"误读"与创化 ………………… 庞守兴（234）
容闳：西学东渐中最早的"香蕉人" ………… 周炽成（246）
《孟子微》与康有为对中西政治思想
　的调融 …………………………………… 陈寒鸣（257）

复杂的文化传统[①]

〔瑞士〕苏黎世工业大学
埃尔马·霍伦斯坦（Elmar Holenstein）

导 言

文化传统并非一些拼凑的、断续的、同质的（homogeneous）单元，彼此间相互独立。通常，它们不断地融合在一起，彼此重叠，由此成为异质的东西。大陆甚或次大陆的分界线、气候带、族群（也称作"种族"或人种群体）、国家、经济区域、语言、宗教以及其他一些（伦理学或美学的）价值共同体之间的界限并不一致。没有什么时候欧洲因袭的界线，会等同于气候、人种、国家、经济、语言、宗教或者精神气质的界限。这一点也尤其适用于"中央之国"（"Midland"）的中国：中国的疆域迭有变更，历史上分分合合，时而摆脱、时而屈服于异族的统治，周围有不少自愿或被迫归附的属国，也有不少受中国文化影响（汉化程度）或深或浅的国家，时而赞慕、时而憎恶中国。

动物中的捕食者与捕获物，人类中的好战分子与和平主义者，都在同一种气候氛围中繁衍兴旺。说同一种语言的人们可以持守不同的宗教信仰。持守相同宗教信仰的人们可以拥护不同的哲学学说：

[①] 本文初稿曾宣读于 2004 年 5 月在香港中文大学举办的关于"同一与变异"（"Identity and Alterity"）的"东亚现象学组织（PEACE）第一届研讨会"上宣读。

这边拥护理性主义,那边拥护神秘主义。资本主义与社会主义两者可以共存于同一工业化国家。"一国两(或多)制"并不是中国的首创发明。

几个世纪以来,许多哲学家教条地主张文化传统是同质的,当今的政治意识形态也同样如此宣称,但为什么文化传统事实上并非如此?为什么文化——或者用英语中更流行的字眼——为什么文明如此复杂多面?那种令人一目了然的解释是,一种文化的各个不同维度之间会彼此作用、影响。但是,它们的交汇点从来不会维持长久。引起它们变化的原因实在太过多样,这些原因决定了语言的演变而非宗教的转变,决定了人口的迁移和转变而非国界线的改变,决定了思维方式的转变而非纯粹的经济变化等等。因此,过去用来界定文化的那些属性不能与文化同步变化,由此也就不具有与文化相同的外延。

即使远古文化——它曾被称作"原始文化"以区别于"高级文化"——也呈现出值得注意的内在差异。但是,在这些文化中可以发现一些差异几乎专门由生物学所决定,它们取决于年龄、性别以及亲属关系。人们在交往中为了维系亲属关系,而在行为举止方面做出的变化,可以达到一种令"现代人"难以理解的程度。生态状况,也可以说是自然条件,似乎是这种社会中引起变化的最重要因素。

农业、驯养动物,以及随后的城镇和超区域国家的建立,带来了新的差异。生物学已无法再解释这些差异:各种职业(农民、饲养员、手艺人、商人)之间,地产拥有者与没有地产的人、受教育者与未受教育者、统治者与被统治者、军人与平民、城镇与乡村、中央与边陲之间的差异。所有这些因素对于人们如何理解彼此和自身,以及对他们自身的本性和传统文化产生影响。上述的每一行业和社会阶层都形成了某种特定的世界观和德行等级。

虽然这些新的差异,不是像在原始社会的构成中起作用的因素(年龄、性别、亲属关系)那样是生物学上的,而是历时性的文化因素,但它们仍有共同之处——一些超文化因素。它们并非源于某些特定的文化,它们也不能被归结为人的种族来源、语言或宗教。任何民族、任何主要宗教以及影响现代社会的意识形态,都无法取消它们。至今,每一场意识形态的运动都被迫在这方面作出让步,哪怕这种让步与他们的原本意图以及纯形式的教义背道而驰。

复杂的价值体系

不仅人类文化的复杂构造充满了内在张力,人类的价值体系也同样如此。人类所珍视的价值并不能被和谐地置入一个没有冲突的金字塔结构,在其中各种价值彼此间处于一种相同、较高或较低级的简单序列中。最佳地履行一种价值观念,并不会同时促进最佳履行每一种其它的价值观念。最佳的个人自由与最佳的社会公正不能相容,个人彻底的自我实现(古德语称之为"Selbstverwirklichung")或"自我修养"(古汉语称之为"修身")与全体人绝对的平等不能相容。"最大多数人的最大幸福"不能在原教旨主义式的(fundamentalist)共产主义社会实现,在这种社会中,所有人不管能力和表现如何,都拥有同样数量的财产,领取同样的工资;相反,在一个协调适度的资本主义社会,一部分人要比全体人总体生活水平富裕。然而为了使每个人都能富裕起来,具体应该有多少人比绝大多数人富裕,并且富裕到何种程度,对于这样的问题人们绝不会达成共识。这就是为什么在所有民主国家,一些政党在强化个人自由的基础上,许诺使全部人获得最大的幸福与富足,而其他政党则寄希望于更广泛的平等来实现这一目标。

超文化价值体系与价值冲突

并非在各种文化中都可以找到一些独特的、不同的基本价值。某些基本价值特别地在某一特定文化中彰显,并由此而被认作这种文化的"典型"[例如孔子的"五常":仁(humanity)、义(rightness)、礼(decency)、智(wisdom)、信(trustworthiness)]。这种典型至少作为一种雏形,可以在每一种具有时空实质广延的其它文化中找到。所有处于不同文化系统中的人,都懂得诸如快乐、悲伤、恼怒、厌恶、忧虑、惊讶这样一些基本情感;文化彼此间只是在这些情感的重要程度、表现形式以及陶冶方式方面有所不同;同样,在所有相对复杂的人类文化中,都可以发现基本价值的全部谱系,文化彼此间同样也只是就这些基本价值的重要程度和陶冶方式方面有所区分。

并非所有基本价值在每一种情形中都得以最佳实现,这个事实意味着,不仅相同的价值观念,而且相同的价值冲突,也会在庞杂的地域文化中相(遭)遇。实际上,取决于所处的具体情境、思维方式以及时代背景,不同文化都可以遇到解决这些价值冲突和彼此矛盾的相同办法。

家庭幸福与公共利益哪个更重要?这样的哲学讨论,是一个关于超文化价值之两难选择的经典例子。在欧洲与中国的文献中,都出现过对这个两难选择的讨论。二战期间,一个学生曾问萨特是愿意在家护理年迈患病的老母,还是愿意在抵抗组织中为自由而战。萨特认为这个两难选择无法裁决,然而他的这种看法令人怀疑他自己很可能会选择护理母亲。在地球另一面的中国,早在两千多年前,鲁国有个人为了在家照顾年迈父亲而再三做逃兵,孔子赞扬了他,并由于他的这种值得效法的孝行,孔子引荐他到官府里一个高的职位去供职,但结果此人的乡亲们于是乎都开始竞相效尤。相反,在孔子逝世的公元前479年,楚国一个叫庄志山(音译)的人,遇到了与20世纪40年代的萨特所遇到的相同的两难选择。他告诉母亲说,他只能用他从王侯那里领取的薪金来侍奉她,所以他得履行作为一名士兵的义务。①

---

① 让-保罗·萨特:《存在主义是一种人道主义》(*L'existialisme est un humanisme*)1946,Paris:Nagel,1970; Heiner Roetz, *Die chinesische Ethik der Achsenzeit*(《轴心时代的中国伦理学》),Frankfurt am Main:Suhrkamp,1992.

跨文化界限的社会联盟

复杂性、非同质性、不和谐性,这些都是为人类文化与价值体系所固有的东西。现象学考察得出的这个结论必须作为接近这一问题的出发点:文化彼此间具有何种关系? 当我们明确地说复杂文化或复杂文明,而不单单只说文化或文明时,这种相关性就会立即显现出来。由此,萨缪尔·亨廷顿(Samuel Huntington)的《文明的冲突》(Clash of Civilizations)将成为《复杂文明的冲突》(Clash of Complex Civilizations)。这样一种确切的表达使我们意识到:文化间的冲突始终是具有内在异质结构的实体之间的冲突。当两种复杂的文化传统彼此交锋时,不要指望在前线会形成统一战线。在党派冲突中,总是可以从对方中找到至少在某种程度上具有相同想法或值得同情的人;这常常依据集体的方针路线,以及受相似利益与价值观念驱动而形成的特定社会阶层。

从超文化的角度看,生活在相似地域或经济环境中,往往会导致相似利益与价值观念。一个在外国旅行的人会不难分辨出礼貌的城里人与乡下人。他们行为举止方面的差异以及各自特有的偏好,明显得就如同博物馆里王室绘画与乡土绘画之间的差别。中国农民与欧洲农民在许多方面比他们各自国家大城市里的居民,要有着更多的相同利益与价值观念。

拥有属于自己的土地——即使这并不合法——的农民,事实上会形成联盟,结成团结的群体。他们希望建立地方性和区域性的自治政府,厌恶由遥远的政府指派过来的长官。不知民间疾苦的"缺席者"式的当局所颁布的措施,会激起他们愤怒的抵制。这一分析的提出并非基于历史学家对瑞士联邦成立初期情形的展示,而是从19世纪中国的一位无政府主义者刘师培的宣言中发现的。①

---

① Sources of Chinese Tradition(《中国传统的来源》), Second Edition, Volume II, ed. by Wm. Theodore de Bary et al., New York: Columbia UP, 2000, pp. 400 ff.

自古以来,欧洲与亚洲的哲学家们一直在争论这样一个问题:严格的法律与良好的教育哪个能更好地促成一个有教养的社会?无论在欧洲还是在亚洲,在亚里士多德、孔子以及佛教的文献中都会发现第三种因素:保障起码的温饱。① 在中国政府要求发展经济优先于其它公民权力的背景下,人们可以辨认出这一观点。按照亚里士多德的看法,如果绝大部分民众都享有中等阶层的生活水平,就很有可能实现政局的稳定。"公民品德"(或者换一种不那么肯定的说法:"中产阶级的道德")、法治以及自由宪法都与这部分民众的特殊利益联系在一起。他们是自己的受益担保人。只有经济繁荣到一定程度,得体的生活才有可能。人们在很大程度上若能同时具备殷实和有教养这两种因素,就会促成自尊以及举止得体的生活感。

在印度南部的喀拉拉邦(Kerala),教妇女读书写字被证明是比中国严格的计划生育政策更人性化且更有效地控制孩子数量的方法。正是由于社会地位的提高以及与学校教育密切相关的经济条件的改善,妇女们感到能够自己决定什么对于她们以及她们所处环境来说是最好的,并去实现自己的决定。随着经济的繁荣,文化上得到认可的家庭模式和价值观念变化得非常快,在西欧传统天主教地区——从德国的巴伐利亚到爱尔兰和葡萄牙,人们也开始饶有兴趣地研究如何改进学校教育。

同质性假说的严重后果

现在让我们看一下文化的历史。教条地将文化认定为同质的实体会导致矛盾,导致对单个传统做出完全相反的特征描述——这将取决于文化理论家所处的地域和时代,及其所属的学派。因此在尼

---

① 亚里士多德:《政治学》(*Politics*),4.11;孔子,《论语》,13.9;Volker Zotz, *Buddha*(《佛》), Reinbek bei Hamburg: Rowohlt, 1991, pp. 95 ff.

采看来,基督教否定生命,而印度教肯定生命;相反在阿尔伯特·施怀泽(Albert Schweitzer)看来,基督教肯定生命,而印度教否定生命。在韦伯和哈贝马斯看来,儒家和希腊形而上学肯定世界,与之相比,印度教和基督教则否定世界。尼采对基督教的判断基于他童年在虔敬派牧师家庭的成长经历,以及古印度《吠陀》(Veda)中无罪业的世俗倾向留给他的深刻印象。施怀泽成长在一个不如尼采那么自由的基督教环境中,铭刻在他脑海里的是南亚的苦行主义,以及我们的感官经验都是幻觉的哲学教诲。韦伯和哈贝马斯用"苦行式新教徒的职业道德"来解释现代欧洲的资本主义,并在此基础上,试图用一种由两对完全相反的属性所构成的简单模式,来解释四种文化范例。就结构而言,他们简单的文化类型论,与亚里士多德对四种元素所做出的原始科学式的描述没有什么区别。亚里士多德用两对相反属性的各种不同组合来规定土、水、气和火(土,干而冷;水,湿而冷;火,干而热;气,湿而热)。在韦伯和哈贝马斯的论述中也应用了同样的结构。在对待世界的态度这方面,他们把基督教描述为**积极的且否定世界**,印度教是**消极的且否定世界**,儒家是**积极的且肯定世界**,古希腊哲学是**消极的且肯定世界**。这样一种文化类型论遮蔽了不同文化传统间的内在差异,是鲁莽地对各种传统的某些特定区别做出的夸大对比。人们未注意到这一事实:韦伯和哈贝马斯有系统地指派给不同文化的这两组对子(**积极**对**消极**,**肯定生命**对**否定生命**)也可以在这些单个文化的内部找到,并为它们的活力与创造力做出必要贡献。①

文化同质性这种信念只承认发展程度上的差异。于是,传统的文化类型论经常谈论文化的发展阶段:萌芽期、繁荣期、巅峰期和衰退期,或者仅仅处于静止期。文化最终只能变得更好一点或更差一

---

① 参见埃尔马·霍伦斯坦(Elmar Holenstein)的《文化哲学视角》(*Kulturphilosophische Perspektiven*, Frankfurt am Main: Suhrkamp, 1998), pp. 306 f.,以及《哲学地图》(*Philosophie-Atlas*, Zürich: Ammann, 2004, plate A 7)。

点,而不可能发生前后同等重要的转变。因此,韦伯从韩国社会制度中只能看到"中国制度的一种苍白映像",在他看来这其中不具有任何独立性的东西。他用苍白映像而不用一种色彩(东方的青色)来表述,或者像中国人那样,用比喻性的"小花"来表述,以区别于中国用"大花"来标识的自身认同。韦伯没有看到韩国对吸收自邻近大国的诸多传统所做出的创造性消化。韩国的国土面积、历史以及环境都与中国不同;韩国不仅在美学领域,也在社会政治领域取得了卓越成就,例如为了提高全民教育水平,他们创造出了结构上独一无二的文字书写系统。离自己更近一些的瑞士,韦伯看得更清楚一些。他把瑞士的政治和文化成就视作"日耳曼性"("Germanness")的一种独有的、特殊的形式,这一形式只对处于特定地理环境下的小国是可能的,而非像德国这样的大国。像德意志这样的大国,会不可避免地作为一个"强国"而采取政治行动,这些政治行动的结果是为其内在构造服务的。①

同质性——非文化的理想

同质的文化在人类学上不仅不切实际,也不理想。这并不是说,虽然它们不存在,但一旦存在,一切将变得更好。它们也不是这样的东西,仿佛我们可以用和平的、非暴力的"种族清洗"而力争实现。有一种浪漫的观点认为,诸文化实体("民族")可以通过一种最佳可能的途径实现,即它们自给自足,也就是说独立自恃。它包含了这样一种观点,即它们的民族性格不必吸收任何外来的东西。然而最理想

---

① 马克斯·韦伯:《宗教社会学论文集》(*Gesammelte Aufsätze zur Religionssoziologie*), Volume II (1921), Tübingen: Mohr, 1988, p. 294; *Gesammelte Politische Schriften*《政治作品集》(1921), Tübingen: Mohr, 1988, pp. 142 ff.; Holenstein, *Kulturphilosophiche Perspektiven*《文化哲学视角》, pp. 37 f. and 308.

化的自我实现、保持隔绝和自给自足，它们彼此间相互冲突。最理想化的自我实现即便可能也只是暂时的，并且在某些方面需要永久地放弃完全的独立。在这点上语言就是一个有益的例子。每一种可想到的单独的语言所具有的表达潜力，在人类天生所具有的表达潜力面前都会显得捉襟见肘。这并非一种意外，而是结构本身状态决定的。言语表达的意义取决于上下文，也取决于它们所属的语言系统。当我用英语和汉语说同一事物时，它们语言学上隐含的意义和产生的联想并不相同。我用汉语所暗指的事物，就不同于用英语。在交谈中，当我们的思路逐渐聚拢时，就会为这种联想性的暗指铺平道路。

每个人天生都具有学和说不只一种语言的能力。每个人基于自身思维的多重构型而具有的自我实现之潜能，要比单一一种语言提供的自我实现之潜能更加广泛多样。类似的结论也适用于文化：每个人基于自身思维的多重构型而具有的自我实现之潜能，要比单一一种文化提供的自我实现之潜能更加广泛多样。在一种单一的同质文化传统中，人类天生具有的各种自然倾向并不能全都很好地得到发展。

复杂传统的内部矛盾

不仅当今的文化是复杂的，它们所源出的传统也同样繁复多样、富于变化、充满矛盾。当讨论普世人权时，在欧洲已经形成了这样一种惯例，就是只从《圣经》、从古希腊（尤其是斯多亚派）哲学和罗马法中引用某些段落来为人权建基，以便使这些人权可以呈现为欧洲历史的遗产。人们很容易缄默地无视这样的事实：古希腊哲学中最重要的两位权威柏拉图和亚里士多德，以及《圣经》中最具哲思的使徒保罗，都曾拒斥过普世人权——尤其是妇女、穷人、奴隶和（"野蛮的"）外族人的人权，事实上这些人被拒斥了好些世纪。

因此，20世纪60年代他在图宾根大学曾和现任罗马天主教教宗本笃十六世（Benedict XVI）共事的新教神学家莫尔特曼（Juergen Moltmann）①在关于当前欧洲有关穆斯林头巾的争论中这样写道："我们不能把宗教自由和对女性尊严的尊重归功于伊斯兰教的头巾。"当然不能！但我们同样也不能将之归功于圣保罗对戴头巾的命令，不能归功于使徒对妇女应服从丈夫并在教堂保持沉默的诫令。②这些《圣经》中的著名段落也用来帮助人们，"将妇女限制于一定的社会角色并建立一个男权社会"。而且在一个已经全球化了的世界，最好把这点放在心上，那就是在全世界仍有很多人出于对宗主国的顺从礼仪，不仅保持穆斯林的头巾，而且保持基督教的教袍、象征压抑的十字架。

莫尔特曼进一步宣称，在阿拉伯或亚洲文化中，没有什么可与现代世俗国家作比较的东西能够被发现。但是，对于18世纪启蒙学者——例如对于德国哈勒（Halle）的克里斯蒂安·沃尔夫（Christian Wolff）③来说，中国难道不是将道德与神学加以分离、由此至少间接地也把国家与宗教在宪法上加以分离的典范？欧洲的哲学家和神学家们究竟能否忘记穆斯林最有影响力的哲学家——例如在科多巴（Cordoba）*最具持久影响的伊本·鲁西德（Ibn Rushd）**——为哲学与神学的分离所提供的论证？

在某个人自己的基督教和欧洲传统里，只挑出那些与当前流行

---

① Jürgen Moltmann,"Die Würde der Differenz"(《尊重差异》), in: *Die Zeit*, 26 Feb. 2004, no. 10.

② Paul, *First Epistle to the Corinthians*(《哥林多前书》), chapters 13 and 14.

③ Christian Wolff, *Oratio de Sinarum philosophia practica: Rede über die praktische Philosophie der Chinesen*（《关于中国实践哲学的演讲》）(1721/26), Hamburg: Meiner, 1985, pp. 154 ff., note 55.

* 现为西班牙城市。原先是由罗马人所建的一个港口，后被穆斯林人所占领，13世纪又被基督徒所占，由此混合了古罗马、基督教和伊斯兰教的文化。——译者注

** 也叫阿维洛伊（AverroÎ）。——译者注

观念相容的观点,而在其它宗教或者大陆的传统里却只挑那些不相容的观点,这样做既不公平也不科学。欧洲的文化遗产并非只是由古希腊—罗马和基督教孕育出的果实。犹太教和伊斯兰教——甚至中国以一种边缘的方式,至少以被欧洲启蒙运动理想化了的形式——都为欧洲文化作出了它们自己的特殊贡献。

"欧洲文化"的非欧洲来源

所谓"欧洲文化遗产",最简单且大体上贴切的定义是:古希腊的和《圣经》的(亦即"东方的"、西南亚的和东北非的)思想及其价值观念的综合。必须立即补充一点:这种综合中的古希腊部分本身不能脱离先前来自"东方"的推动而获得说明,这种推动发生在"轴心时代"的开端(公元前750—前650年),通常称作古希腊文化的"东方化时期"。① 如果要问这种综合是由谁、在哪里做出的,答案是:第一阶段即古代阶段,由犹太人和西南亚以及北非的早期基督教神学家[斐罗(Philo)、俄里根(Origen)、奥古斯丁(Augustine)]做出。对他们来说,他们可以利用亚历山大学派和新柏拉图主义这些前基督教的希腊融合性文明的形式*。第二阶段即中世纪阶段,《圣经》与古希腊思想的融合强有力地受到了亚里士多德哲学的导向;除此之外,犹太学者[摩西·迈蒙尼德(Moses Maimonides)]和穆斯林哲学家此时则在做开拓性的工作[阿尔·法拉比(al-Farabi)、伊本·西纳(Ibn Sina)**、阿尔·加札利(al-Ghazali)、阿维洛伊(Averroî)]。

---

① Walter Burkert, *The Orientalizing Revolution: Near Eastern Influence on Greek Culture in the Early Archaic Age*(《东方化革命:古代早期近东对希腊文化的影响》), Cambridge, MA: Harvard UP, 1992.

* 普罗提诺(Plotinus)具有埃及血统,波菲利(Porphyry)具有腓尼基—巴勒斯坦血统,扬布利科斯(Iamblichus)具有叙利亚血统。——译者注

** 亦称阿维森那(Avicenna)。——译者注

尽管其传统中有如此多的差异,犹太教、基督教和伊斯兰教还是有相当数量共同的理智难题:自然哲学和道德哲学中启示与理性的冲突、在世界是有限的还是无限的这一问题上《圣经》与古希腊哲学的矛盾、在解释世间恶之存在时上帝的全知全能与人的自由之间的关系、解读圣典的可能方式、个人宗教体验的认识论价值。非基督教的学者们得出的答案,对于基督教哲学和神学家们来说具有典范意义;实际上,他们的信念会彼此一致到这样一种程度:一个源于11世纪、经常被引用的文本 Fons vitae(《生命之源》)是由阿拉伯文译成拉丁文的,中世纪巴黎的学者尚不能确定其作者——只知道他的拉丁名字叫 Avicebron——是一个穆斯林还是一个基督徒。1859年,文本考据史学家萨洛蒙·穆恩克(Salomon Munk)发现此人与萨拉哥萨(Zaragoza)的诗人伊本·加比罗尔(Ibn Gabirol)是同一个人,因此他是犹太人。

复杂传统中有大量用以展开和证明合理的潜在因素

传统主义者诉诸于一个人自己的历史,以使现代与反现代观念之间的矛盾正当化;除此可能性之外,文化传统的复杂性还有另一个值得注意的结果。

贬低由外国范例提供的引起激进社会改革的推动,使用自身传统现成的东西来促动改革,或者至少在事实发生之后,使它们正当化——这总是有可能的。在中国,大量关涉自己传统的东西,都可以在近现代进程所发生的各种现代化运动中发现;这些传统的东西绝不限于19、20世纪受欧洲影响而引发的运动。① 关于人人平等的观

---

① Volume II of the *Sources of Chinese Tradition*: *From 1600 Through the Twentieth Century*(《中国传统的来源:从1600年直至20世纪》)(see above, note 4) is full of "traditionalistic" justification of "modernistic" reforms.

念,可以引见于孔子提出的"有教无类",以及他的对手法家提出的"王子犯法,与庶民同罪";关于个人自由和自我负责的观念,可以引见于传统儒家对自我修养(self-cultivation)的要求;关于全世界团结一致的观念,可以引见于兼爱(universal love)——墨子这一反儒家的告诫,或者引见于新儒学的发起者之一张载(受佛教启示)的信条:"民,吾同胞"*;关于社会公正,可以引用孟子关于土地改革的倡议**;关于责任(首先是知识分子的责任),以及由此暗含地也包括了对政府中不良现象的抗议权,可以引用孟子的政治讨论***;关于地方自治的理念,以及建立在讨论和多数人一致意见基础上的"公民社会"的组成形式,可以引用新儒学最杰出的代表人物朱熹所提出的农村合作组织。

黑格尔认为中国历史几千年来停滞不前,社会结构在时间的流逝中稳固不变。与此相反,在中国那些拥护对国家进行根本改革的人们,从不厌烦地指出,伴随生活条件的改变,国家结构的革命性变革在中国古代已经出现。由夏商周三代贤明的非凡国君和文化英杰所推行的似乎是神圣的封建制度,被秦朝以及随后汉朝的论功行赏制度所替代。从那往后,不再是贵族血统,而是国家检查系统——至少大体上——决定着国家职权的分配。17世纪湖南衡阳的王夫之说过"逆时而亡"("To go against the times is fatal"。——意译)。历史会向着更人性的方向前进,这种观念土生土长于中国的文化传统中。19世纪初,湖南邵阳的哲学家、地理和历史学家魏源曾指出,早于基督教的第2世纪,长安的汉文帝****废除了包括肉刑在内的各种刑罚,而这些刑罚自夏商周三代以来一直在施行。

---

* 《西铭·乾称篇》。——译者注
** 孟子力主"井田制",曾劝滕文公行"仁政"。他说:"夫仁政必自经界始,经界不正,井地不均,谷禄不平。是故暴君污吏必慢其经界。经界既正,分田制禄,可坐而定也。"《滕文公上》》——译者引
*** 孟子也说:"民为贵,社稷次之,君为轻。"《尽心下》》——译者引
**** 汉文帝刘恒(公元前202——前157年)是汉朝的第四个皇帝,高祖刘邦第三子,惠帝刘盈弟,母薄姬,初被立为代王,建都晋阳。——译者注

佛经(佛陀教导、佛家、"佛教")从根本上改造了东亚的哲学,就如同在"古老世界"的西方,基督教从根本上改变了古希腊哲学一样。反过来说,佛经在中国的汉化,其方式可以与西方基督教的希腊化等量齐观。

关于普世人权是否可以没有冲突地与中国传统相容这个经常被讨论的问题,不可能把这种争论限于与轴心时代相关的著述段落。它们那时以及随后诸多世纪中所起的作用是次要的,就如同在古典希腊哲学家的著作中所发现的那些非核心段落那样,虽说保留了好些世纪,却几乎没什么结果。再说,有关全人类平等和普遍道德规范的最早宣言是在南亚,在耆那教的(Jainaitic)和佛教的学说中找到的。它们从那里传到中国,远比在中国遇到的由美国和法国革命以现代法律形式给出的相同观念要早。值得一提的是,在1896年的广州,一位叫徐言左(音译)的中医呼吁应平等对待所有病人,穷人和富人都一样。他这么做时并非诉诸于欧美的普世人权宣言,而是佛家经典里的"众生平等"①,了解一些历史的人不会对此感到惊奇。

中国的哲学传统并非由对孔子的一系列脚注组成,欧洲的哲学传统同样也并非像怀特海(A. N. Whitehead)所说的那样,是一种退化,即"对柏拉图的一系列脚注"。

(译者:王鸿赫/中山大学哲学系;

校者:张　宪/中山大学哲学系)

---

① Paul U. Unschuld, *Huichun*: *Chinesische Heilkunde in historischen Objekten und Bildern*(《回春:历史上和图片中的中医》), München: Prestel, 1995: pp. 70 f.: "In the Buddhist classics we read: 'The whole world is equal.' Physicians should conform to this view."

略论四百年来的西方哲学东渐

中山大学西学东渐文献馆　黄见德

西方哲学东渐,是近代以来中国社会发展过程中发生的一种非常重要而又极为复杂的文化现象。自从这一现象出现后,在中国的学术领域中,便有对西方哲学本身的研究,还有对西方哲学输入与传播的研究,即东渐研究。

四百年过去了。在西方哲学本身的研究方面,虽然几代学者辛勤耕耘,取得了值得重视的成就,但也不能否认,无论学术成果还是其社会作用的发挥,都不尽人意。这与没有及时地反思与总结西方哲学东渐的经验教训,即没有积极地开展西方哲学东渐研究,有着直接的关系。因为长期以来对于这项研究,没有给予应有的重视与进行深入的研究,使我们对它的认识一直停留在模糊不清、若明若暗的水平上,给西方哲学的学术研究及其成果积极作用的发挥,带来了不应有的重大损失。特别是,随着中国现代化事业腾飞与人类社会走向全球化步伐加快,为了推进西方哲学的学术研究,迎接新世纪中外哲学更大规模交流与更高层次会通,积极开展这项研究,显得越来越重要,越来越迫切。

不过,在研究时,必须把它同中国的现代化事业联系起来,把它放在中国现代化乃至全球现代化的进程中进行考察。原因在于,现代化是近代以来中国社会发展的一个时代主题。在这个过程中社会上发生的一切现象,都直接或间接与这个主题有关。西方哲学东渐更是这样。它的发生、发展过程、学术成果及其作用的发挥,都只有联系中国现代化事业的发展,才能得出符合客观实际的解释与科学的结论。

依据这一思路,下面从宏观上提出一些看法,供批评与讨论。

一、西方哲学东渐历程考察

这是把四百年来西方哲学东渐的内容放在时间的流逝中进行梳理,阐明不同时期西方哲学东渐的特点、变化及其发展趋势,以此从发展过程上形成对西方哲学东渐的正确认识。只是进行考察时,必须把四百年来的西方哲学东渐看作是一个统一的有联系的发展过程。因为虽然它在时间上跨越了四个世纪,在社会形态上经历了多次更迭,然而,从经济与文化运动的实际进程分析,在本质上却是一个不可分割的统一过程,即中国社会"走出中世纪、迈向现代化"的过程。要是这样把它同中国的现代化进程联系起来考察,便可以把四百年来的西方哲学东渐历程分为7个时期。

1. 16世纪末到18世纪初。这是西方哲学东渐的早期。当时的中国临近封建社会的末期,在其母腹内已经孕育了资本主义萌芽。从文化背景的角度分析,中国社会的发展已经有了引进西方文化的需要,也具备了接受西方文化的条件。正是这个时候,随着耶稣会士东来,合乎规律地掀开了近代中西文化在哲学层次上进行直接对话的序幕。在这样开展的文化交流过程中,双方都从自己的需要出发向对方学习,所以,交流是在平等对话中进行的。特别是,通过共同努力取得的学术成果,对于中国正在酝酿中的思想启蒙与欧洲已经进入高潮的文艺复兴运动,都产生了一定的积极影响。

2. 18世纪初到19世纪初。这是西方哲学东渐第一次被人为地打断的时期。由此给西方哲学东渐事业与中国社会发展带来了极其惨痛的后果。主要是,使中国趋向现代化的历史进程发生逆转,国力迅速地衰落下去。相反,在这以后的一百多年中,西方国家却在现代化的道路上取得了飞跃的发展。

3. 19世纪初到20世纪20年代。这是西学重新东来后对西学的选择期。在这个过程中,中国的先进分子在中国被动地卷进世界现代化潮流后,一方面,为了救亡图存,使国家富强起来,走上了向西方学习、向西方寻找真理的道路;另一方面,由于重新开始的中西文化交流的特点,以及在这些特点基础上形成的文化心态,在引进西学时经过了一个从器物文化到制度文化再到精神文化的选择过程。这个过程时间漫长,但在西方哲学东渐史上还是取得了多方面的成绩。

4. 20 世纪 20 年代末到 40 年代末。这是西方哲学东渐全面向前推进的一个重要时期。在这个时期中,一方面内外战争频繁,政治斗争激烈,中国社会在山重水复中曲折前进;另一方面,由于传播队伍扩大与学术水平提高,特别是由于广大学者对国家民族命运的关注,为了唤醒民族独立精神的进一步觉醒,他们艰苦卓绝地开展了西方哲学东渐工作,取得了多方面贴近时代脉搏的学术成果,在为现代化提供政治前提的过程中发挥了一定的推动作用。

5. 20 世纪 40 年代末到 60 年代中期。这是西方哲学在曲折中向前推进的时期。开始,50 年代初,在政治上"一边倒"向前苏联的形势下,思想上接受了日丹诺夫文化模式的影响,对西方哲学采取了严厉批判与简单否定的态度。后来,50 年代末至 60 年代初,在"左"倾政治路线的支配下,西方哲学东渐处于步履维艰之中。

6. 20 世纪 60 年代末到 70 年代中期。这是西方哲学东渐再次被打断的时期。当时,在"文化大革命"的旗号下,由于西方哲学被宣布为专政对象,中西文化交流又一次被人为地打断了。

7. 20 世纪 70 年代末,即现代化建设进入新时期以来。这是西方哲学走上正轨再度繁荣与发展的时期。1976 年 10 月,"四人帮"被粉碎了。以这个胜利为契机,全国上下面对当时现代化建设濒临崩溃的严峻现实,总结了近代以来,特别是近 30 年以来社会发展的历史经验,重新确定了工作的重点,坚决贯彻了改革开放方针,使现代化各项事业迅速地走上了健康发展的轨道,并取得了举世瞩目的成就。其中,西方哲学东渐的再度繁荣,是最好的证明。主要是,随着现代化事业的发展,国家实力的攀升与中西关系发生的变化,鸦片战争以来中西文化交流过程中形成的文化心态逐步淡化,使中西文化交流逐步回到平等对话的原点上来。因此,西方哲学东渐不但出现了前所未有的繁荣景象,而且通过几代学者取得的学术成果,既为新时期现代化建设发挥了先导作用,也为新世纪继续进行的西方哲学东渐奠定了良好的基础。

从上面的回顾中可以看到,随着中西关系以及文化心态的变化,四百年来的西方哲学东渐经历了一个由萌芽、挫折、复苏、发展,历尽坎坷,到20世纪的末期才终于重新走上健康之路的极其曲折的过程。它俨如一个巨大的马鞍形。在其两端,或开头与结尾,即16世纪末到18世纪初与20世纪70年代末以来,西方哲学东渐较为顺利,基本上是依据人类文化交流规律进行的;在马鞍形开头的后面与结尾的前面,即18世纪初到19世纪初与20世纪60年代后期至70年代中期,西方哲学东渐被人为地打断;在马鞍形中间的一大段,即19世纪初到20世纪60年代初,西方哲学东渐在重重阻力中艰苦地与曲折地向前推进。应该说,这个过程是极其曲折的。

二、学术成果及其社会影响的估计

学术成果及其社会影响,是西方哲学东渐内容的主要表现,是正确认识与评价西方哲学东渐的基本根据。如果把它们概括起来,并联系中国的现代化事业进行分析,那么,就可以从宏观上对四百年来取得的学术成果及其对中国现代化事业发挥的积极作用作出估计。

首先,在学术成果方面。学术成果是西方哲学东渐内容的理论表现。西方哲学东渐对中国社会走出中世纪、迈向现代化所发挥的作用,就是依靠这些学术成果实现的。西方哲学东渐的过程中,由于不同时期各种进步力量与几代学者的努力,在西方哲学的学术研究方面,取得了不少值得重视的成就。表现在,随着西方哲学东渐的进展,在打破以经、史、子、集区分中国学术的传统后,西方哲学作为一门独立的学科不但在中国建立起来了,而且在逐步完善的过程中,已经发展成为当代人文学科中的一门显学。其中,仅就学术研究来说,不但涌现了众多的名家大师,出版了成批的名著经典,而且通过这些论文或著作的先后问世,使西方哲学史上各个时期重要哲学家提出与论述的观点、学说、原理,尤其是作为西方社会走向现代化理论总结的近现代西方哲学及其理论体系,尤其是马克思主义,都不同程度地输入进来了。透过这些作品,反映了中国先进分子对世界现代化潮流的认识、对自己国家命运的理解,以及为中国社会走出中世纪、迈向现代化的努力。从中可以看到,一个拥有悠久文化传统的民族,在西学东渐之风卷袭下向西方寻找真理的心路历程,以及从自己所处的社会条件出发对时代挑战作出的回应。这是学者们为中国现代化前途、为中国文化现代化建设孜孜探求、殚精竭虑、呕心沥血,并为此前仆后继、艰苦奋斗的真实记录,也是他们为中国科学文化事业留下的一份十分珍贵的精神财富。

然而,还要看到,在西方哲学东渐过程中,由于不同时期各种不相同的原因,使西方哲学东渐常常陷入跌宕起伏的困难境地,因而没有取得本来可以取得的学术成果。例如,直到今天,不少西方哲学家的重要著作,特别是那些经典文献尚未全面地、系统地翻译过来,已经出版的西方哲学家的全集,也只有很少几部。又如,研究西方哲学时,一般介绍性的多,深入论述性的较少;简单移植的多,创造性吸收的较少;再如,在比较与会通研究中,粗浅的比较与表层的会通较多,有深度的比较与能超越的会通较少。西方哲学学术研究上的这些表现反映在发表的论文与出版的著作上,笼而统之谈论的多,具有原创力与整体把握的精品较少。所以,西方哲学东渐的时间虽然不算短了,但是,透过这些论著,可以看出我们对西方哲学的认识,总的说来,长时间还停留在表面的与较浅的层次上。像印度佛教那样在中国扎下根来进行繁衍的西方哲学,至今尚不多见。

其次,在这些学术成果对中国社会进步发挥的作用方面。这是学术成果对社会存在反作用的表现,也是西方哲学东渐学术成果在实践上产生的影响。应该承认,它们为中国社会走出中世纪、迈向现代化曾经发挥了一定的积极作用。例如,进行思想启蒙,唤醒国人的变革意识,使他们从封建传统观念的束缚中解放出来;又如,认识世界发展潮流,选择现代化模式,为现代化的顺利启动开辟道路;再如,培养和提高现代化主体适应现代化事业需要的素质,以此推动现代化事业发展与目标全面实现。所有这些,如果离开了西方哲学的输入与研究,显然是难以办到的。可以说,今天中国社会的各个领域与人民生活的各个方面发生的巨大变化,不论物质现象还是精神现象,都清晰地烙上了西方哲学东渐的印迹。这是观念文化对社会存在反作用的表现,也是西方哲学东渐为中国社会发展作出的贡献。

同样,也要看到,由于没有取得本来可以取得的学术成果,还使它对中国社会发展本来应该发挥的作用没有发挥出来。其中,因思想启蒙不力给中国现代化事业带来的消极后果,便足以得到证明。例如,辛亥革命期间,西方的"天赋人权"与"共和"等学说,都先后输入进来了,但辛亥首义的胜利果实,却落到封建势力的代表人物袁世凯手里。又如,五四新文化运动前后,"民主"和"科学"的启蒙,虽然也热闹了一阵子,但在当时的中国真正接受了德赛二先生思想的,又有几个呢?对此,当年陈独秀曾经指出,"其数目几乎不能列入统计。"①再如,马克思主义启蒙也没有避免启蒙不力这个弱点。因为"五四"以后,虽然马克思主义得到了广泛的传播,但中国共产党成立后便卷进了激烈的革命斗争,加上"中国马克思主义启蒙在国际教条主义影响下"②,因之,取得政权后怎样通过社会主义道路实现现代化,思想上的准备与理论上的修养,都"是不够的"③。所以,作为西方社会走向现代化的理论总结,体现时代精神的近现代西方哲学的

---

① 陈独秀:《科学与人生观》"序",见《德赛二先生与社会主义》,第224页,上海远东出版社,1994年。
② 罗荣渠:"从"西化"到现代化",载《人民日报》,1989年2月26日。
③ 刘少奇:"答朱亮同志",见《刘少奇选集》,第200页,人民出版社,1981年。

曙光,虽然穿过帷幕已经照射在沉睡的神州大地上,也有不少先觉者觉醒与奋起,但就整个中华民族来说,多数人还在它的影响之外。由此带来的消极后果是,使国人长期在小农经济基础上建立起来的思想观念与思维模式,在传统惰力的束缚下难以解放出来,使中国社会"走出中世纪、迈向现代化"所需要的理性觉醒与成熟,即文化变迁迟迟不能实现。这样一来,人们可以看到,在近代以来中国社会发展过程的某些时期内,新的虽然在不断地冲破旧的,但死的又在不断地拖着活的。社会生活中这种新旧杂陈、矛盾交错、方生方死的状态,导致中国社会迈向现代化的进程中不断出现曲折和反复,从而实践上延缓了现代化的顺利启动,阻碍了现代化的健康发展,耽搁了中国现代化的进程。

从西方哲学东渐内容的这些概括中,对四百年来取得的学术成果及其发挥的作用,从总体上便可以作出如下的估计,即前面反复提到的,一方面,取得了不少有价值的学术成果,它们对中国的现代化事业发挥了一定的积极作用。但是,另一方面,又没有取得本来可以取得的学术成果,它们又没有发挥本来应该发挥的作用。因此,不论前者还是后者,都不能估计过高。这里,有值得总结的经验,也有应该吸取的教训。

三、西方哲学东渐与中国现代化同步发展

前面对四百年来西方哲学东渐过程与内容的阐明,虽是形成对已往西方哲学东渐认识的基础,但它们还是表层的。要是把它们结合起来,把西方哲学东渐的内容放在西方哲学东渐的过程中,并联系中国的现代化事业,进一步考察学术成果及其作用发挥在不同时期的不同表现,就会发现西方哲学东渐进程中一些有规律性的现象,从而取得对它的深层的认识。具体说来,这些规律性的现象是:

第一,凡是西方哲学东渐健康地或基本健康地向前推进的时期,西方哲学的学术研究就能取得本来可以取得的学术成果;这些学术成果对于中国社会走向现代化就会发挥本来应该发挥的积极作用。因此,中国的现代化事业就会同样健康地或基本健康地向前发展。

例如,16世纪末至18世纪初与20世纪70年代末以来。从表面上看去,它们是西方哲学东渐史上一头一尾两个差别很大的时期。前者是西方哲学东渐掀开序幕的时期,后者则是西方哲学东渐一度中断后进展到了一个重大转折的关键时期。然而,从人类文化交流的主导倾向考察,它们却是有一个共同的特征,即在开展西方哲学东渐活动时,都能够或者基本能够遵循文化交流的规律进行。在这种文化氛围中的西方哲学东渐,前者虽是西方哲学东渐的早期却开创了平等对话、会通超胜的先河,后者在平等对话的格局中,迅速地出现了西方哲学东渐的繁荣景象。由是,不论前一个时期还是后一个时期,取得的学术成果十分突出,对当时中国社会发展发挥的积极作用最为明显。所以,它们便成为西方哲学东渐史上两个极为重要的时期。

第二,凡是西方哲学东渐处在曲折中的时期,如19世纪下半叶至20世纪初、20世纪20年代末至40年代末,以及20世纪40年代末至60年代初。由于曲折的原因、程度与后果各不相同,因而一方面,有的时期仍然涌现了一批成就卓著的学术大师,问世了一批影响深远的学术经典,而且,它们对当时中国社会发展也发挥了一定的积极作用。不过,另一方面,由于阻力重重,学术研究及其成果作用的发挥,常常受到遏制,难以取得本来可以取得的学术成果;这些学术成果难以发挥本来应该发挥的积极作用。因之,在这几个时期内,中国的现代化事业常常在困难与徘徊中向前推进,进展缓慢。

表现在前一方面。例如,洋务运动、维新变法、辛亥首义革命与新文化运动期间,为了救亡图存、开发民智与向西方寻找真理,在对西学的选择过程中,经过几代先进人士的努力,不但使西方哲学成为西学东渐的主要对象,而且通过他们收获的大批学术成果,其中包括马克思主义的输入与传播,在一定程度上推动了当时的思想启蒙。又如,抗日战争时期,由于民族危机加深,使许多有良知的学者出于对国家民族命运的关注,因而极大地激发起他们向西方寻找真理的热情与使命感,加之当时学术研究相对受到政治因素的干扰较少,所以,不但产生了一批贴近时代脉搏的学术成果,而且,它们对于进一步唤醒国人民族精神的觉醒,迎来国家的独立和人民的解放,都曾经发挥了一定的积极作用。

表现在后一方面。例如,从洋务到新文化运动时期。由于传统惰力的束缚以及对社会发展与对西学认识的肤浅,因而在"中体西用"支配下,不能及时把西学作为整体输入进来,影响了西方哲学研究的开展。更为重要的是,这个对西学的选择过程,在时间上恰恰是中国现代化从酝酿到起步的过程。它在中国现代化的历史上,却步履蹒跚地经历了半个多世纪的时间。如此迟缓的原因虽然很多,但与使用"中体西用"原则引进西学,使西方哲学研究没有取得本来可以取得的学术成果,导致对社会发展潮流缺乏清醒的认识,也有密切的关系。又如,1949年以后的一段时间内,由于受到日丹诺夫文化模式与国内"左"倾政治的影响,视西方哲学为毒草,是帝国主义与修正主义复辟资本主义的温床,在对它实行无产阶级专政的条件下,正常的学术研究无法开展,学术成果积极作用的发挥更是无从谈起。相反,在"左倾"思想支配下,"以阶级斗争为纲",偏离了工作的重点,给中国现代化建设带来的消极后果,是有目共睹的。

第三,凡是西方哲学东渐被人为地打断的时期,如18世纪初至19世纪初与20世纪60年代末至70年代中期。虽然中断的时间长短不同、原因不同,但是不论前者还是后者,西方哲学研究不但随之停滞下来,甚至过去取得的学术成果也大量地遭到丢失与毁坏。特别是,在前一个时期中,由于"礼仪之争"导致雍正禁教,对外闭关锁国,对内锁定封锁,两相配合,已经点燃的思想启蒙火花熄灭了,使现代化的历史进程发生逆转。在后一个时期,即"文化大革命"中,西方哲学命运多舛,竟成为"四人帮"政治的婢女与奴仆,更是给西方哲学的学术研究与中国的现代化事业,造成了极其惨痛的后果。

这几条规律说明,西方哲学东渐进展顺利,中国的现代化事业便健康地向前发展;西方哲学东渐跌宕起伏,中国的现代化事业便陷入徘徊之中,进展缓慢;西方哲学东渐一旦被打断,中国的现代化事业即停滞甚至倒退。可见,它们是同步发展的,发展过程中不同时期的命运也是相同的。

四、西方哲学东渐曲折的根源

阐明了西方哲学东渐的规律性后,从总结经验与吸取教训出发,还要阐明的论题是,这些规律性的现象产生的根源。实际上,通过这个论题的论述,同时也阐明了西方哲学东渐过程何以曲折、何以没有取得应有的学术成果,以及他们何以没有发挥应有的积极作用的原因。这样,在形成对西方哲学东渐全面、深入与正确认识的过程中,还要进一步揭示西方哲学东渐与中国的现代化事业,不但同步发展,命运相同,而且,决定它们同步发展、命运相同的根源也相同。

西方哲学东渐过程中出现的上述几种有规律的现象,都是基于不同的根源产生的。在这些根源中,有政治的,经济的,也有思想的;有历史的,也有现实的;有深层次的、长期起作用的,也有浅层次、短期发生影响的。它们对西方哲学东渐发挥的影响各不相同,有积极的,还有消极的。而且,西方哲学东渐顺利与否,往往是由多种因素决定的。例如,造成20世纪西方哲学曲折的原因,便是这样。在上半个世纪中,半封建半殖民地的社会结构和封建腐朽势力的强权统治及其文化专制主义,使西方哲学的输入常常受到遏制;在1949年以后的一段时间里确立了马克思主义在思想文化领域的主导地位,实现了新的文化整合,本来有利于西方哲学的研究与传播,但由于指导思想上日趋僵化与"左"倾政治的影响,在引进与研究西方哲学时,却在一些根本问题上违背了马克思主义。因此,在探索西方哲学东渐根源时,关键是要准确地找到深层次的、长时间起作用的因素。

为此,需要具体分析引起西方哲学东渐过程曲折的各种原因。在区分它们的性质、比较它们的影响后便会看到,有关政治的与经济的因素给西方哲学东渐带来的消极后果,尽管有时十分严重,但较为容易发现,随着政治经济形势变化也较为容易纠正,倒是思想根源给西方哲学造成的消极影响,既不容易看清,也不容易克服。例如,中西文化交流过程中表现为各种文化心态的狭隘的文化民族主义,即属于这种深层次、长时期起作用的思想根源。所以,需要着重加以阐述。

略知近代史的人都知道,自西方哲学东渐以来,特别是在 19 世纪中叶到 20 世纪 60 年代这段时间里,中西文化进行交流时先后出现的"中体西用论"、"东方文化挽救西方论"、"本位文化论"、"顶峰论"或"世界革命中心论",都是不同时期不同文化心态的表现。西方哲学东渐过程产生的各种现象,都可以从这些文化心态中找到它们的思想根源。其中,"中体西用论"具有代表性。这是 19 世纪下半叶洋务派提出的向西方学习的原则。它主张在维护封建统治制度这个"体"的前提下,引进西方的生产手段和器物层面的科技文化。因此,洋务运动推行期间,一方面引进了西方的声光化电等自然科学知识,然而另一方面,却又极力排斥制度文化,特别是精神文化的输入。为什么西学重新东渐后,西方哲学没有随之东渐,而是不得不经历了一个漫长的选择过程,原因就在这里。而且,它不仅是洋务运动一个时期独有的现象,还是自此以后中西文化交流过程中不断遇到的一个思想障碍。就是说,后来西方哲学东渐过程中先后出现的那些文化心态,实际上,都是它的改头换面的翻版而已。20 世纪 30 年代的"本位文化论"自不用多说;就是 20 世纪 60 年代的"世界革命中心论"也是这样,因为当时它宣称,由于找到了无产阶级专政下继续革命的道路,使中国成为世界革命的中心。它在输出中国革命的同时,阻止了西方现代思想向中国的传播,给西方哲学东渐带来了严重的损失,也使中国的现代化事业丧失了不少发展的大好时机。

这些文化心态,虽然表述上各不相同,但是,它们的思想实质却是相同的。它们都是站在"华夏中心"的立场上,来确定中西文化交流过程中对待西方哲学的立场和态度。是引进,引进什么,还是排斥,排斥的理由,完全以"华夏中心"作为惟一的标准。在文化价值的取向上,它们典型地反映了"天朝大国"的文化心态。这就是文化民族主义,确切地说,是狭隘的文化民族主义。如果不抱偏见,而是把它放在中国现代化与人类全球化的进程中进行考察,人们是会乐意接受这个论断的。

为了有效地克服它,还要指出的是,表现为上述文化心态的文化民族主义,还有其深刻的历史的与现实的根源。前者是中国传统文化中的惰力。毫无疑问,中国传统文化中的优秀部分,以它的绵延性与凝聚力,值得中国人引以为豪。但是,它又是小农经济的产物。在过去几千年的发展过程中,由于长期只是与同一层次或者较低层次的文化进行交流,除了输入过印度佛教文化外,中国基本上是文化的输出者。由此,逐渐形成了一种"用夏变夷"的"华夏中心"的文化观念。而且,经过长期的历史积淀,在盲目自大情绪的基础上逐渐成为一种封闭的文化视野与心理定式。"天朝上国"信念便是它的集中体现。从这种信念出发,在中外文化交流过程中,一方面认为中国的传统文化是完美无缺的,它的基本形态不能动,也是动不了的。另一方面,对于外来文化,特别是那些高于自己的文化冲来时,便采取了各种形式的排拒态度。前面提到的那些文化心态,便是这种态度的不同表现。

后者是近代中西文化交流的复杂性。19世纪中叶以来,西方哲学的引进虽是向西方寻找真理的表现,但是,它又是伴随西方帝国主义的大炮和军舰的入侵进行的。在这种社会历史条件下,使文化民族主义得到了发展。因为帝国主义的侵略,不仅触动了旧中国统治阶级的根本利益,也伤害了生活在这块土地上普通百姓的家园与国土感情,使反对帝国主义侵略、捍卫国家主权的必要性掩盖了输入西方哲学的必要性。由此把自我封闭等同于捍卫国家主权,给西方哲学的输入与传播设置了重重障碍。西方哲学东渐过程中出现的那些文化心态,也是这些障碍的表现。

上述对文化民族主义的表现、消极后果及其历史与现实根源的分析,充分说明它不仅是西方哲学东渐过程曲折、学术成果的取得与其积极作用的发挥不尽人意的思想根源,也是中国社会走向现代化进展缓慢的思想根源。由此可知,决定它们二者同步发展、命运相同的根源也是相同的。因此,在今后的西方哲学东渐过程中,克服文化民族主义,建立适应人类走向全球化的文化心态,显得十分重要、十分迫切。总结经验与接受教训,就应该首先从这里着手进行。

关于西学东渐的经验教训

——兼论话语霸权与"失语症"问题

中国社会科学院哲学研究所 王树人(老树)

西学东渐,包括西方哲学之东渐,对于中国至今的现代化进程,无论积极方面还是消极方面,显然都是具有决定性的因素。时至今日,这种西学东渐还在进行。因此,在中国现代化发展至今的重要时刻,对于这种西学东渐的历史经验教训,非常有必要加以反思和总结。本文更重视从吸取教训立论。因为,除了佛教思想文化与中国思想文化在会通或融合上有成功的经验,此后在中西会通问题上,从明末清初以来更多的则是教训。

西学东渐从四百年前明末清初开始,经历三个主要阶段。明末清初是第一个高潮,主要是发生在上层统治者和部分求新的学者中间,对于中国主流思想文化没有发生实质性影响。第二个高潮,始于清末一直到"五四"新文化运动。这一次,对中国思想文化则发生了实质性的重大影响,其标志是"洋学堂"的建立和随之教育制度"全盘西化"。正是这种"洋学堂"和出国留学所培养的人才,成为中国整个20世纪推进思想文化建设的教师和导师。这些教师和导师,大部分人的眼睛差不多都只看到西方思想文化的先进,而不知其先进中的落后;另一方面又差不多只看到中国传统思想文化的落后,而不知其落后中的先进。这种思想文化西方先进论和中国落后论,使中国整个20世纪的思想文化发展,都处在西方中心论的阴影之中。第三个高潮则发生在1976年以后中国实行改革开放至今。这个时期的初始阶段,以《河殇》为代表,对"蓝色海洋文明"的一味崇拜和对中国"内陆黄色文明"的极力贬抑,说明当时中国思想文化界中不少人还沉溺于西方中心论中。现在,情况有所改变。然而,中国思想文化是否已经从西方中心论阴影中走出来,还是需要讨论的。应当说,西方话语霸权和中国"失语症"都是中国人自己酿成的,而且是在上世纪初同时发生的。那么,何以会在中国发生这种影响至今的思想文化现象呢?

一、中外思想文化融合的成功范例

为了总结中国思想文化自现代以来"失语症"的教训,首先要把佛教传入中土与中国本土思想文化融合获得成功这面镜子高悬起来,并借以对照后来者。佛教自汉代传入中土,初始也与中土思想文化发生冲突。一直到唐代,佛教与中土思想文化已经在融合中结出硕果——产生出中国化的佛教禅宗,但其间表现在排佛的冲突仍然没有停止。不过,到宋明时期,虽然理学与心学都有从儒家立场出发对佛教的批评,如说出家事佛是放弃孝悌的自私等等,但是不容忽视的事实是,理学与心学之所以成为新儒学,提高了形上学的视野和境界,则有赖于借鉴和吸收佛学以及与佛学相通的道家思想。

在中国由禅宗集中显示的中外思想文化融合成功的范例,不仅对中国思想文化发展具有不可估量的价值和意义,以至于不领会禅宗思想,就不能透彻领会自唐以降的中国思想文化,而且在20世纪初叶由于日本禅学大师铃木大拙用英文写成的著作传到西方,禅宗思想还震动了西方思想文化界,其影响至今不减。现在要问:佛教传入中国与中土思想文化融合如何能够成功?其成功的条件有哪些?简单地说,至少有以下几个条件。其一,以中国本土思想文化为根基,譬如树木嫁接,本土思想文化如同"嫁接的母本"。其二,能固本的前提是国力和国势的强盛。其三,中外思想文化在融合过程中,必须保持互相尊重和平等相待的态度,例如,历史上许多禅师与当时的士大夫都是好朋友,能在思想文化诸学术问题上互相切磋。其四,融合不是凑合、混合,而是双向扬弃而最终达到双向创新。确然,思想文化的融合根本目的,乃是为推进本土思想文化的创新。所以,融合必须以本土思想文化为本或根基。而固本或以本民族的思想文化为根基,其前提必须有强盛的国力国势。佛教从汉代传入而至唐代完成融合,结出硕果,即产生中国化佛教禅宗和中国文化各层面融进禅学的双向创新,绝不是偶然的。事实上,那时正是中国历史上国力国势最为强盛的两大朝代,那时在与外来思想文化融合中,固本或以民族思想文化为根基,自不待言。在上述条件下,即使由于思想文化的异质性而发生思想文化冲突,也会是"不打不相识",冲突最终成为融合的前奏。下面我们就在这面镜子对照下,试分析明末以来中国面对三次西学东渐过程中的经验教训。

二、中西思想文化两极对立及其教训

利玛窦、艾儒略、利类思和后来的汤若望、南怀仁、白晋等一批批传教士们,历尽千辛万苦来到中国,几乎用毕生精力学会和运用汉语,把西方先进的数学、逻辑还有大量神学著作翻译成汉语出版,在明末清初的中国发生了相当的影响。但是,为什么他们在中国传教的主要目的却没有像前面所说的佛教那样获得成功呢?另一方面,中国当时的有识之士,如徐光启、李之藻、杨廷筠等大家,虽然积极参与西学的翻译介绍,甚至对于天主教也虚心探微,身体力行,入教而成为天主教徒,并在中西思想文化比较中提出许多卓越的见解,特别是徐光启提出了极富远见而至今仍然落地有声的箴言:"欲求超胜,必先会通。[①]"他清楚地看到西学先进之处,需要借鉴和吸纳,以求中华民族思想文化的超胜发展,同时,又绝不是因为西学先进就拜倒在西方脚下。但是,徐光启等人这种极富远见的理想却为什么长期不

[①] 王重民:《徐光启集》,第76页,中华书局,1963年。

能实现呢？

明末清初之时,即17世纪与18世纪之交,与汉唐之时佛教和中国传统思想文化会通相比较,可以说,中西双方各自在会通上都还不具备充分可能的条件。就西方基督教而言,传教士们即使为中国传统思想文化的博大精深所震撼,也只是想在策略上有所改变,表现为以利玛窦为代表的所谓"附儒"与"合儒"路线。但是,这条路线并不是要根本改变基督教当时的征服欲,即不改变他们要以基督教思想文化最终取代中国思想文化的目的。在这方面,传教士们有一个幻想,以为在中国可以像在西方那样,只要把皇帝归顺为基督教徒,就可以由皇帝带头信教而实现在中国的基督教化①。但是,从汤若望试图使顺治帝归顺基督教,到南怀仁给康熙宣讲天主教神学,试探让康熙皈依基督教,其结果都归于失败。特别是,南怀仁的试探,不仅没有得到响应,反而受到康熙对天主教"道成肉身"等教义的批驳和讽刺挖苦。由此,他们的这种幻想也破灭了。而这个幻想的破灭,正表明在思想文化会通上,不相互尊重和不采取平等态度,而实行思想文化的霸权主义,是绝对行不通的。有意思的是,在罗马教廷那里,连利玛窦试图以曲线策略实行征服的做法,也不允许。著名的"礼仪之争"事件,就是由此而发生的。1715年罗马教皇克莱门特十一世公布"自登基之日"的教谕,严禁中国教徒"祀祖祭孔"。康熙闻此谕非常生气,认为西洋人不晓"中国人之大理"。康熙由此而认为,此后洋人不必在中国行教,"禁止可也"②。

虽然传教士们学会汉语,也熟读中国经典,甚至能用汉语言文字写出古诗词,但是他们与当年佛教高僧对待中国思想文化的态度,却存在根本区别。佛教高僧们能够经过读中国经典而接受中国思想文化的洗礼,不是以佛教思想文化取代中国思想文化,而是在发挥自身

---

① 白晋:《康熙帝传》,冯译本第9页,转引自《清初士人与西学》,第43页,东方出版社,2000年。
② 参见张西平:《中国与西欧早期宗教和哲学交流史》,第281页,东方出版社,2001年。

影响同时也改变自己,使之改变为能适合中国人的口味,从而能融合到中国主流思想文化之中。但是,基督教由当时传教士所表现的态度,则与佛教的态度正好相反。传教士们其所以屡次遭到代表中国主流思想文化的学人和统治者的反对,甚至被监禁和驱逐,乃是与其骨子里的征服欲和取而代之的霸权主义分不开的。他们学习汉语汉字和熟读中国经典,不是从尊重中国思想文化的自主地位出发,不是接受洗礼和改变自己,而是为实现他们的思想文化霸权主义所采取的手段。

另一方面,从明末清初中国的情况来看,虽然当时中国还处于世界一流强国地位,但作为封建专制帝国的延续,到此时已经是在走下坡路,因而已经失去汉、唐那种海纳百川的博大胸襟,日渐趋于故步自封的保守境地。与基督教当时对中国思想文化的僵硬态度相对应,中国当时的统治者对基督教思想文化的态度也是僵硬的。如果说基督教一意孤行坚持征服异教的立场不变,那么中国明末清初的统治者坚持儒家道统也绝不动摇。不用说明末朝廷的腐败,崇祯皇帝的刚愎自用,就是到清代,康熙皇帝虽然有兴趣涉足西学,但也是以保持祖宗法不变为前提,对西学只是猎奇地拿来用用而已。这个基本原则,一直保持到清末。而张之洞提出的"中学为体,西学为用",正是对这种保守立场作出的理论概括。这方面的经验教训,可以从著名的"康熙历狱"事件见出其一斑。

由传教士引进的数学、天文历学、地理学以及具体技术,在当时已经显示出比中国先进。但是,传教士引进这些科学和技术,不过是以此作为铺垫来传教,以实现他们使中国思想文化基督教化的目的。对于传教士们这种目的,最敏感的不是当时热衷于积极引进西学的开明派,而是维护儒家道统不变的铁杆保守派。其重要代表人物就是挑起"康熙历狱"事件的杨光先。出身布衣的杨光先为了维护儒家道统,早就敏感到传教士们以基督教思想文化取代中国思想文化的用心,所以他早就展开对基督教的批驳。在顺治十六、十七年间杨光先就写出《辟邪论》、《摘谬论》、《选择议》、《正国体是稿》等,广为散发,煽动反对传教士的所作所为。在康熙三年,他向朝廷上《请诛邪教状》。其中主要是状告由汤若望把持和传教士为主要成员的钦天监,其罪名为"造传妖书惑众,邪教布党京省,邀结天下人心"、"暗窃正朔之权以尊西洋"等①,特别是还把顺治帝和董鄂妃之死,归罪于汤若望择荣亲王葬期失当所致。由于这一状告,到这年9月使汤若望、南怀仁、利类思等传教士被羁押,并波及在华的传教士几十人下狱。在钦天监做事的中方人士还有的被处斩。这就是有名的"康熙历狱"事件。而事件的最初结果,确实把洋人控制的钦天监大权夺回,并由杨光先担任监正。但是,杨光先并不懂天历之学,又因中国传统历法不如西历先进,所以,由于测算错误而被传教士们抓住反告,并说杨光先"依附鳌拜,捏词陷人"。结果,这一反告不仅使杨光先被革职,而且险些被处斩。可以看到,"康熙历狱"的实质,乃是基督教与儒家道统的一场意识形态的较量,借助历法只是一种手段。在这场较量中,已经看到,中西双方都是不思会通而持两极对立态度。就中国一方而言,无论作为统治者的康熙还是布衣杨光先,对于天历之学都不取在中国历法的基础上借鉴吸收西学而求在会通中超越西学。相反,杨光先死抱住中国旧法不放,不思借鉴吸收西法,而康熙则是中国旧法不行就改用现成的西法。不难看出,中国自康熙开始的这种不思会通而一味对西学采取"拿来主义",正是开了在思想上依附他人和"吃现成饭"的先河。清末张之洞提出的"中学为体,西学为用",不过是这种不思会通和依附他人"吃现成饭"的一种动听说法而已。当然,不能完全否定"拿来主义"。问题是不能单纯依赖"拿来主义"。虽然"拿来主义"可以在某些方面光耀一时,但不可能有长久的生命力。因为它无根基。反之,必须把拿来的东西"嫁接"在自己民族思想文化的母体根基上,才能焕发出创新的长久生命力。而这种需要花力气的会通,恰恰是明末清初中西双方都不愿意去做

―――――――――

① 杨光先:《不得已》上卷,《天主教东传文献续编》,第 1075—1078 页,台湾学生书局影印再版,1986 年。

的事情。从而也就"打而不相识",没有取得真正会通的成果。

三、"五四"新文化运动的得与失

"五四"新文化运动是清末民初西学东渐长期发展的结果,是这种西学东渐汹涌澎湃的大潮。在"五四"新文化运动中,尽管左、中、右各派及其各自所走的道路不同,尽管对西方思想文化截取的重点不同,但是判定西方思想文化先进、中国思想文化落后,则是基本相同的。而且,对西方思想文化采取"拿来主义"和不思会通的态度,也基本相同。所谓"国粹派"与上述各派相比,只是一个几乎可以忽略不计的微弱声音。"五四"新文化运动开启的风潮,即高扬西学并不断引进,同时对中国传统思想文化自戕式的贬抑,一直是中国 20 世纪思想文化发展的基调。例如"五四"倡导科学、民主,同时就提出废除汉字、打倒孔家店。在中国,不用说"文革"及其以前时期,甚至到改革开放初期,以"河殇"为代表,仍然对西方所谓的"蓝色海洋文明"大加赞扬,而对中国传统的所谓"黄色内陆文明"则大加贬抑。从思想文化"会通以超胜"的条件看,最根本的就是以自己民族思想文化作为会通或融合的根基或"母本",以及在不同思想文化照面时,必须相互尊重和平等相待。但是,"五四"新文化运动给中国整个 20 世纪思想文化发展定下的基调,却使中国完全失去这个会通的根本条件。甚至,当年传教士渴望以基督教思想文化取代中国思想文化的梦想,到 20 世纪由中国人自己以另一种形式替他们实现了。不可否认,"五四"新文化运动开启的"西化"风潮,在进程中一步步使中国走向现代化,一直走到今天,其巨大的功绩是不可否认的。但是必须看到,中国人为此付出的思想文化代价也是巨大的。这个代价就是,几代中国人与自己民族传统思想文化的断裂,致使中国思想文化界长期处于西方话语霸权下的"失语症"状态。

话语对于思想文化发展的重要性,在于话语体现着视野和境界或通常所说的世界观和方法论。而话语不同的实质,又在于不同话语显示的思维方式之不同。西方话语所显示的,是理性的逻辑的概念思维方式,而中国传统话语所显示的,则是悟性的诗意的"象思维"。在中国走向现代化时,不能不弥补中国传统思想文化中缺乏理性逻辑概念思维这一课,实际上中国人自清末民初以来积极引进西学,就是在弥补这一课。然而问题是,自清末民初以来,中国人一方面引进西方思想文化,一方面却在贬抑和牺牲自己民族的传统思想文化。为什么完全忘记了"会通以超胜"的箴言?难道引进西方思想文化必须以牺牲中国传统思想文化为代价吗?今天我们必须清醒地看到,经过五千年积淀的博大精深的中国思想文化,不仅是中国思想文化新发展的基础,也是世界思想文化发展可资借鉴的宝贵资源。对于这样的宝贵思想文化遗产怎么可以轻易抛弃呢?记得有一位美国汉学家说过:"五四"时期中国那些激进思想家,无论对西方思想文化的认识,还是对中国传统思想文化的反思,都还缺乏深度,还很肤浅[①]。真是旁观者清!这位汉学家的话,讲得很客观、很到位。

由于整个 20 世纪中国人自己都在贬抑自己民族的思想文化,所以,就造成今日中国接受西方话语霸权和自己沦为"失语"的处境。这种处境之所得,是看得见的;而其所失,却是内伤,是看不见的,也不为一般人所觉察。所谓看得见的所得,就是经"拿来主义"而为我们所用的西方话语,或由这种话语所体现的理性的逻辑的概念思维方式。不错,在这种思维方式下,我们与西方能比较顺畅的交往和引进西方的科学技术和管理方法。应当说,中国的现代化成就与此密切相关,或者说,没有这种交往和引进,中国就不可能取得今天的成就。而所谓内伤,则是指在现代化进程中贬抑自己的民族思想文化或与之断裂,由此我们失掉的乃是与西方思想文化会通或融合的根基,或者说因为枕于"拿来主义"而非会通,所以也就失掉了"会通以

[①] 本文作者与美国汉学家舒衡哲在一次谈话中,听她讲了这番话,印象深刻。

"超胜"的原创力,从而只能处于在别人的后面跟着跑的境地。从长远的战略眼光看,这里提出的关于"会通以超胜"的原创力问题,在中国现行发展阶段上,不能不说是目前中国最值得关注的思想文化问题之一。因为,中国能不能持续发展,或者说有没有发展的后劲,都取决于这个问题的正确解决。

四、找回"失语"

这里存在三个问题:所谓"失语"实质上到底失去了什么?为什么必须找回"失语"?如何找回"失语"?首先,在理性、逻辑欠缺和科学技术落后的中国,对于理性的逻辑的概念思维推崇,对于科学技术推崇,应当说,是非常合理的。但是,在追随"西方中心论"的亦步亦趋过程中,把这种推崇变成理性至上和科学万能时,就把理性和科学异化了。就是说,变得一叶障目,看不到也不思考中国悟性的诗意的"象思维"的重要价值和伟大意义了。本来应当是"补课"与"会通",但是却走向"取代"。就是说,以西方思想文化取代中国思想文化,以理性的逻辑的概念思维取代悟性的诗意的"象思维"。结果,就使中国几代人与传统思想文化断裂,使中国文化人本来得心应手的悟性的诗意的"象思维",从修养中丧失而变得陌生。由此可知,所谓找回"失语",从本质上说,就是通过对于传统思想文化一定程度上的回归,使我们在理性思维之外还能找回久违了的"象思维"。至于找回"象思维"的必要,则在于"象思维"是比理性思维更加本原的思维,是先于理性思维而产生的思维,是孕育创生理性思维的思维。即使在理性思维产生之后,理性思维的运行也一刻也离不开"象思维"隐身的推动。"象思维"的伟大,在于它是原发创生的思维,是使一切创造可能的思想源泉。就是说,一切创造都不是从概念出发,而是从象出发,从"象的流动与转化"出发。艺术、科学、思想等等一切创造都是如此。

现今世人都只看到理性、工具理性在科学技术和生活领域所展现的几乎覆盖一切的威力,而不知道这种威力背后作为本原的悟性的原创威力,或者说不知道比理性、工具理性更加根本的"象思维"的原创威力。即使是西方世界,推动他们思想家、艺术家、科学家等在各领域发明创造的能力,例如,首先发现问题和提出问题的能力,都不是理性的逻辑的概念思维,而是"象思维"。或者说,他们发现和提出新问题,也是在观象并在"象的流动与转化"之悟中完成的。当中国人在20世纪贬抑自己民族思想文化时,其所造成的"内伤",就是使中国人在获得理性和工具理性能力同时,却使自己长于悟性的原发创生能力受到极大的压抑。如果中国人不能从满足于"拿来主义"的迷梦中醒悟过来,不去寻找丢失的原发创生之源,就不可能获得持续发展的坚实基础,也就不可能以真正原创的辉煌立于世界民族之林。那么,如何去找回已经丢失或"集体失去记忆"的悟性的具有原发创生的"象思维"呢?

现在,经过多年的痛苦反思,终于出现了醒悟的苗头。中国传统思想文化的重要价值和意义,今天正越来越为世人瞩目。我们看到,一方面,民间学术组织如国际儒联、国际道联、国际易联等相继成立,并积极出版刊物和组织各种活动,此外还有民间私人书院、少年读经班、读诗班也相继出现。特别是,近年在大学里,儒学学院、国学学院的设置也多起来了。这都表明,为了找回丢失的悟性的"象思维",必须首先亲近中国传统思想文化。而亲近中国传统思想文化,就必须以重温传统经典文化入手。所以,上述设置与活动,无论是民间的还是大学教育的,都是值得肯定和嘉许的。

"五四"新文化运动其所以能使西方理性和工具理性话语铺天盖地,很快就成为中国思想文化的主流话语。如前所述,这要归于当时一场教育革新,或者说归于教育制度的"西化"。而中国传统思想文化的"象思维"话语,也是由于这种教育制度革新而被剔除。由此可知,今日要想找回"失语",也必须从对教育制度的反思和再革新着手。哲学研究作为提出问题,似乎到此就可以结束了。不过,作为反思还要把提出的问题稍微具体化一些。"五四"新文化运动,在教育革新中,为引进和接受西方话语,不惜与传统文化断裂而把悟性的"象思维"剔除,这个经验教训必须吸取。就是说,在找回"失语"的过程中,显然不要走到现在极少数人的极端主张,认为要恢复"失语"就得中止或抛弃西方话语。可知,现今为了恢复中国思想文化的主体地位,绝不能走向另一极端,即牺牲现在已经掌握的西方话语。或者说,不能再延续拒绝会通了。相反,恢复思想文化主体地位或找回"失语",只能在艰苦的中西会通中才能逐渐完成。显然,这个找回的"失语"已经不是固有的传统"话语",而是经过会通而丰富发展了的中国"话语"。

2006年11月7日于京西稻香湖畔

关于"西学东渐"的回顾与展望

华南师范大学哲学研究所　王守昌

我们正处于新世纪,21世纪已经到来。中国社会正处在大变动时期。中国经济上的改革开放取得辉煌成就,但政治和文化体制的改革开放却相对滞后。在这一历史的关键时刻,回顾近一个多世纪的"西学东渐"史,展望21世纪中西文化的走向,总结过去,面向未来,这是历史赋予我们民族,特别是负有社会责任感的先进知识分子的重任。

以1840年中英鸦片战争为开端的中国近代史,是一部血迹斑斑的历史。1894年的中日战争,加重了民族的灾难。经过明治维新而走向军事大国的日本帝国主义,比之老牌帝国主义有过之而无不及。帝国主义瓜分吞食中国的野心,满清王朝的腐败和丧权辱国,激愤了中国的仁人志士,使之反思,使之探索救国救民的真理。

1847年生活在香港的容闳,在美国传教士布朗的带领下,西渡太平洋赴美留学。1854年携耶鲁大学文凭回国。他在自己的著作(后译为《西学东渐记》)一书中说:"整个大学阶段,尤其是最后一年,中国的可悲情况经常出现在我的脑海中,令人感到心情沉重……我为了求学,远涉重洋,……我可以自称是一个受过教育的人;那么,就应该自问:把所学的用在什么地方呢? ……我决心使中国的下一代人享受与我同样的教育,以西方之学术灌输于中国,使祖国日趋于文明富强之境。此目的亦成了我一展雄心大志的引路明灯,我将竭尽毕生的智慧和精力奔向这个目标。"他还呐喊般地说"借西方文明之学术以改良东方文化",使"老大帝国,一变少年之中国"。这就是容闳的"西学东渐"主张。

整个19世纪,直到20世纪初,围绕着"西学东渐"的内容和目的,各派政治力量展开了激烈的斗争。以龚自珍、魏源为代表的改革派,吸取了今文经学的"经世致用"的思想,展开了对古文经学的斗争,借经义来批评时政,为社会改革鸣锣开道。成为近代新学与旧学、西学与中学斗争的开端。但是,他们实际将西方文化分为"体"与"用"两方面,认为应取其"用"而遗其"体"。他们认为,融儒、佛、道于一体的中国传统文化,在"体"方面即哲学、政治伦理观方面要优于西方文化,他们的改革主张,并不是摒弃满清王朝,而是使其弃旧图新;以曾国藩、李鸿章、张之洞为代表的洋务派则正式提出"中体西用"的模式,以"师夷长技",富国强兵,挽救封建王朝。1898年,张之洞抛出《劝学篇》,主张中学为立国之本,有着端正人心、维护社会伦理和制度的作用,而"西学"有巩固根本、促使富强的辅助作用,这样来处理"中学"和"西学"、"体"与"用"的关系,才不会从根本上破坏中国的社会制度和文化传统;以康有为、梁启超、谭嗣同为代表的改良主义运动,是中国近代史上真正的资产阶级维新运动。他们不仅推崇西方文化,也想推进西方的民主制、议会制。特别是梁启超在《古议院考》中竟说:"《洪范》之卿士,《孟子》之诸大夫,上议院也;《洪范》之庶人,《孟子》之国人,下议院。"谭嗣同是维新派中的激进分子,他的《仁学》表达了中国早期资产阶级的人道主义思想;特别值得一提的是严复,他是中国近代史上第一个系统地将西方文化介绍到中国来的思想家。他故意将赫胥黎的反对社会达尔文主义的著作《进化论与伦理学》译为《天演论》,鼓吹"物各竞存,最宜者立,动植如是,政教也如是也"。社会达尔文主义的弱肉强食的主张,在中国这片贫穷落后的国土上却成了奋发图强、社会进步的主张。严复更"以自由为本,以民主为用"的主张,对封建专制作了尖锐的批判。他更主张黜伪崇真,立政为公。他后来就任北京大学校长,为北大奠定了自由主义的传统。

上述各派文化主张和政治主张,一开始就受到封建顽固派的抵制和反对。顽固派以清廷的慈禧为代表。他们不仅反对革新中国传统文化,而且反对改变旧的制度。他们成为封建制度和伦理的卫道者。终于,以慈禧太后为首的顽固派,在1898年9月21日悍然发动戊戌政变,软禁光绪皇帝,杀死六君子,使变法维新淹没在血泊中。

20世纪的中国"西学东渐"史更是艰难曲折,反反复复,道路坎坷不平,甚至充满痛苦和牺牲。本世纪上半叶,以孙中山为代表的资产阶级民主派,主张比较彻底地在政治、经济和文化教育方面学习西方,他以进化论为依据,坚信民权必然要战胜军权,民主共和国必然要代替封建专制。他提出民族主义、民权主义、民生主义的"三民主义",是比较彻底的资产阶级的革命纲领,终于在1911年推翻了清王朝。但是由于帝国主义和封建主义残余势力的勾结,中国不久就陷入了军阀混战之中。最后以蒋介石为代表的中国国民党,虽然统一了中国,但他违背了孙中山的遗志,推行"一个政党、一个领袖、一个主义"的反动政策,实行政治专制主义和文化专制主义,最后导致腐败,蒋介石王朝也不得不逃至台湾。蒋经国吸取其父的教训,开放党禁,终于走向民主化的道路,经济也得到了高速发展。在整个国民党统治期间,"西学东渐"的潮流并未中断,意志主义、生命哲学、逻辑实证主义、实用主义哲学在中国大学和知识分子中有一定影响,甚至像胡适这个主张"全盘西化"的知识分子,国民党不仅容忍了他,而且使他身居要职,宣传他的学术和主张。

1949年中华人民共和国诞生。中国历史翻开了新的一页。那时强调"一边倒"、"向苏联老大哥学习"、"走俄国人的路"。他们在政治上搞专制主义和个人迷信,在经济上搞计划经济,名为全民所有制,实为官僚所有制;在文化上也搞左的教条主义、一元论,消除不同的声音,甚至达到了恐怖统治的地步。中国在1949年后,相当长一段时间一直以原苏联为榜样推行一种左的政策。1966年至1976年的"文化大革命",把中国的传统文化和西方先进文化都当作封建主义和资本主义的黑货来横扫、砸烂和消灭。一段时间以来,"西学东渐"的潮流几乎中断,翻译、介绍、研究"西学"日渐式微。

回顾整个19世纪和20世纪中国的"西学东渐"史,我们可以看到围绕着如何对待"西学",如何对待中国传统文化,如何对待中国的社会政治制度,保守派和改革派展开了激烈的斗争。我们要记取如下的经验教训:第一,"西学东渐"不应仅仅停留在学习西方的自然科学和技术科学的层面上,还应深入到哲学社会科学的层面,不能搞"中学为体,西学为用",因为任何一种文化都有"体"和"用"。西方文化的"体"就是以西方哲学社会科学为代表的价值观念和思维方式;"用"则为自然科学和技术科学。西方社会的政治制度和法律制度,离开了它的哲学社会科学就无法建立。中国封建主义传统文化的"体"就是它的"三纲五常"之类的价值观念和经验主义思维方式,这种价值观念和思维方式已经大大落后于时代和科学的发展。所以,中国文化首先要改革的是它的"体",其次才是学习西方的"用"。第二,人们是以不同的目的来搞"西学东渐"的:第一种是全盘西化论,认为中国的政治、经济、文化都应该彻底西化,其实这种主张行不通,也不能实现,近百年的实践已经证明了这一点;第二种是融合论,他们企图通过东西方文化碰撞,"碰"出一种新文化,其实"碰"到现在也未碰出来,倒是代表旧文化的统治势力,对新文化发动了一次又一次的围剿,新文化往往损失惨重,败下阵来;第三种主张是多元竞争论,即一些人主张多元存在,宽容共处,平等竞争,共同发展。即使是中国传统文化,只要它像基督教一样不断改变自己的内容和形式,它也有存在的权利。这是一种合理的主张。第三,我们应该通过什么手段来从事"西学东渐",达到"变老大帝国为少年新中国"之目的?是通过渐进的改良方法,还是激烈的革命方式?近两个世纪的时间已经证明,革命对于破坏物质的东西、有形的东西是有效的,即便如此,它往往是破坏有余、建设不足,而且在革命成功不久,又会导致旧东西的复辟。文化有物质的方面,又有精神的方面。以意识形态和科学为代表的精神文化,是无形的,它们是人们的精神创造。改革这种文化特别艰难,因为它们已深深扎根于人们的价值观念和思维方式之中,不是一朝一夕、一场轰轰烈烈的革命就可能清除的。要改造精神文化,只能以渐进式的改良,也就是通过发展经济和科学教育,逐步达到改变人们思维方式和价值观念的目的。

中国在20世纪70年代以后,进入了改革开放时期。中国人有了面向世界、面向未来的理念。中国人真正发现了另一个世界,另一种社会,另一种文化。20年的改革开放实践,逐步建立了市场经济体系,中西文化交流也进入了新的阶段。当初容闳他们出国留学,开始时仅仅3人,后来清廷又派了几次,每次仅30人,累计不超过120人,但他们回来后在中国都起了很大的作用。改革开放20年来,我们已向外派遣30万人,回国的也有五六万人,他们在中国社会发展中的作用不可低估。现在,我们的改革开放正在扩大深入,我们已经把政治体制改革提到日程上来。无论是为了进行政治体制改革,还是进行经济体制改革和文化转型,我们都有必要引进西学,特别是西方的哲学社会科学;因为它不仅是西方文化的理论基础和指导思想,而且为西方的社会发展和自然科学的发展提供了理论基础和指导思想;因为,只有它才能提供市场经济相应的价值观念和思维方式。

我们坚信,在21世纪,中国大地上一定会出现百花齐放、百家争鸣的繁荣景象,一种多元的文化必然出现。这种文化充满了自由、民主、科学和人道主义精神。多元主义文化,并不是西化,因为任何作为意识形态的文化,其基础都是经济。市场经济需要从现代西方文化中吸取力量。何况,我们在引进"西学"的时候并不全盘否定我们的政治制度和传统文化。我们只是主张"西学"和"中学"都有存在的权利,彼此应公平竞争。一旦中国传统文化以崭新的面目出现时,它也会像欧洲文艺复兴时期吸取中国四大发明一样,也会向西方传播,推动西方社会进步。

"惟一的"、"最好的",还是"独立互补的"?
——"西学东渐"再检讨

海南大学社会科学研究中心 张志扬

一

我的题目是一个问题,意思是说,作为中西文化交流的前提,即中西各方文化在交流中的定位,是否呈现出这样的状况:

以欧美为代表的西方文化对中国文化而言,是"惟一的"、是"最好的",还是"独立互补的"?

一百多年来,这个问题一直未变,还是起了变化、起了怎样的变化、变到什么程度了?今天是否到了有以明断的时候?

当我这样提问时,我不得不进行解释甚至进行辩护,申述自己如此提问的合理性与合法性,因为,在常识看来,它是个于情于理不合的题外话,"西学东渐"主旨是中西文化"交流",怎么会扯到"惟一"、"最好"上去呢?即便这是个问题,那也是"当然的",我们本来就是"学生";要么这个问题是"潜在的",我们本应该在正常的文化交流中淡化它的影响,排除它的干扰,回到真正交流的轨道上来,保持我们平和的心态,云云。言下之义,我题目中的问题是人为的,可以避免的,甚至应该作为干扰、作为错误的方向予以排除的。

每当此时,我看着题目,真有点爱因斯坦似的困惑:"月亮在你不看它的时候不存在吗?"一个本来应该清理的前提,你不清理它,它就不是前提,而清理起来,反而变成了介入因素或误导结果——事竟如此缠绕!

想必,一百多年来,我们把"西学东渐"太当作"正经的现代文化命脉",习以为常了。

为学术而学术,仅在学术交流中谈问题不是不可,就像谈翻译问题,限于谈翻译中的内容与修辞的可翻译抑或不可翻译,然而,只要一涉及到文化覆盖及其后果,难免有一个"底"终究会在覆盖中透射出来,那就是,"文化融合之名掩盖文化殖民之实",或者说得温和点,"文化融合是否有喧宾夺主之嫌"——隐就是显,它分明挂在"西学东渐"的招牌上:

"西学"为主位,它"东渐"到中国来了,来做什么?启蒙,即把中国文化传统启蒙到西方的现代化轨道上去。

原来我们总是将"启蒙"与"救亡"并举。如今"救亡"解决了;"启蒙"却三番五次提到前台,一直悬而未决。晚清的中国诚然是要启蒙的,中国也诚然需要进步,"启蒙"却也带来了"前所未有之大变"。但是,西方对"启蒙"也做过三番五次的检讨,以至成为"德法之争"的主题之一:"启蒙理性是破产了,还是亟待完善?"我们连一次也不应该检讨吗?

难道我们真的没有意识,说得好听的"文化交流",其交流中的"倾斜"已经到了"臣服"的地步,岂是"交流"两个字"自欺"得了的?至于中国维新至今的教育体制,更是把"懂西学"当作"有学问"的标高尺度,历来是不言而喻、理所当然的事实。从形式到内容都毫不掩饰地树起一面旗帜:西学是"惟一的"、"普遍的";"后现代"之后,即便退一步说,也是"最好的"。

事实就是如此明摆着,但要把这个事实变成反思的对象,还必须到常识面前申述其合理性与合法性,可见,"常识"已被我们固执到何等程度了。

例如,凡问及"中西文化交流之深度与广度"的"前提"——"谁引导谁?谁的深度与广度?"回答总是"王顾左右而言他",当然,这个"王"不过是"春花秋月何时了"的"后主"而已!

二

回到问题中来。

对中国文化,以欧美为代表的西方文化就其自身的"真理性"而言,是"惟一的",是"最好的",还是"独立互补的"?

先听听西方人自己怎么说。

连解构"西方文化中心论"的德里达都承认:"如果我们看到,对胡塞尔和黑格尔来说,文化本身在其有限的经验统一性中不足以建立起纯粹的历史统一性(一切凡没有分有欧洲理念的人类学文化都将是这样),那么这里的相似性就会更大。"①

说得多么决断:"一切凡没有分有欧洲理念的……"分明在宣谕,只有"欧洲理念"才能在"有限的经验统一性"中建立起"纯粹的历史统一性",否则,不过一堆"相似性"而已。例如,像"几何学"那样,或者像胡塞尔"现象学"那样,甚至像黑格尔"历史哲学"那样。

当然,德里达清楚,黑格尔"历史哲学"没有做到,胡塞尔"现象学"也没有做到,因为凡此意图都"很脆弱而最终走向沉默的命运"。② 即便如此,仍然隐含着正题的意向性:不是"惟一的"但是

---

① 德里达:《胡塞尔〈几何学的起源〉引论》,方向红译,南京大学出版社,2004年,第43页。重点系引者所加。
② 同上,第61页。或第七章、第十一章。

"最好的"。应了尼采把西方哲学主流"柏拉图主义"批判为"颠倒的虚无主义",使其从"惟一的"降解到"最好的"——即尼采的"权力意志"。

尼采认为,自柏拉图以来,"存在"的不是什么"本体","本体"纯属虚构,而是存在的"意义"——"存在即是解释",所以那"意义或价值"是解释者"安插"进去的,后来又不断地"抽离"出来,根本没有什么"永恒的绝对的存在"那一回事。不过,"这价值的'安插者'和'抽离者'乃是来自'同一种西方历史的人'"①。

说得又是斩钉截铁:"乃是来自'同一种西方历史的人'"。

做"惟一者"是他们,做"最好者"仍是他们,惟"西方人"可为之。而且这都还是西方文化内部的反叛者说的,说得如此斩钉截铁,毫不含糊。说到这里,说到顶了。

欧洲人,或西方人有足够的坦率,因为他们自信到睥睨世界的地步。现在美国式的哲学无一不在"规则确定性"中:"当且仅当,必然如此"。接着,他们会不言而喻地摆出当然的架势:"规则,只能由我们美国人制定。"

我们有些出席国际会议的朋友回来说:"谈问题就是谈问题,没有什么中国问题,只有问题本身。"他是否意识到,这"问题本身"是别人制定的,你不过是在按着别人的拍子跳舞!

三

在"西学中取的四次重述"一文中,我首先检讨了"西学东渐"的提法不妥,尽管开初它仅仅是一个事实描述,但这描述的"意向性眼光"来自西方,因而首先"感知确定性"的是作为"主位"的"西学"轨

---

① 转引自海德格尔:《尼采》下卷,第五章"欧洲虚无主义"。孙周兴译本,商务印书馆,2002年,第718页。

迹——"东渐",然后才是被接受者中国被接受的事实——"授受"关系清楚得很。

（比较"西天取经"中的一个"取"字,其"主位"意识一目了然。）

须知,"意向性眼光"最初的定位并非仅仅开端如此,它是要自始至终贯彻到底的,连一切未被感知的"授与受"都必然统摄其中。我们今天不还在被动的统摄之中吗？"名不正则言不顺",反过来说,"名正则言顺"。

所以,今天是应该讨论一下"西学东渐"的名"正,还是不正"的前提性问题了。当然,"西学东渐"如果成为了"历史",或当作"历史"看待,即便其中隐含着某种屈辱,它毕竟成为"历史"反倒可以引为鉴戒——就像一座"纪念碑"——未尝不可。问题是,它"不"。

于是,有"西学中取的四次重述"检讨之。首先,要求正名为"西学中取"即"中取西学"——"主位"在我。随后,我在文章中尽量充分检讨了四种主要西学（黑格尔—马克思 / 尼采 / 海德格尔 / 施特劳斯）一百多年来引入中国所引起的重述过程及其后果。此处不另赘述。

我的目的不必隐瞒,旨在回答今天的题目:以欧美为代表的西方文化对中国文化而言,是"惟一的"、是"最好的",还是"独立互补的"？答案是后者,但仍需要意志、能力与时间。

意志和能力,虽然是互为因果的,但许多时候仍首先需要具备意志,在意志的激励下涵养触发能力。马克思曾经说,"三十年战争"后的德国,很长时间中,酝酿起来的仅仅是意志,"意志虽已具备,能力尚嫌缺乏"。长期对英美的事态上,中国很像日耳曼民族,只是日耳曼有"深思的精神",中国有"沉郁的气韵"。两者在急功近利的技术理性上都不及英美的"实用主义"。请恕我如此简略地同时描述了三者的意志属性——意志的形态与质性其实是很不相同的,根本不能匍匐在眼下的功利得失上说长道短,还需放在大时段上看：

谁的脚力长,谈笑为时早。

四

　　一如上述，尼采明确无误地撕下了西方"一神"和形而上学"本体"的"惟一者"面具，但他仍然代之以"超人"——"最好者"的面具修补。

　　所谓"最好的"乃是一种悬置技巧，即否定"惟一的"，但玩弄黑格尔"在假象本质的批判中承认假象本质"的偷换术，代之以"最好的"，因为"最好的"已暗含着先在的"惟一性"了。只是不自居"惟一者"，然而又以退为进地指向"惟一者"、引领"惟一者"，故而当仁不让地占据"最好者"的优先地位。其所以自居的根据，据说是

　　——人文："作为存在颠峰状态"的"权力意志"；

　　——科学：其现实表现的"科学技术意识形态"；

　　——逻辑：其逻辑表现的"当且仅当，必然如此"——规则确定性。

　　由此构成中国三代学人抬不起头直不起腰的命运。说"命运"，是因为我们解不开其中的三个结：

　　一是"进化论"的结；

　　二是"知识即力量"的结；

　　三是"自由民主乃个人欲求"的结。

　　归结起来仍是一句话："西方人走在历史必然性的前面，顺者昌逆者亡。"

　　知识人因其"知识"，首先在"知识"上交付其"志"，例如在上个世纪上半叶迷恋"真理"的时候，可以美其名曰："不是我服从西方，而是我服从真理"——"吾爱吾师，更爱真理"。于是，我们在"惟一者"面前"诚惶诚恐"："凡西方皆普遍，凡中国皆特殊"；"西方的即现代的，中国的即传统的"。以至从根本上默认：中国人无论在思想成果上还是在物质成果上都是个缺乏"原创性"的民族。

　　下半叶当"惟一者"被解构后，西方思想的"意识形态"本质显露

无疑,不过是"把特殊的东西说成是普遍的东西(真理性),再把普遍的东西说成是统治的东西(权力性)"的"强力意志"而已。波及到中国来已是新旧世纪之交了,我们从"惟一者"面前退到"最好者"面前,仍然是"不得不服"的忍耐:谁叫我们没有"人家的科学技术,人家的自由民主"呢?但毕竟"臣服"的意志松动了些许。

"臣服"是有惯性的,它表现在对凡不如此"臣服"者,常以"民族主义作怪"或"文化保守主义作怪"责难之。也有说得委婉者:"不要取中西对峙的立场,应以平和心态,大度一点,只要自己强大了,还怕别人不承认你。"思路如出一辙,不过在"诸神之和"的表面下暗取"诸神之争"的韬晦策略。

以上所述,归根结底,与其说是外在语境的揭示,不如说是自我反省的过程。事实上,半个多世纪以来,我几乎"全在斯世之中",所以本文所论,多属自况耳,与他人无涉。

五

我先假设"四次重述"中的重述属实——"惟一的"破灭了,"最好的"存疑——因而可以作为继续讨论的起点。

所谓"最好的"仍是虚拟,既然没有"惟一的",也就没有同一的尺度判断其"最好的",于是,"最好的"不过是价值上的修饰词,揭穿了说其实是"最强的"。问题便回集到前述"三个结"上:

一是"进化论"的结;二是"知识即力量"的结;三是"自由民主乃个人欲求"的结。"二"和"三"可以看作"一"的两个分支:

"进化论" { 主要表现为"自然科学"
          主要表现为"政治哲学"

两者都必须相互支撑为"意识形态"的"强力意志"——这才是全

部问题的核心与要害。

我这里并不细究它背后的"真实价值",如被美国视为信仰的"个人主义"、"工具主义理性"、"自由"在今天的隐忧与重建①,也不讨论作为一种文化类型的西方文化是否对其他文化类型具有普遍的"真理性"之"强制性",即要求所有的非西方人都要过一种如"真实价值"所述的美国式生活,否则就不民主、不自由、不现代。"老欧洲"尚且不认同,非西方还要认同吗? 尽管这些问题是根本前提性的。

顺便插一句,今后恐怕应该放弃"西方"这样一个笼统的概念,因为它的笼统性现在愈来愈不切实际了。

从后果上看,反正西方把它们强加给我们,我们接受了并习以为常了,所以,这个"结"是别人给我们的"结"——"顺昌逆亡"啊!——我们也就当成了自己的"结"。如果就范其逻辑信仰,这个"结"其实无解。海德格尔才祈求"还只有一个神能救渡我们"。(这个"神"不是基督教的"上帝")换句话说,科学技术带来的灾难靠科学技术是救渡不了的——它不过是一条"埃舍尔蛇"而已("布利丹驴"的时代过去了)。那些在宇宙中毁灭的生命,恐怕大都毁灭在他们高超的智能上。

请注意,我说的是"智能",而不是"智慧"。

六

有读了"四次重述"的朋友问我:"和80年代反形而上学的虚无主义比较,你今天好像退回到民族本位取代个人本位的民族主义中了?"

作为例证,这个问题的前提正好就在西方设置的前提中:"西方

---

① 参阅查尔斯·泰勒:《现代性之隐忧》,程炼译本,中央编译出版社,2001年。

是普遍的、世界的,中国是特殊的、民族的。"

"民族主义"所指什么?

如果把"民族"或"民族本位"等同于"民族主义",那么,当今世界有不是"民族主义"的吗?罗蒂说美国是典型的"自我种族中心主义"。还有谁不是呢?

这里有一个奇怪的现象,为什么西方诸民族天生就是"世界的"?

与此相匹配的,流行在中国的所谓"愈是民族的愈是世界的"的说法,乃是一个没有勇气说自己是"世界的"又要充好汉说自己能够是"世界的"的人的偷巧说法,而且追究起来,这样说的人,要么他并不清楚自己在说什么,要么纯粹是在自欺欺人。

"世界的",可以是"所属于"世界之奇形怪状的"世界的",像不可复制独一无二的"迪斯尼世界纪录"之类;也可以是普遍通用统摄天下的公共尺度的"世界的"。例如做"道场"、"法式",不管是在"寺庙"做,在"教堂"做,还是在"旷野"做,只能是"世界的"第一种意义,不比"电子场"那样具有"世界的"第二种意义。前者是"所有特异"的包容,后者是"惟一共性"的通用。"世界的"至少这两层含义应该分清楚,人们习惯于含混只是为了用一个掩盖另一个。

奇怪的是,中国人只在前者的意义上使用"世界的",而西方人往往在后者的意义上使用"世界的"。两者却有一个共同的心理背景,那就是,世界历史本来就是按照西方的历史编制而成的:

> 希腊、罗马;陆地、海洋;君主制、贵族制、民主制;工业革命、启蒙运动、殖民主义(又分"军事的"、"经济的"、"文化的"三类);英国式的、法国式的、美国式的;等等直到所谓"终结历史"的"自由精神的世界史"。

西方的特殊已经先验地指向了从自身抽绎出来的设定目的,包括"马克思主义"历史观。所以他们有资格自居为"世界的"。至于其他非西方民族的历史,在他们看来不是充斥了太多的不成熟的偶然因素，就是纯粹的例外，需要用西方的尺度任意裁减才能削足适履地纳入它们的所谓"东方主义"规范。**连"世界的"这个词都奠基在西方的历史性上**，其他借用的日常语义漂浮其上，个中的差别岂是可以毫厘计算的？

顺便插一句，"世界的"中的"的"，在西语中如德语中——"des"，素有"魔鬼第二格"之称，既有名词性的所属，即"主语第二格"，表示为主语所有，应该用"地"字联结；也有形容词甚至分词的属性修辞性状，即"宾语第二格"，表示主语的谓述属性，应该用"的"字联结。前述后者"世界的"其实是"世界性的"，乃表属性的"宾语第二格"。但有时它们在上下文中很难区分把握。现代汉语的"的字结构"同样复杂，尤其简化汉字后，"的"、"地"不分，麻烦更多。日常用语马虎一点也就罢了，可在理论用语中，从上到下、从知识人到老百姓都这么人云亦云，放纵词语隐藏的陷阱，维持表面理解的假象，实在令人不堪其扰。

话说回来。几乎启蒙运动以来，西方已经习惯性地把自己的思想，科学逻辑的技术理性不用说了，就连宗教、哲学、道德伦理、政治，甚至审美，甚至心理，都一概看作普世性的，或者，甚至通过非西方学者的验证性研究来证明他们的理论具有普世性，由此作为"西方意识形态"——"凡西方的皆普遍的"——强行向世界其他民族"殖民化"。而且首先被非西方民族的知识分子心甘情愿地接受，并视之为理所当然地拿来匡正本民族的历史文化与现实思想。正好应了葛兰西的"文化殖民"理论——把别人的殖民思想当作自己有意无意被殖民的思想前提而自觉运用，还美其名曰"启蒙"。

于是，现在想恢复西方思想的本来面貌，即还原"西方思想仍为**民族性思想**"反而被说成是"狭隘民族主义"，似乎只有承认西方是"世界的"，自己才被证明"启蒙"而"现代化"了、"世界化"了，成为标准的"现代人"、"世界人"了。

事情竟是这样地颠倒。

七

我的学术生命是从20世纪80年代开始的,依我现在的眼光看,我当时算得是个"虚无主义者",尽管当时我并不知道"虚无主义"的深浅,而事实上我已经从"政治虚无主义"到"哲学虚无主义"几乎到了"文化虚无主义"——尽管我不会承认,而"民族虚无主义"当时是掩盖着的。

后来我才知道,现代理性主义的本质是虚无主义,因为一切都是历史相对的,归根结底是虚无的。但有一点非常奇怪,西方的虚无主义仍然是西方的,即必然以西方理性为主导,而中国的虚无主义为什么不是中国的而还是西方的。换句话说,虚无主义并没有把西方意识形态虚无掉,它所虚无掉的恰恰是非西方的诸民族文化或民族意识。

这是一个非常值得深思的现象。它直显"自然强力"。

再插一句,"虚无主义是纯粹西方的,仅对神而言,中国没有神,所以中国没有虚无主义"。此说是否属实,本文存而不论。

按照一般的逻辑,彻底的虚无主义归根结底是自然主义,在什么都没有根据的情况下,剩下的就只有一个根据,那就是,自然强力。不管这自然强力表现为"智力",还是赤裸裸的"暴力",哪怕它是一个纯粹的鲁莽的特殊如"屠夫",你都不得不忍耐于它的淫威之下。何况,人有天生的面具,总会把自然强力装扮成道德的化身。所以,还是老套套,"权力性"加"真理性",重构自然强力的意识形态理论。尼采就是一个自然强力及其意识形态化的现代典型。尽管尼采那样诅咒基督教,可基督教世界仍然容忍他,各方面的思想家理论家都或明或暗地利用他的思想资源,原因就在于,尼采最露骨地表达了西方思想的实质即归根到底的"强权意志"及其"意识形态化"。

西方"强权意志"是"新自然权利"后逐渐强化起来的,以尼采为最。

古希腊即便在柏拉图对话中,也还有高于自然强力之上的东西,那就是"至善"统摄的"美德"或"德性",因而具有最高智慧即最高德性的哲学王,其品德中必然涵养"节制"。不比后来尼采的"超人"其高贵性中涵养"残忍",尽管"残忍"被施特劳斯辩护,指出尼采提出的高贵于"神本性"的"自然本性"就在于一个无法掩盖的自然事实,即"**最难以承受的是意愿痛苦和不平等,意愿人类的片段性,意愿在其中看不到救赎的自然人类状态及其诸自然之间的等级秩序**"。因而必须要求"**痛苦和不平等是人类的伟大的先决条件**"、"**痛苦与不平等是未来哲学家的自然前提**"。为此,尼采把《理想国》中的"线喻"所指的高于"自然科学"形式化理智(智能)的"善",谴责为柏拉图的"虚构",为了让"高贵的谎言变成文化的基础"。①

可尼采自己不也编制了"超人"的"狄奥尼索斯新神"吗?既然"存在的只是解释",柏拉图解释的存在与尼采解释的存在,都不过是"解释"而已,都不过是"塞入"、"安插"的西方价值意义,都不过是"虚无"之上跳的西方"超人"之舞。因而,倒下的为什么一定是柏拉图,而不是尼采?说穿了,西方需要"强力意志"。

或者更真实地,双方应该同时倒下:即都不是"惟一的",都不是"最好的"或"最强的",倒下的是"意识形态"的"强力意志",还西方思想一个"诸神"面目。

八

最难对付的是技术和技术理性。

技术不属于"世界的",它不是西方世界的所有物,它是"人类

---

① 转引自朗佩特:《施特劳斯与尼采》,田立年等译本,上海三联书店,2005年。

的"。不仅西方的技术风险必须由全人类承担,还在于历史地看,科学技术的思维把握及其形式化抽象是人类思维共有的特性,包括这种抽象偏执的风险和灾难性后果也都得由整个人类承担。

所以,除了人类的神(无形神),除了人类的灾难,没有谁阻止得了它。

它的批判是要在毁灭中进行的。

技术理性到了技术主宰一切的地步,不仅是西方没落的标志,也是人类没落的标志。

九

最后,我想提一下老子《道德经》"二十八章":

"知其白守其黑"。

"知其白守其黑",从句型、句式到意义,至今仍在晦暗不明中。

在"白"与"黑"之间,历来的文献,要么做非此即彼的"取舍"理解,要么做对立统一的"转换"理解,即便做"兼顾"理解,也只在以退为进的"权衡"、"权术"意义上,更方便的解释是明哲保身的"不吃亏",拉得多么低下啊,"道在屎溺"了! 真的如此吗?

"知其白守其黑"句式中的"白"与"黑",实为意义之源,其意义的极至决不在希腊前苏格拉底如赫拉克利特的"自然喜欢隐匿自身"的"显隐逻各斯"和希伯来圣经"神的灵运行在黑暗的水面上说要有光就有了光"的"无中生有创世"的诸元典之下,而且它指示了两者极其深邃的关系——"知"与"守"非同一的并存而"中和"。

显示"白"恰在守住"黑",即守住白之为白的"黑"之生成源。

"白"之最高显示达到顶级者,无非有形之"上帝"吧、奠基之"本体"吧,可这"上帝"应深察它所运行的水面空虚混沌黑暗始应运而生

"光",暗示着"在"而不"是"的"黑暗"深藏着无形神的神秘,如高悬在宙斯头顶上的"定数率",因而这神秘的力量才是至高无上者"自化"的渊薮;至于"本体",显即隐了,绝非哲学家所把握者,"所把握者"使哲学家及其哲学早已变成了"石头"(即"意识形态")。①

这里可是参悟了一点点"知白守黑,大而化之"中的应有之义?

那些把特殊的东西说成是普遍的东西再说成是统治的东西的"意识形态",可曾聆听到"知其白守其黑"的教诲而警醒!

不是"大而伯之",

应是"大而化之"。

2006年11月25日 海甸岛

---

① 本节请参阅张志扬:《道:秩序与句式——读道经二十八章》。

明末清初的西哲东渐

中山大学哲学系 〔法〕梅谦立

19世纪末,philosophy 的概念从西方传入亚洲,先在日本被译成"哲学",然后传到了中国,这个国家的命运由此而改变。其实,这并不是 philosophy 第一次进入中国,而是第二次进入中国了。明末清初,拉丁文 philosophia 已被传教士带到东方。这篇文章简单地回顾这个初步的历史阶段,而试图描述传教士所开辟的两条路:理论哲学和修辞哲学。第一条路直接介绍西方中世纪的士林哲学体系。同时,传教士也打开另外一条路:通过西方经典来培养人们的思想和美德,即修辞哲学。我们很容易看到,不管理论哲学或修辞哲学,在欧洲的中世纪和文艺复兴时期,哲学概念,比我们今天所熟悉的,有更广泛的范围。这篇文章主要涉及到第二条路。为此,我们用高一志的《达道纪言》为个案,来描述西方修辞哲学怎么进入中国。最后,我们会提出一些原则来重新思考中、西哲学之间的对话的可能性。

一、理论哲学

我们应该首先提到利玛窦的《天主实义》(1603年)。他在这部著作中第一次介绍士林哲学的主要概念。后来,许多耶稣会士写了不同的专著来表述士林哲学体系的某个方面。这些著作主要依靠欧洲16世纪关于亚里士多德的著作评论。在利玛窦写《天主实义》的80年之后,在中文著作里面表达出来的这种体系已经很完整,在南怀仁(1623—1688年)给康熙皇帝的体系分类中,稍可窥其略貌。①他所编辑的《穷理学》(1683年)包括60卷。按照传统的五种学科,将其分类,中文和拉丁文标题对照如下:

Logica	理辨、理推	傅泛济、李之藻《名理探》(Categoriae),《理推之总论》(Analytica Priora)
Physica	形性	高一志《斐录答彙》,傅泛济《寰有铨》(De Coelo) 邓玉函《远西奇器图说》 南怀仁《轻重之理推》、《力艺之理推》等
Metaphysica	默大费西伽	艾儒略《性学觕书》(Parva Naturalia)、《万物真原》 毕方济《灵言蠡勺》(De Anima),利类思《万物原始》
Mathematica	马得马第加	天文学(已不见)
Ethica	厄第加	高一志《西学修身》(Ethica Nicomachea)

---

① 康熙22年8月26日,南怀仁向康熙所写的一封信;参见:Noel Golvers ed., *The Christiun Mission in China in the Verbiest Era: Some Aspects of the Missionary Approach*, Louvain Chinese Studies, No. VI. Leuven, Belgium: Leuven University Press, 1999, pp. 38—39.

南怀仁试图借此证明具有完整系统的西方"理学"。它除了涉及人性和伦理之外,西方的"理"还可以解释自然界的规律,更涉及一些超自然的物体,如数学或逻辑学。而且,南怀仁把"哲学"(或"理学")的古典概念扩大,把某些技术等也列入其内:除了古典哲学中所讲过的天文学、地质学等之外,他还加上了弹道学(《远西奇器图说》)和拖重体方法(《轻重之理推》、《力艺之理推》)。南怀仁想证明,在实用方面,西方的"理学"比宋明的"理学"更优越、更完整、更系统化、更彻底。在书信里,南怀仁清楚地表达他对中国学术界的严厉判断:"因为在中国没有任何哲学,除非要把学士技巧地出版,而非系统、临时准备,无逻辑的某些哲学言语算进去。"①他也很明白揭露他的策略,让西方的"理学"代替宋明"理学"来准备基督福音的道路:"这些学士得到了哲学原理之后,会很容易走神法的道路。"②

我认为,南怀仁的这种西方优越感跟他的哲学思想有很密切的关系。他的"理学"变成了一种绝对真理来判断中国文化思想的得失。当然,我愿意承认,在哲学交流之间,在某种条件之下,这样的思路还能走下去,因为它能强迫两方更清楚地表达自己的理论根据。可是,从另一角度来看,这样的哲学对话很难有进步,因为它完全忽略考虑话语本身的必要条件。南怀仁所介绍的具有普遍性的"理",无法构成一种跨越文化的思想桥梁,而相反拉开一种无法弥补的距离。

来华的许多耶稣会士都遵循南怀仁的思想模式,他们的哲学著作也比较偏向抽象的理性。虽然他们试图在形而上学的基础上跟儒家对话,但是在接纳吸收新儒家的"理"的同时,提出自己的新的解

---

① Lubelli 把南怀仁的看法做了如此的报告:"because in China there is no philosophy in whatever form, unless one takes into account some philosophical sayings, acutely published by literati and written unsystematically, without (philosophical) basis, improvised and without (logical) order." Golvers, pp 40—41.

② "[T]hese literati, after having acquired the knowledge of the principles of this same (philosophy) would easily find their way to the Divine Law." Golvers, p. 41.

释。这种抽象化的哲学体系模式很难被中国文化吸收,而耶稣会士在这方面的努力也是功败垂成。

在传教士中,南怀仁有其独特的想法。他对过分抽象化偏向进行修正,强调具体技术中的"实学"。可是,不管抽象理性或具体理性,对中国知识分子来说,这种理性被看作为一种外在的思想工具而已,缺乏儒家所讲的内圣部分。其实,我们需要注意到,"理论哲学"不能概括整个西方哲学,而只是主要代表亚里士多德思想和士林学派走向的知识主义。

二、修辞哲学

修辞哲学可以作为西方哲学的另外一个大传统来看待。理论哲学忙于建立一些普遍性的概念,而修辞哲学则看到独立于哲学理论的语境。它们往往通过叙说、格言来表达。虽然这些话语表达是从具体的处境中产生出来,可是它们在特定的某些条件下在类似的处境中仍然有效,以此来展开真理。无论如何,这些话语不能被看为一些外在的真理。相反,它们不仅培养个人的伦理性格,而本身就是这种伦理性格的表达。

在西方古典哲学中,理论哲学与修辞哲学并行不悖。虽然神学获得了最高的地位,可是修辞学却一直给神学提供一种不可或缺的基础。众所周知,西方古代教育,以修辞学为最主要教育法。修辞学(雄辩、辩论等)是通向神学教育的必经之路。

来华的某些传教士可能以为,某些道理理论的说教更能说服中国人。我们上面描述了传教士在这方面的成果。可是不容忽略的是,这些理论的修辞土壤却已经完全不同。如果今天某个中国学生想研究康德,只一味地满足于苦读哲学著作,而从来没有读过圣经或德国文学,我想恐怕这很难把握康德的真正思想。我想,来华的传教士碰到了同样的问题,只囿于所谓的"理学",而忽略了他的西方文学与修辞学土壤。

对这方面,利玛窦非常清楚。他在书信中写道:"当柏拉图和亚里士多德在我们中间兴盛时,如果我没有说错的话,在中国的学士中同样地也兴起了一批著述伦理问题的仁人,但不是以科学的方式,而是以格言规则的形式。人们对'四书'尊崇有加,昼夜捧读。在篇幅上,不超过西塞罗的书信,可是评论和注释,还有对评论的评论,再加上直到现在有关它们的论述和论文则不计其数了。"①利玛窦认为,中国主流思想传统并不是这种理论哲学,而更是这种修辞哲学。他把孔子与西塞罗比较,因为这两位哲学家影响都很大。一些中国读者很可能对西塞罗比较陌生,可是在整个西方,直到第19世纪,恐怕没有一个作家能超过西塞罗的影响。学生都要读一些西塞罗的著作。虽然利玛窦认为修辞学并不"科学",可是与南怀仁不同,他没有蔑视这个传统。

如果我们把《天主实义》当作利玛窦引西方理论哲学东渐的代表作,那么《交友论》(1595年)就可以作为引修辞哲学东渐的另一本重要著作。在这本书里面,利玛窦搜集了100条格言来介绍西方对友谊的理解。利玛窦还写了两本相似的书:《二十五言》(1605年)和《畸人十篇》(1608年)。后来,三位意大利耶稣会士艾儒略(Giulio Aleni)、高一志(Alfonso Vagnone)、卫匡国(Martino Martini)也如法炮制,把西塞罗、塞内卡和古人的格言翻译成中文。②

---

① Paul Rule, *K'ung-tzu*, p 29: "At the very time when, if I calculate correctly, Plato and Aristotle flourished amongst us, there also flourished amongst [the Chinese] certain literati of good life who produced books dealing with moral matters, not in a scientific way, but in the form of maxims. The chief of these wrote four books which are most highly esteemed, and read day and night. In volume they do not exceed the size of letters of Marcus Tullius, but the commentaries and glosses, and the commentaries on the commentaries, and further treatises and discourses upon them by this time are infinite." Original Italian in Tacchi Venturi, *Opere Storiche*, Vol. II, p. 237.

② Nicolas Standaert ed., *Handbook of Christianity in China*, Leiden: Brill, 2001, Volume I, pp. 604—606.

三、修辞哲学的例子：
《达道纪言》(1636 年)

　　古代思想家早已认识到，语言本身包含着一种权力。从古希腊开始，正是这一基于对语言与权力关系的认识造就了修辞学这门学科。晚明来华的第一批西方人，他们意识到，要获得中国人对自己所传播之事物的认同，有必要运用修辞学的方法来表达自己的思想。我们的分析以《达道纪言》为个案，这本书可算是中西合璧，一方是意大利耶稣会传教士高一志(1566—1640 年)，一方是山西地方官吏韩云(约 1596—1649 年)。① 该书就内容而言，它是一些西方政制人伦的"语录"汇集，取自古希腊和古拉丁文学，编译成中文共 356 条。就体裁而言，它以中国伦理传统的"五伦"为原则，编排为五类，在这五类(伦)中，着墨最多的是君臣(158 条)，其次是朋友(122 条)，再次是家庭伦理：父子 21 条，兄弟 31 条，夫妇 23 条。

　　这本书的内容通俗易读，它的内容不是我分析的重点，我想要弄清楚的是，作者为什么以这种方式进行编排，运用这种体裁想要达到什么样的目的。在《达道纪言》中，高一志试图提供比《交友论》更具规模的西方伦理学。《达道纪言》完全属于这种宗教之外的人文主义文学。即使我们能找到几个天主教圣人，如奥古斯丁(Augustine)、耶柔米(Jerome)，其实，其中令我们不解的是，作为一位天主教的传教士，却从不提到天主，而将该书的内容严格限制于伦理学之内。

　　《达道纪言》大部分条文提到的历史人物有名有姓。在《达道纪言》中，计有约 90 个西方人名。从西方语境转到中国语境，这些"纪言"是否还对中国人保持它们的语言作用呢？汉尼拔将军(Hanni-

---

① 《达道纪言》，《天主教东传文献三编》，学生书局(台北)，1972 年版，第 657—754 页。

bal)、波斯国王薛西斯(Xerxes)、大流士(Darius)等在西方是些熟悉的名字,对中国人来说,这些名字一定有陌生的感觉。这些西方历史人物没有被详细地介绍,中国读者无法知道他们的历史背景以及他们在西方历史的重要性。我们不能不承认,因为缺少历史的背景,这些"纪言"并不能获得最好的修辞学效用。可是,有一些历史人物常常出现,比如亚历山大(14条)、他的父亲斐礼伯(10条)等等,那情况就不会一样了。我们知道,重复也是修辞学的一种技艺,它起码证明,这些就是西人心目中的古代君子。与中国的先王如尧、舜作为儒家的道德榜样,这些西方的古王也给西人提供了类似的榜样。高一志和韩云介绍这些"纪言",正是为了使它们能进入中国文化。这个过程在晚明时开始,结果,亚历山大渐为中国人熟悉。

高一志可算是一个教育家。实际上,他在意大利先教了五年的修辞学,后教三年哲学。① 来华之后,他不仅试图写书,更考虑形成一种新的教育材料和新的教育方法来传播西学。因此,高一志跟中国人合作写了一套伦理教材,作这种新教育的尝试。他系统地编过专门讨论儿童教育的一本书(《童幼教育》,1632)。于1635年,又按照"大学"的结构,写了三部著作:《修身西学》(*Ethica*)、《齐家西学》(*Oeconomica*)、《治平西学》(*Politica*)。在这些著作中,他引用了很多西方的古代"纪言",来说服读者,他所描述的情况并不是他自己的发明,他只"述而不作",依靠古代所传下来的权威。1632年,高一志出版了包括700条比喻的《譬学》。但是,写这本书之后,高一志很可能了解到,这样的文学材料缺乏历史的权威性。为此,他便写了《达道纪言》当作一种比较有说服力的具有修辞学色彩的材料。

高一志很可能早有写这本书的计划。② 而且,我认为,他在写这

---

① 费赖之著、冯承钧译:《在华耶稣会士列传及书目》,中华书局,1995年,第88—97页;荣振华著、耿升译:《在华耶稣会士列传及书目补编》,中华书局,1995年,第690—691页。

② 据费赖之说,高一志在澳门"主要于编撰后来印行之汉文著作,并在澳门教授神学两年,任学校教习一年"。(《在华耶稣会士列传及书目》,第92页)

三部伦理著作时,他手里应拥有了很多翻译好的"纪言"。他可能会用这些稿子做教材,以供中国人作文和发言时利用这些"纪言"。但是,为了让这种修辞学材料有更广泛的影响,他便与韩云合作整理这些"纪言"。如此,当一个学生要写一篇论文或发言时,他便可以自由地从中找到他需要的材料,使他所说的或所写的更具说服力,收到文雅的效果。

在高一志的教育理想里面,经典是一种基础,他写道:"故书乃幼学所最急学,而舍典籍犹舍毛羽而欲高飞,岂可得乎?"①而且,高一志主要试图从经典中选择一些"纪言",使这种成文的文化变成一种口语材料,而获得更大的影响。在《譬学》里面,他更详细地解释修辞学的功能:"故圣贤经典,无不取譬。虽夫妇之愚,皆可令明所不明也。且此譬法,非特使理之暗者明,又使辞之直者文,弱者力,凡欲称扬美功,贬刺恶德,启愚训善,策怠约狂者,可以撰【馔?】悦其耳,深入其心。"②这里,他强调一个"比喻"的功能:本来不明白的道理,使人们能通过"比喻"明白,而深入自己的内心。

文艺复兴时期,斯多葛学派(Stoic School)获得了新的生命,人们发现这个学派具有高度的伦理特质。教会没有排斥这个学派,而接纳它的很多方面。比如,在耶稣会里,塞涅卡被普遍接受,甚至于被称为"我们的塞涅卡"(noster Seneca)。

耶稣会来华之后,他们很快把儒家和斯多葛主义连接起来。这两个学派都以道德修养为核心。他们都把个人生活(内圣)和公共生活(外王)密切地连接起来。它们的伦理思想主要不属于形而上的哲学系统,而基于智慧的历史典范,即"圣人"。

1593年,利玛窦给耶稣会总会长阿奎维瓦(Acquaviva)写了一

---

① 《童幼教育》上卷,"教之法第五"、"教之翼第六"。
② 《譬学》上卷,"譬学自引"。

封信,他把孔子和塞涅卡作了比较。① 1597 年,在另外给阿奎维瓦所写的一封信中,他强调它们之间的文学特征,把儒家经典与西塞罗的书信作了比较:"在同一时期,在柏拉图和亚里士多德繁荣的时候,在他们当中也有学术繁荣,他们写成的伦理著作,不用科学方式,而用'纪言'的方式。某些主要人物写了'四书',这些书被人们昼夜阅读。它们在篇幅上不超过西塞罗书信,可是随后的评论和注解,还有评论的评论,还有其他关于它们的论文和话语至今汗牛充栋。"②应该注意的是,利玛窦认为,斯多葛主义接近儒家,有两种原因:第一,伦理思想的内容;第二,文学特色。在这第二点上,利玛窦认识到,中国人并不欣赏亚里士多德所写的长篇大论,而更欣赏西塞罗或其他斯多葛学派的简短"纪言"。毫无疑问,高一志试图在《达道纪言》上仿效斯多葛学派和儒家的榜样,而希望这种西文经典能变成中国经典。因此,《达道纪言》中的大部分"纪言"属于斯多葛学派:布鲁塔克(48 条自己发表的纪言,还加上 40 条他自己记录别人的纪言)、塞涅卡(30 条)、西塞罗(7 条)。

当然,标题中的"纪言"可能有另外一个意思,即"纪纲的言论"。按照这个理解,标题强调伦理特点,而很清楚,标题的前两个字"达道"也代表这个意思。在《中庸》里面,"达道"与"五伦"有很密切的关系:"天下之达道五,所以行之者三,曰:君臣也、父子也、夫妇也、昆弟也、朋友之交也"(第 20 章)。因此,我们能觉得,《达道纪言》不仅是一本具有修辞学性质的书,而且更是一本伦理学的书。修辞学作为劝告他人的技艺,可是这个技术本身不是中立的。学生在学习修辞学时,也同时在学习伦理。

比利时耶稣会士柏应理(Philippe Couplet)在谈及《达道纪言》

---

① Tacchi Venturi, *Opere Storiche del P. Matteo Ricci* (Macerata, 1911) Vol. II, p. 117; Paul Rule, *K'ung-tzu or Confucius? The Jesuit Interpretation of Confucianism* (Sydney, 1987), p. 29.

② 英文引文见前引 Paul Rule, *K'ung-tzu*, p. 29。

时说:"关于伦理哲学,包括市民和家庭,应用比喻和记言来说出。"①这本书是为了培养学生的说服力以及他们的伦理观念。为此,伦理学必与修辞学结合,通过修辞的方法来推广伦理观念。

　　传教士还试图建立团体,这些团体可有几种模式:除了皈依天主教而参与圣事生活的信徒外,还有对天主教有好感的学士。对这第二种非宗教性的团体模式而言,编纂文集和经典就显得很有必要。正是在这种意义上,《达道纪言》所言,堪当团体伦理关系的新榜样。其实,晚明的很多知识分子想避免王阳明弟子的个人主义倾向,而寻找一种新的团体模式。比如,韩云的弟弟,韩霖(1600—1649年),试图形成一个恢复"乡约"的团体模式。他在《铎书》(约1640年)中把儒家原则和基督宗教原则综合起来。按照韩霖的看法,传儒家的道理或者传基督宗教的道理都一样,只能在"人伦"里面发挥,因为这些"人伦"基于天性。② 那时,每月朔望的第二天,韩云、韩霖和绛州的士大夫都聚会。他们在明朝即将崩溃的危险形势之下,宣讲《圣谕》,还轮流发言。③ 我们可以理解,在这样的会场上,《达道纪言》这本书很可能被用作发言的引据。虽然韩氏兄弟受了洗,可是大部分没有皈依天主教的人,他们的活动并没有宗教的性质。

　　晚明,很多人非常关心他们的伦理生活,于是很多"善书"应运而生,以作培训和支配个人和团体的伦理生活之用:"四书""五经"和它们的通常解释;日用类书,如《居家必用事类全集》(1560年)或《幼学易知杂字大全》(晚明);罪过表格(如用来反思自己的罪事和善事的"功过格"④);自我诉讼的书,如刘宗周(1578—1645年)在他的

---

　　① 原话为:"de philosophia morali quae civilem et oeconomicam comprehendit eximiis similitudinibus et apophthegmatis illustrata";Sommervogel 引用。
　　② 参看 Pan Feng-chuan, in Nicolas Standaert ed., *Handbook of Christianity in China*, p. 658。
　　③ 黄一农:《明末韩霖〈铎书〉阙名前序小考》,载《文化杂志》(澳门),2000年,第40—41期,第2页。
　　④ Tadao Sakai, *Popular Educational Works*, in Theodore de Bary, *Self and Society in Ming Thought*, New York: Columbia University, 1970, p. 342.

《人谱》里面所描述的"讼过法"。① 即使这些方法都强调个人的伦理责任,它们都被用作一种团体的伦理话语。在这一伦理话语中,儒家经典,即"四书"、"五经",提供了具有权威性的示范。同样,《达道纪言》,通过西方古典,企图形成一种新的伦理话语力量,来支持新团体的生活。

因此,我们便能理解《达道纪言》之于团体生活的意义,它如何可能成为一个团体的基础。我们也同样可以了解为什么在五伦中,朋友关系占着一个十分重要的地位。在当时的绛州,最有影响力的思想家就是理学儒家辛全(1588—1636年)。辛全的很多弟子都偏向西学,帮助耶稣会士出版著作。② 那时,在西方传教士与当地知识分子和官吏兴起很浓厚的合作精神。下面这个"纪言"便是这样一种政治的暗示:

都略曰:"羞心乃友之固城也,一念去羞,则有求非义者,即有将顺之者,彼此无所忌矣。"③

在西方思想里面,把个人灵魂看作一个城市有源远流长的传统。④ 而且,在古希腊拉丁思想里,友谊是政治的基础。在上面的"纪言"里(本来属于一封信),西塞罗强调,友谊是在政治的基础上建立起来的。相反,在中国的政治思想里,朋友关系一直被怀疑是否摆脱正当的政治框架,即君臣关系,而试图组成反政府的党派。如此,儒家认为,由于友谊没有君臣或父子关系那么基本和稳定,所以不可能提供一种政治基础。这个"纪言"或许代表着当时知识分子团体所

---

① *Renpu*, Taibei: Shangwu Yinshuguan, 1968, p. 11, quoted in Pei-Yi Wu, *The Confucian Progress*, pp. 223—224.

② 黄一农:《明清天主教在山西绛州的发展及其反弹》,载《中研院近代史研究所集刊》,第 26 期,1996 年 12 月,第 21 页。

③ M. Tullius Cicero, *Laelius, De Amicitia*, N. 23.

④ 比如柏拉图在《理想国》,或奥古斯丁在《上帝之城》中所论。

面对的形势：拥护明朝和救国图存，为了这个目的，他们自己成立一种新的团体，吸收西学，但却被人怀疑要组成一个党派来推翻政府。①

从此，我们能看到，这种在中国的语境和处境中的修辞哲学已经达到了相当高的水平。今天我们觉得遗憾的，就是这种修辞哲学的传播没有保持得很久。从利玛窦的《交友论》（1595 年）到高一志的《达道纪言》（1636 年），只有 40 年，而后来这种努力好像断绝了。

结　论

我们回顾明末清初的西学东渐，更要注意传教士在这方面的努力，即在中国传播西方的理论哲学和修辞哲学。我认为，在理论哲学的单一模式上很难建立真正的对话，而修辞哲学可能会打开一种更尊重两个文化特色的对话模式。

在西学东渐的第一阶段中，对于参与中西对话，中国人比较冷淡，只有少数人愿意跟传教士交流合作。鸦片战争开辟了西学东渐的第二阶段。那时，中国主动吸取西学，选择他们自己所要寻求的东西。如果我们回顾这 150 年的过程，中国吸收了很多西方的理论哲学。毋庸置疑，这些概念化的思想产生了很大的影响，可是，大部分的概念并没有深入中国文化而产生出真正的碰撞。令人惊讶的是，明清之际的中西文化交流，范围虽然很窄，可具有相当高的水平，使我们能从中学习到很多东西。

---

① 主要反对者有李生光(1598—?)；参看黄一农：《明清天主教在山西绛州的发展及其反弹》，载《中研院近代史研究所集刊》，第 26 期，1996 年 12 月，第 22—23 页。

西学东渐与中国的现代化进程

中国社会科学院哲学所　江怡

一、西学东渐对现代中国的双重意义

　　如今我们都承认,近代以来的中国发展与西方文化的传入有着密切关系:沉重的中国近代史不仅仅表现为西方列强对中国的经济、政治的殖民化和半殖民化过程,而且更深层地是西方文化,特别是西方哲学观念,逐渐渗入中国传统文化并与后者形成对立的过程。在这个过程中,中国的传统文化始终处于劣势或被动的地位。当然,这首先要归咎于传统文化对中国社会发展起到的消极作用,这已经由新文化运动的知识分子们揭露得非常清晰透彻了。但是,问题的另一个方面是,正是由于西方文化的传入,才使得进步的知识分子清醒地认识到了传统文化中对人性的摧残以及其他各种弊端,才会兴起声势浩大的新文化运动。"传统文化"之"传统",正是由于"新文化"的出现而得以彰显。进一步地说,这种"新文化"的出现正是由于西方文化的传入。如果我们承认西学东渐对中国的现代化进程起到了重要的推动作用,那么,我们就必须承认,没有西方文化的传入,就没有现代中国文化的发展,同样也就没有所谓的"中国传统文化",否则我们可能就会仍然生活在那样一种文化之中,而不会把它看作是一种"传统"。①

然而,西方文化的传入在给中国带来新的文化的同时,也使中国的传统文化面临了严峻的挑战。西学东渐的这种双重作用是同时产生、相辅相成的。我们常说"挑战与机遇并存",但对于中国文化本身而言,西方文化对中国文化的挑战从一开始就是我们被迫接受的,因此,在西学东渐的过程中,西方文化的挑战更多于他们为我们带来的机遇。在史称"屈辱的中国近代史"上,西方列强虽然是仰仗当时先进的钢枪烈炮打开了中国的大门,但正如马克思所说,不幸的是,这种"野蛮人的方式"却代表了当时历史发展的最新趋势,也就是西方"第二次工业革命"的结果。我们还应当看到,这场以科技发展为先导、以重工业建设为主导的工业革命,背后却深刻地隐藏着西方文化的普遍价值和宗教观念,这特别表现在达尔文"适者生存,优胜劣汰"的进化论思想和"普天之下,皆为上帝臣民"的基督教信仰中。政治上的国家垄断和经济上的扩张即对更大利润的追求,这些使得西方重要的工业强国对外都采取了武力扩张的殖民政策,这就是当时西方列强蚕食中国的内在动力。

这个历史表明,西方人虽然是用武力打开了中国的大门,但在这个武力的背后却有着更为强大的思想文化和政治经济背景;而近代国人在经历了国破家亡的悲惨命运的同时,却很少反思这种失败的深刻根源。当时的大多数国人都相信,西方列强之所以能够欺负中国,其原因就是因为他们拥有先进的工业技术,所以要想"以夷制夷",就必须掌握这些先进技术。在这种观念的指导下,当时的清政府就大力提倡学习西方技术,选派留学生到欧洲求学,以期由此改变中国的国运实力。然而,这种"技术救国论"并没有真正改变中国的命运,20世纪上半叶的大多数时间内,中国人民仍然生活在水深火

---

① 这里涉及到一个解释学问题,即对任何一个概念的理解都必须与其所属的观念系统联系起来,或者说,理解一个概念需要一个参照系统。由于本文讨论的更多的现实问题,而不是纯粹的理论问题,因此这个解释学问题留待在其他地方讨论。

热之中,中国仍然是一个半殖民地半封建的国家,仍然没有摆脱深受帝国主义奴役的状态。在这个过程中,西方的哲学、宗教以及价值观念在意识形态领域遭到了批判,无论是袁世凯的军阀政府还是孙中山的国民政府,都竭力以中国文化中的"礼义廉耻"、"君臣父子"观念维系整个社会的价值体系,强调"知难行易"、"修齐治平"的哲学和政治理念。在对待西方文化的态度上,当时的知识分子大多数采用了"中体西用"的方针,把西方文化作为一种更好理解中国文化的"工具"、"手段";当这两者之间发生冲突时,则被要求放弃"西学",并以捍卫"中学"为主要任务,这特别明显地表现在20世纪20—30年代的"科玄论战"大讨论中。

如今我们可以清楚地看到,整个中国的近代史就是西学东渐的过程。反思这个历史,我们发现自己面临着一个巨大的历史悖论:一方面,西方文化的传入使我们认识到了自身文化的弊端,并希望以新的文化形态完善和改变自身的传统(这正是"新文化运动"的内在动因);但另一方面,强大的传统又迫使我们以维系自我身份的名义竭力抵御西方文化的传入,特别是对我们不甚了解的西方哲学和宗教采取全盘否定的态度,正如冯友兰指出的,这也是罗素和杜威的中国之行没有在中国文化中起到重要启蒙作用的主要原因。① 正是由于这个历史悖论,中国近代史上的文化发展总是处于一种彷徨或选择的过程。虽然全盘否定或全盘肯定被看作是同一个问题的两个极端而遭到反对,但试图从中寻找第三条道路的努力却在现实中遭到了失败,因为任何试图在西方文化与中国传统文化之间寻找平衡的做法都遭到了来自这两种文化的激烈反对,这样的平衡非但没有抓住

---

① 冯友兰在《中国哲学简史》中这样写道:"他们[罗素和杜威]是到中国来的第一批西方哲学家,中国人从他们的讲演第一次听到西方哲学的可靠说明。但是他们所讲的大都是他们自己的哲学。这就给听众一种印象:传统的哲学系统已经一概废弃了。由于西方哲学史知识太少,大多数听众都未能理解他们的学说的意义。要理解一个哲学,必须首先了解它所赞成的、所反对的各种传统,否则就不可能理解它。所以这两位哲学家,接受者虽繁,理解者盖寡。"(《中国哲学简史》,北京大学出版社,1985年,第377页。)

问题的关键,反而造成了对这两种文化的浅薄的曲解。

只要我们尊重历史,我们就会理解这样一个事实:以陈独秀、李大钊等人为代表的早期马克思主义者正是以西方文化的根本精神反对中国的传统文化,这就是挥舞着"科学和民主"的大旗,喊出了"打倒孔家店"的口号。毫无疑问,中国传统文化的主体部分就是孔子的儒家学说,无论是汉代的董仲舒还是宋明理学的二程,他们都以孔子学说作为自己的思想前提。因此,反对孔子学说就是对传统文化的釜底抽薪。陈独秀把孔子学说与西方法制观念作了对比分析,以西方的法律和平等观念直接反对孔教学说,在当时中国的知识分子中产生了重要影响;①李大钊则直接把孔子学说比作"数千年前之残骸枯骨",把西方的宪法制度称作"现代国民之血气精神",认为"以数千年前之残骸枯骨,入于现代国民之血气精神所结晶之宪法,则其宪法则为陈腐死人之宪法,非我辈生人之宪法也;荒陵古墓中之宪法,非光天化日中之宪法;护持偶像权威之宪法,非保障生民利益之宪法也。"②这里的"现代国民之血气"、"我辈生人"、"光天化日"、"保障生民利益"等说法,显然都是西方宪法制度的重要观念。翻开中国近代思想史的资料,我们就会看到,20世纪初以来的先进的中国知识分子接受的思想教育主要来自于西方文化,这不仅表现为现代中国哲学学科的整体框架直接取自西方哲学,而且表现在,以中国共产党人为代表的先进知识分子始终坚信自己的信念和政治理想完全归功于作为西方文化重要组成部分的马克思主义思想,并在自己的政治实践中坚持把自己的革命活动理解为世界革命的一种组成部分,甚至把中国共产党完全置于国际共产运动的领导之下。这些都向我们清楚地表明,近代中国的西方化绝不仅仅是接受了西方的民主和科学的观念,更重要的是引导中国融入了世界革命的大舞台。中国传统

---

① 陈独秀:《宪法与孔教》,载《陈独秀选集》,胡明编选,天津人民出版社,1990年,第37—42页。

② 李大钊:《孔子与宪法》,载《李大钊选集》,人民出版社,1959年,第77页。

的儒教观念经历了五四时期新文化运动的暴风骤雨式的洗礼已经荡然无存,中国传统的家族宗法制度也被现代国家的法律制度所取代。应当说,正是这些变化造就了我们今天的现代中国,一个与世界的发展密不可分的中国。

反思历史,我们可以得到这样的结论:西学东渐的过程其实就是近代中国走向世界的过程,也是中国从半封建半殖民地的社会走向独立自强的现代社会的过程。于是,西学东渐对中国的现代化就有了双重意义:一方面,西学东渐使中国打破了封闭,走向了世界;但另一方面,西学东渐又使中国传统文化开始了长期的"被逐流放",也使得中国的现代文化处于游弋漂流的"边缘状态",以至于到了20世纪末21世纪初,被看作是处于思想前沿的知识分子们仍然对"中国哲学的合法性问题"感到困惑,"中国哲学"的定位仍然是一个争论不休的问题。

二、西方哲学在中国的变形

冯友兰先生在《中国哲学简史》中谈到西方思想的传入时指出,康有为、谭嗣同等人对西方哲学"如果不是毫无所知,也是知之极少,……他们所有的西方文化知识,除了机器和战舰,就基本上限于自然科学和基督教义了"。严复对西方学术的翻译主要还是以经济学、政治学、法学等学科为主,从严译的书目中可以看出,"严复介绍西方的哲学很少。其中真正与哲学有关的只有耶方斯《名学浅说》与穆勒《名学》。前者只是原著摘要,后者还没有译完。严复推崇斯宾塞的《天人会通论》,说:'欧洲自有生民以来无此作也。'(《天演论》导言一,按语),可见他的西方哲学知识是很有限的。"[①]重温一下冯友兰对严译名著在当时受到欢迎的原因所作的分析,在今天仍然具有重要意

---

① 冯友兰:《中国哲学简史》,第374页。

义。他说：

> 严复译的书为什么风行全国，有三个原因。第一是甲午战争中国败于日本，又接连遭到西方的侵略；丧权辱国，这些事件震破了中国人相信自己的古老文明的优越感，使之产生了解西方思想的愿望。在此以前，中国人幻想，西方人不过在自然科学、机器、枪炮、战舰方面高明一点，拿不出什么精神的东西来。第二个原因是严复在其译文中写了许多按语，将原文的一些概念与中国哲学的概念作比较，以便读者更好地了解。这种做法，很像"格义"，即类比解释，我们在第二十章讲到过。第三个原因是，在严复的译文中，斯宾塞、穆勒等人的现代英文却变成了最典雅的古文，读起来就像是读《墨子》、《荀子》一样。中国人有个传统是敬重好文章，严复那时候的人更有这样的迷信，就是任何思想，只要能用古文表达出来，这个事实的本身就像中国经典的本身一样地有价值。①

从这三个原因的分析中，我们可以理解20世纪初的中国人对西方思想的基本态度：第一，体用结合，学以致用。中国文化传统是非常讲究用处的，某个事物或对象是否有用往往被看作是选取事物正确与否的标准。因为用处是与人们的日常活动密切相关的，而中国人又历来强调"人事"大于"天"，"天命之谓性"（《中庸》）等观念，甚至认为"从天而颂，孰与制天命而用之"（《荀子·天论》）。正是基于这样的基本立场，在对待西方文明和文化的过程中，中国人首先考虑的就是它们是否能为我所用。严复留学英国学习海军，但他发现在西方先进的海军技术的背后还有更为重要的西方思想和制度，只有掌握了这些思想和制度，中国人才能真正学到西方的技术。显然，这正是学以致用的方法。所以，我们看到，严复翻译的著作大多是与当时

---

① 冯友兰：《中国哲学简史》，第 373—374 页。

的政治经济有关的内容,因为这些著作可以直接帮助中国人了解如何构筑一个民主法制的现代国家。

第二,见闻之知,格物致知。中国的传统文化主要是一种经验主义,强调认识主体的亲身感受和体验,并且以经验知识作为衡量知识有效性的重要标准。虽然儒教传统中也强调了"学问思辨",但最后都是为了"笃行之",如朱熹所言:"学问思辨,所以择善而为之,学而知也。笃行,所以固执而为仁,利而行之。"(《中庸章句》)"格物致知"就是强调要通过接触事物("格物")才能获得知识("致知")。严复翻译的西方著作应当说都是西方学术中的经典之作,不要说是中国人理解起来比较困难,就是普通的西方人也未必能够全部理解。严复的高明之处就在于,他抓住了中国人的阅读心理,以"格义"的方式对西方著作做了类比解释,用中国人所熟悉的术语和文献去解释对当时的中国人非常陌生的西方观念,这的确起到了很好的作用。这有些类似中国学生初学外语的情形,总是喜欢用汉语拼音或汉字标注外语的发音。这样做固然对初学者的入门很有帮助,但这种做法的弊端也是非常明显的。而严复对西方观念的"格义"做法在很大程度上直接影响了中国人对西方思想的真实把握,更多的中国人是以严复的理解为根据,或直接使用严复的说法或引用原著支持严复的解释。

第三,引经据典,文彰大义。正如冯友兰所说,中国人有敬重古文的传统,只要被看作是经典文字,都会受到推崇甚至礼拜。但中国人对经典的推崇并不是为了思想和学术的缘故,而是为了用于支持自己当下观念的合理性和有效性。正如"学而优则仕"的观念一样,一切经典在中国人的眼中都是用于解释和说明现实的社会生活,以便使这种解释具有某种权威性、合法性,即使是"古文学派"的思想家,也是在当时的文化背景下强调对古代文献的字面意义解释。所以,在中国哲学史以及思想史上,曾出现过许多注释家,他们用训诂的方法对古代文献做出了符合当时社会条件的解释;即使是被后人看作具有创造性的大哲学家,也都有自己对古代文献的注释性著作流传后世,而且这些著作往往被看作是理解他们思想的重要来源,例如王弼的《周易注》《老子注》;朱熹的《四书章句集注》《周易本义》等,这些都已经成为中国古代哲学的经典。

从这三点分析中可以看出,中国人对西方思想的接受是有条件的,或者说是带着中国特色的"有色眼镜"的。因此,很自然的就是,中国人所接受的或所理解的西方思想必然就带有中国人的特点。从现代解释学的观点看,文本和解释者之间的"视界融合"的确可以被用来说明文本的意义;但这种解释的条件是不同的解释者应当对同一文本有相同或相似的理解,就是说,对同一文本的不同解释都应当以相同或相似的理解为前提的,这是解释活动的客观性要求。然而,西方的思想观念在中国人的视野中从一开始就带有中国文化特色的形式,或者说,在中国人的心目中,西方的思想观念就是他们所看见的那个样子,而他们的所见所闻却是大大地被有选择地介绍的西方思想曲解了,打了折扣。这样,我们所知道的西方思想其实就是被解释者或介绍者选择了的西方思想。

西方思想中的精髓是西方哲学,而我们对西方哲学的理解程度,决定了我们对整个西方文化的把握程度,也决定了我们现代化进程的速度。纵观西方哲学传入中国的百年史,我们可以清楚地看到,由于中国人特有的理解和解释,西方哲学在中国发生了根本性的变化。邓晓芒曾从中国百年的西方哲学研究中总结出"十大文化错位",即严复对达尔文进化论的选择性接受;王国维对叔本华的活剥;胡适对实用主义的中国化;牟宗三对康德的误读;对"理性"概念的普遍误解;对"科学"的实用化;对"辩证法"的降级诠释;对"实践"概念的变形;在"存在"概念上的分歧;对"自由"概念的附会。[①] 我完全同意邓晓芒的分析。我把这"十大文化错位"以及其他对西方哲学的误读,理解为西方哲学在中国的"变形"。我认为,这种变形主要表现为三

---

① 邓晓芒:《中国百年西方哲学研究中的十大文化错位》,载《世界哲学》2002年增刊,第7—16页。

个方面:原有的概念分析被实践的优先性所取代;思辨的和逻辑的精神被实用的和入世的态度所取代;哲学的批判意识被服务于现实的政治要求所取代。

毋庸置疑,概念分析是西方哲学的一个重要特征,也是西方哲学的传统之一。冯友兰曾在《中国哲学简史》中断定,逻辑分析方法,即他称作的"正的方法",应当是西方哲学对中国哲学最有价值的贡献。但遗憾的是,半个多世纪过去了,概念的或逻辑的分析方法在中国并没有得到广泛的运用。相反,被邓晓芒称作"直观类推"和"直接证悟"的方法反倒成了中国人理解西方哲学的主要方式,甚至连冯友兰最后也提出把逻辑理性与程朱理学结合一体的所谓"新理学"。直观类推和直接证悟就是要求理解者的个人体验,而这样的体验又被套用为"实践"的观点,以实践的优先性取代西方哲学要求对概念的逻辑分析。正如邓晓芒指出的,西方的"实践"概念具有双重含义,一方面是指"对某种既定的知识、道德和原则的施行和遵行";另一方面是指"通过一定的实践活动所获得的经验"。① 但中国人对这个概念的理解却是只看到了第一个方面,并且把这个方面简单地理解为一种主客体之间的认识关系,这就完全忽略了实践活动的创造性内容,忽略了实践活动得以实现的概念活动。我们在理解西方的概念分析时,往往容易偏颇地以为那是一种被动的、抽象的、与实践活动没有任何联系的形式分析。其实,这完全是对西方哲学中的概念分析的一种误解。西方哲学的一个重要传统就是关注人类的现实生活,关注人类的实践活动。除了中世纪的宗教神学理论之外②,从来没有哪一位西方重要的哲学家思想是被看作"空中楼阁"、"象牙之塔"。相反,只要是真正对后代产生重大影响的哲学观念,都与现实的实践

---

① 邓晓芒:《中国百年西方哲学研究中的十大文化错位》,载《世界哲学》2002年增刊,第13页。

② 客观地说,中世纪神学也并非是"空穴来风"、"无病呻吟",虽然它们所讨论的问题至少在表面上被看作是与人类的现实生活无关的。这是另一个需要讨论的话题。

活动有着密不可分的联系;而且,西方哲学家更多地是从第二方面的意义上去理解"实践"概念,即"实践"主要被看作是一种主体意识(也就是发挥主观能动性)的积极创造性活动。

分析和思辨往往被看作是西方哲学中的两种主要研究方法。前者需要逻辑的和形式上的规定,是对必然性的要求;后者则是概念的和推理上的规定,是对先天性的要求。西方哲学家们都能够有意识地使用这两种方法,并且通过使用不同的方法而把自己的哲学归属于不同的哲学传统。无论是分析还是思辨,都是理性推理的自身要求,也就是在理论上的规定。然而,这两种研究方法到了中国哲学家的手中,却变成了以实用为标准、以满足现实要求为目的的基本原则。马克思哲学强调的"实践"概念在中国哲学中演变成了判断一切理论有效性("真理性")的实用标准。的确,中国的哲学中存在强烈的实用传统,"学以致用"历来是中国学问家们从事一切研究的最后准则。在中国的不同哲学传统中,儒家、道家、法家等都以服务于现实或理想中的社会作为自己哲学追求的目标,中国的学者一定要成为"士大夫"(即现实政治体制中的一个成员)才能得到社会的承认,他的研究活动才有了意义。由此,我们对西方哲学的处理也就完全按照中国人的思路,"分析"被划归为逻辑的范畴而只是少数人才能运用;"思辨"则被看作"玄而又玄"的"无用之学"而遭到嘲笑和摒弃。这些恰好使我们自认为接受了西方哲学的中国哲学面临一个十分尴尬的局面:一方面宣称哲学是对自然、社会和人类思维基本规律的一种普遍认识活动;但另一方面却对西方哲学的基本研究思路和方法采取漠视甚至反对的态度。这种"叶公好龙"的心态比较普遍地存在于中国哲学家对待西方哲学的基本态度之中。

作为哲学的主要功能之一,批判精神始终是西方哲学家们牢记在心的传统,哲学本身就被哲学家们看作一种本质上的批判活动。这种批判活动通常分为两个部分。一个部分是怀疑,另一个部分是反思。怀疑就是对现有观念和理论的不满,是哲学批判活动的开端。哲学上的怀疑和批判不仅表现为哲学家们对前人哲学的态度上,更重要的是哲学家们思考一切问题的出发点。与通常意义上的怀疑不同,哲学上的怀疑不是就事论事,对某个具体事情提出疑问,而是一种追问基础式的怀疑,是对一切事情的基础或根据提出疑问;与通常意义上的批判不同,哲学上的批判是对人类理性能力的全面考察,是以审视的态度对待一切事物。这就使哲学上的怀疑和批判具有了形而上学的性质。哲学批判活动的另一部分是反思。怀疑是哲学思考的开端,而反思则是哲学思考的形式,也是哲学思考的重要特征。在西方哲学史上,"反思"概念直到黑格尔哲学那里才得到真正确立,但反思的方式却始终是哲学家们从事哲学研究的主要途径,它构成了哲学学科的重要特征。从本性上说,哲学就是一种批判活动,这种批判就是以概念思维的方式对批判对象的理性考查,以理性的标准审视批判对象的前提和基础。显然,这种批判的一个重要条件,是要哲学家与批判对象之间保持一种间距,以便不同的哲学家对相同的批判对象能够得到客观、公共的批判结果。反观中国哲学史,我们的确很难看到哲学的这种批判和反思发挥了真正作用;相反,为当下的社会活动以及现实的政治理论提供思想上的论证,反倒成为哲学的主要功能。哲学完全落入"为现实服务"和"为政治服务",这就不能不使哲学受到大众的冷落,也难以为西方哲学家所理解。特别是,由于这样的哲学宣称以"时代的精华"为旗号、以关注现实生活为宗旨,因而非常容易引起人们的误解,以为这正体现了西方哲学关注现实和人生的基本精神,也符合作为时代精华的哲学本性。的确,对社会的深切关注和对时代的审慎思考,一直是西方哲学发展的主线之一。没有一个西方哲学家不在自己的哲学思考中直接或间接地关涉到当时的社会问题和时代提出的挑战。但是,哲学家的目的却是为了找出自己所在的社会存在的问题或考虑如何解决这个社会所提出的一些普遍的问题,而不是为这个社会提供合理性的证明。这种误解特别明显地表现在我们对黑格尔的名言"存在的就是合理的"的误读。

综上所述,西方哲学在中国的"变形"使得我们已经看不到西方哲学的原貌，同时，对西方哲学本身的研究退缩到了少数哲学家的书斋。西方哲学在中国哲学家手中失去了哲学原有的魅力，哲学不再是对智慧的追求，而更多地变成了"智慧"本身，这样的智慧又是以"知识"的形式出现的。所以，学习哲学也变成了学习"哲学知识"，哲学课堂变成了"传授知识"的场所，就连哲学专业的研究生也必须按照"教科书"的模式接受教育，这些对现实的现代化进程产生了各种消极的影响。

三、西方哲学与中国的现代化进程

如果我们承认中国的近代化过程是西方思想文化传入的直接结果，那么我们就无法否认，对西方文化的理解和吸收就直接影响到了中国的现代化进程。在这个过程中，近代的中国人，特别是近代中国的知识分子主体，是按照他们对西方思想文化的理解去改变已经形成了几千年的中国文化传统。从五四运动喊出打倒孔家店的口号，到新民主主义时期的文化建设，再到新中国成立之后的思想教育运动，都是把中国传统文化中的所谓"封建糟粕"作为批判的对象。但由于政治意识形态的指导作用，批判者对"封建糟粕"的定位更多地是根据当时的意识形态需要，对中国传统文化的核心部分即孔孟学说基本上给予了全盘否定，而没有从学理上做出更为细致的分析和区别。但无论如何，"封建糟粕"的概念显然是相对于更为先进的无产阶级文化，而这种无产阶级文化又是在与资产阶级的思想文化相互对立并有所吸收的基础上形成的。这就表明，在反对封建糟粕的运动中，无产阶级是和资产阶级站在了同一条战壕。

我认为，历史地看，整个近代中国的思想发展历程始终处于一种矛盾之中：一方面是时代的潮流促使中国思想界接受了西方文化的冲击，并把西方文化作为推动近代中国走向现代化的基本尺度；但另一方面,我们自身强大的文化传统又不断地把我们拉回到我们已有的思维定式,迫使我们按照"去除糟粕,取其精华"、"中学为体,西学为用"等方式去对待西方文化。而这种矛盾的根本所在就是使我们始终处于寻求自身文化之本体的过程之中。我们可以把整个过程描述为,我们是以放弃传统文化之基础为前提和代价而去接受西方文化的传入,但在接受西方文化时却又试图为这样的接受寻找一个所谓本体的基础。这样一个矛盾正是我们前面提到的中国近现代文化始终处于"边缘状态"的重要原因。

客观地说,这个矛盾的主要方面不是西方文化对中国传统文化的冲击,而是传统文化对西方文化传入在某种程度上的曲解甚至抵制。解释学意义上的"视界融合"可以被看作思想传播过程中的必然结果,但中国现代思想中对西方哲学采取的"为我所用"的态度却是对西方哲学本身的极大曲解,由此就形成了邓晓芒所说的"文化错位"。无论是曲解也好,错位也罢,它们都表明了,在中国现代哲学中普遍存在对西方哲学的先入为主的偏见,正是这样的偏见才导致出现了对西方哲学的曲解和错位。这些偏见主要表现在以下几个方面:首先是认为西方哲学观念更多的是概念上的分析,注重的是纯粹理论问题,与现实生活没有多少直接的关系;其次是认为西方哲学与现实的脱节,特别是与现实政治的脱节,使得西方哲学仅仅为少数人所专有,因而不适合广大人民群众所掌握;最后,也是最为重要的是认为,西方哲学仅仅是西方文化的产物,甚至被看作西方没落的资产阶级思想的代表,重视和研究西方哲学就被看作是在搞"全盘西化",属于"资产阶级精神污染"。这显然是以政治上的意识形态批判代替了学术上的正常理论评价。虽然意识形态批判是政治生活的重要组成部分,但是这样的批判仍然是需要以对批判对象的正确理解为前提的。如果仅仅根据自己的政治需要随意歪曲批判对象的真实意义,那么这样的批判就只能是"唐吉诃德式的"战斗。事实上,正如邓晓芒指出的十大文化错位所表明的,这样的以虚构的对象作为哲学和意识形态批判的靶子,在中国近现代哲学发展中比比皆是。

仔细分析上述对西方哲学的种种偏见,我们就会发现,它们是由于我们对哲学本身理解上的偏差带来的结果。我们总是认为,西方的哲学应当属于西方,是西方社会和文化发展的产物,因此它不能适合于中国社会和文化。按照这种逻辑思路,每一种民族和文化传统都应当有自己的哲学,而且不同的哲学之间是不具有可适用性质的。这样,在中国的文化背景中就只能有中国哲学,或惟一属于中国人的哲学。这种观点就是在西方哲学与中国哲学之间划出了一条严格的界限,认为两者之间互不相干;接受西方哲学就必须抛弃中国传统文化,两者水火不容;或者接受西方哲学就是在搞"西化",所以必须加以批判。这些显然都是单向的、僵化的思维方式造成的结果。

虽然迄今为止还没有哪一个哲学家对哲学的定义得到了普遍的认同,但也没有哪一个哲学家会把自己的哲学理论看作是仅仅适用于自己所属的民族和文化传统。可以说,没有哪一个哲学家会否认,思想的普遍性要求是哲学的本性所致。如果我们把哲学理解为一种对智慧和真理的追求,那么它就应当是与科学具有同等的性质;哲学与科学的不同仅仅在于,科学是以所追求到的智慧结果即知识的形态表现出来的,而哲学却始终是处于对智慧的追求过程之中。但在对智慧的普遍性要求上,哲学与科学是完全相同的;事实上,科学是从哲学的母体中诞生出来的。这就表明,哲学研究应当与科学研究一样,具有客观性和普遍性。由此,如果我们都承认物理学、数学、化学等自然科学是没有国界区分的,我们也应当承认,哲学是没有国界的。不同国度中的哲学应当是哲学的不同形态,但作为哲学思想的存在,它们应当是普适的、超越国界的、超越不同文化传统的。

根据以上的分析,我们可以得出结论,西学东渐直接推进了中国的现代化进程,但作为西方文化核心的西方哲学却在中国遭到了误解和歪曲;其结果就是,西方哲学仅仅走进了少数哲学家的书斋,而以西方文化为重要前进标志的现代中国却仍然处于在西方哲学与中国哲学之间的选择彷徨之中。要走出这种彷徨,我们首先就要放弃对西方哲学的错误偏见,对待西方哲学必须采取科学的态度,树立恰当的哲学观念,客观真实地而不是主观随意地掌握西方文化的核心部分即西方哲学的思想观念。只有这样,我们才能真正表现出中国传统文化"虚怀若谷"、"兼容并蓄"的胸怀。

科学、民主与民族精神重建

汕头大学文学院　易崇辉

20世纪,中国从海外引进的最为重要的东西,恐怕要数两位先生——德先生(民主)和赛先生(科学)了。自上世纪初国人特别是《新青年》同人将这两位"先生"请到中国来,一时间,这两位"先生"似乎成了救星和灯塔,好像一拥有了这两位"先生",国家就得救了,民族就有希望了,人民就能得到幸福了。然而,100年来,两位"先生"似乎依然没有完全适应东方的水土,尽管他们头上的灵光至今仍在华夏大地上熠熠生辉。

一个世纪过去了,一个世纪已经开始。我以为,考察"五四"以来两位"先生"(科学与民主)与民族思想文化或民族精神重构的关系,已属必需和必要。

一

可以说,科学与民主分别启动或标识了西方和中国的近代化(现代化)的进程。然而这种开启和标识在中西方具有不同的文化背景。具体而言,现代科学、民主的发生在西方具有明显的神学背景,它们是为了回应中世纪晚期西方基督教文化内部所面临的问题和挑战而引发的;而在中国,德、赛两位先生是在中国遭遇到西方强势文化的冲击和挤压后现身中国的。

在中世纪末期之前,西方基督教世界的宇宙模式是:上帝"无中生有"地创造了世界。上帝是至善的,所以上帝所创造的这个世界是至善的、完美的、和谐的,上帝依其最高理性创造的这个世界是一切可能的世界中的最好的世界。尽管这个世界中也还存在着不和谐的因素如"恶",那也是因为像"恶"这样的不和谐因素的存在能使上帝所造的这幅宇宙图景显得更加丰沛多姿,错落有致,和谐有序。这也就是说,"恶"的存在乃在于达致一种源于上帝的美的目的论的宇宙图景。在中世纪末期以前的西方社会里,人的生存基础就这样建立在这一和谐的、有序的、有着必然性依靠的宇宙秩序和图景之中①。

然而,在中世纪末期,以邓·司各特(Duns Scotus)为代表的神学家提出了"上帝绝对全能的创世意志、世界的偶然以及自由"这一"三位一体式"的中世纪晚期的著名的唯名论的唯意志论。这种唯名论的唯意志论跟先前的理论有着极大的差异,具体地说就是:上帝创世的方式变了,上帝不再是用绝对的理智创造了世界,上帝是用其绝对的意志随意地创造了世界,上帝所创造的这个世界只是他从无数可能的世界中偶然地选择了的世界,他完全可以有其它的选择。在上帝的行动中,上帝的意志不受任何目的论的规定所局限,他想怎么样就怎么样,其造物是彻底的偶在,并无任何规律和目的存在。所以,藉着造物,人对上帝不可能有任何的认识,因为上帝创造万物是随意的,是没有依凭任何规律和设计,也绝没有任何必然性或目的可言。在此种宇宙图景观照下,上帝成了匿名的、神秘的、不可知的,人能做的,就是要忍受和接纳甚至维护人的偶在命运,因为它源于上帝,源于上帝的自由意志。上帝创世的绝对意志论者还认为,上帝并没有试图更改经验世界里的这一先验法则——世界的偶在性,而是通过"道成肉身",化作一个偶在个体被钉死在十字架上这一事件,主动地承纳和接受了世界的偶在(偶然)的事实。

然而,中世纪晚期以降的邓·司各特们主张的上帝以其绝对的

---

① 林国基:《神异论语境中的社会契约论传统》,见萌萌主编:《启示与理性——哲学问题:回归或转向?》,中国社会科学出版社,2001年12月,第125页。

意志力和无上的自由创造了世界的这一思想,展现的是宇宙和世界的彻底的偶然性(偶在),即上帝所创造的世界是偶然(偶在)的,上帝所创造的人也是偶然(偶在)的,上帝所创造的世界对人来说也是偶然(偶在)的。这一思想对整个社会思想文化和人们心灵的冲击与震撼是巨大的:人们先前所熟知的宇宙图式不见了,取而代之的是一个陌生的、无所适从的宇宙;先前世界的和谐、有序、有机和必然性的存在链条崩垮了,人们所伫立的大地缺少了坚实的地基。而缺少坚实地基的人们就被置于无所适从的地步,并不由自主地陷入巨大的生存的焦虑和恐惧之中。于是,如何使不确定者确定,不仅直接攸关人的生命与生存,而且成为人们亟待解决的问题。

"事实上,近代以降所有的理念和制度均是对司各特揭示出的现代性的根本问题即偶然(在)性的(contingency)回应,只不过回应的方略各异。"[①]我以为,现代科学和民主也是对近代以降司各特揭示出的现代性的根本问题即偶然(在)性的(contingency)回应的结果,只不过它们是两种不同的回应方式的结果,具有完全不同维度。

第一种回应方式是拒斥这种唯名论的唯意志论,力图消弥和克服这种新的理论带来的世界的不稳定状态,证明上帝所创造的世界的和谐完美至善。既然上帝所创造的宇宙和世界的至真至善至美不再是自明的,既然上帝已然隐匿,那么人就不得不自己在经验世界里依靠人自身的理性来证明宇宙和世界的和谐与完美,于是数学和实验科学发展和发达了起来。换言之,人们力图通过数学和实验的方式(而近代科学正是建立在实验和数学的基础之上的)建构一种实质的、共同的、有机和谐的世界和宇宙新秩序,重新确立世界的可理解性、稳固性,以使摇晃着的世界重新安稳下来,消除人们认识世界的神性基础断裂后的恐惧和不安感。可以说,正是中世纪晚期数学与近代实验的结合,才发展了人的理性,催生和发展了近(现)代科

---

① 林国基:《神异论语境中的社会契约论传统》,见萌萌主编:《启示与理性——哲学问题:回归或转向?》,中国社会科学出版社,2001年12月。

学;或者说,近(现)代科学就是在回应和消弥缘于上帝的绝对意志创世论所导致危机和挑战中发展起来的。"此处隐藏着神义论向人义论转变这一现代性根本问题的一个决定性的契机。重要的是,在这一意义上讲,哥白尼世界体系的出现是以中世纪晚期的思想问题为动机的,甚至本质上是中世纪的。"[①]布鲁门伯格也指出:"视近代为反中世纪的,纯属'谎言[②]'。"简言之,现代科学的诞生正是对中世纪萌生的上帝以其自由意志创造世界这一思想与思潮的回应的结果,中国学界通常所认为的科学是反中世纪的说法,实在是一种误解。

如果说"科学"是人们抵御新的理论思潮的结果,那么"民主"则是在"接受"这种新的上帝创世观念的直接和自然的逻辑结果,或者说,现代"民主"是人们对这种现代性的根本问题即偶在性问题的另一种回应方式。

依邓·司各特以降的基督教的唯意志论神学,上帝创世的行动是偶然的,其造物亦是偶然的,上帝与其造物的关系亦是偶然的,这就使人完完全全处在一种偶在(偶然)状态。人处在这样一种状态,一方面使人挣脱了种种羁绊,摆脱了有关人的种种规定性,从一切自然的、历史的、社会的有机的整体中超拔出来,而成为一个偶在性的原子式的个体;另一方面,因为割断了与一切自然的、历史的和社会的联系,这同时也意味着失去了它们的保护,人驻足的大地失去了和谐、稳定和必然性的安全保证。不仅人面临一种无根的、漂泊无依的状态,社会也顿时处于一种无序状态。为了弥补和纠正人处于这种自然状态中存在的缺陷,人们就必须通过契约,建立一政治共同体,以保证和保障人的安全以及与生俱来的自由权利不受侵犯。这一通过契约而建立政治共同体的过程在法国思想家帕斯卡尔的笔下曾有

[①] 刘小枫:《现代性社会理论绪论》,上海三联书店,1998年1月,第72页。
[②] 布鲁门伯格:《近代的正当性》,转引自刘小枫《现代性社会理论绪论》,上海三联书店,1998年1月,第72页。

清晰的记载:"这个世界上居然有人在摒弃了上帝与自然的一切法律之后,自己制定法律,严格遵守,思之未免令人讶异。"①虽说帕斯卡尔的惊讶饱含着对当时社会的忧虑与质疑,但这种质疑与忧虑恰好映射出人们对当时社会思潮变化的反应与回应。

由于人们建立的政治共同体并无任何超验或先验的权威,所以这一政治共同体的任何决定必须要征得契约签订者个人的同意;由于上帝造物是偶在的,任何人并没有凌驾于其他人的权利,所以人与人都是平等的,每个签约者个体的同意都是同值的,于是,现代民主的基因就此在西方基督教文化中生发。所以民主的投票机制,从结果上来说体现的是卢梭在《社会契约论》所言的"公意"(general will),但从初衷和过程中透露出来的却恰恰是"私意"(private will)——任何攸关我的决定必先征得我的同意。需要说明的是,此时的民主与古希腊的"民主"有着本质区别。这里就有必要比较一下近(现)代民主和古希腊的民主。

众所周知,古希腊是以民主制度著称的。但古希腊的民主是缘于由初民社会所仰赖的习俗而被转换成的习惯法,其目的是为了维护社会成员的利益平衡,保持城邦的团结与长治久安。霍布斯指出:"古希腊罗马人的哲学与历史书中经常推崇的自由,不是个人的自由,而是国家的自由。"②希腊人的自由是以奴隶为条件的,而基督教的自由是无条件的。相应地,民主在古希腊人那里也只具有整体主义的性质。这种民主不是任何攸关我自己的事必先得到我的同意的民主,而只是任何城邦的事都须征得我的同意的民主,任何个人都必须服从和服务于城邦,任何个人都无权决定自己的事,或者说在他们那里,根本就没有"个体"这个概念。在古希腊人那里,城邦是首要的实体,个人则是次要的依赖于城邦的存在。城邦是目的,民主只是手

---

① 登特列夫:《自然法:法律哲学导论》扉页引文,李日章译,台北:联经出版事业公司,1984年。

② 转引自安东尼·阿巴拉斯特:《西方自由主义的兴衰》,曹海军译,吉林人民出版社,2004年,第123页。

段。即便是这样的民主,也不是全民的民主,它仅为少数公民享有——奴隶和妇女全然没有这种民主权利。而近(现)代的西方民主的思想基础是中世纪以降的以邓·司各特为代表的唯意志论神学,是个体主义意义上的民主,是人们处在一种偶在(偶然)的自然状态下经过自愿脱离自然状态进入政治或国家状态的个体同意的结果,民主的权利不是来自于城邦或国家,而是来自于上帝,来自上帝创世时给与人的自由意志。自由意志是合法性的基础,民主也是来自自由意志的建构。故此,近(现)代西方民主的不仅是个体主义的民主,而且还是全民民主。古希腊的民主权利来自于城邦,这是与古希腊的民主有着实质区别的民主类型。

如果说西方科学、民主的发生是西方"唯意志论神学"冲击"唯理智论神学"的产物,是基督教文化内部矛盾冲突转换的结果,那么在现代中国,科学、民主却并不是缘于中国文化内部的冲突与挑战,科学和民主是中国从西方引进的,中国引入德先生、赛先生实是因为国家民族的危机而导致的文化的危机。

1840年以降,为了应对中国的国土和主权的逐步被鲸吞和丧失的危机,中国被迫进行了变革或改制,学习西方国家的技术,"师夷长技以制夷",立宪法,开国会……,其结果仍然是屡变屡败。在保国保种的强大压力和焦虑下,中国的精英分子最终认为,中国传统文化等同于专制与愚昧:中国占统治地位的孔子学说"易演成'独夫专制'"[①],中国传统的纲常伦理是"奴隶道德",是"制造顺民的大工厂"[②]。西方国家强大的原因就是因为他们的科学和民主,而造成中国积贫积弱、国将不国的原因,在于中国传统中的愚昧和专制,必须引进西方的科学和民主,并以先进的西方取代愚昧落后专制的中国传统文化:"我们现在认定只有这两位先生,可以救治中国政治上、道

---

① 易白沙:《孔子评议》,载《新青年》第1卷,第6号。
② 吴虞:《说孝》,《吴虞文录》上卷,上海亚东图书馆,1921年,第14—15页。

德上、学术上、思想上一切的黑暗。若因为拥护这两位先生，一切政府的压迫，社会的攻击笑骂，就是断头流血，都不推辞"，"要拥护德先生，便不得不反对孔教、礼法、贞节、旧伦理、旧政治；要拥护赛先生，便不得不反对国粹和旧文学"①。终于，两位先生（科学和民主）在新文化运动思潮的裹挟之中，开始了中国历史上绝无仅有的文化改造运动，也开启了中国社会的现代化（近代化）进程。

中国和西方都藉科学和民主而开启了文化转型过程，由于科学和民主开启的文化背景的巨大差异，这就必然决定了德、赛两先生在中西不同的文化环境之中的具有不同的运作方式。

二

中西"科学"和"民主"所产生的背景不一样，自然地，科学和民主所处的前景也迥乎相异。换言之，科学和民主在中西两种不同文化中的运作方式和过程迥乎不同。

在西方，科学和民主的产生是缘于西方思想文化内部矛盾生成及其转换，其转换后的西方文化及思想仍处在一种内在的张力结构之中。处在这种张力结构之中除科学和民主之外，还有自由、宪政、宗教等多种元素，它们共同支撑着现代西方社会运作。

民主是西方的最基本的价值之一，但民主也有弊端和危险，这是因为：为保护个人自由而建立在个人同意基础上的投票原则有可能导致个人自由等基本权利的丧失。因为民主已被理解为建立在"一人一票"原则基础上的简单的多数决定规则，而这一多数决定规则完全可成为多数人的暴政。事实上，这一暴政已然发生，仅在近现代，法国大革命后恐怖政权所造成了残忍与血腥，民选的希特勒法西斯政权给世界造成的灾难更是深重。换言之，民主从过程上来看虽然

---

① 《〈新青年〉罪案之答辩书》，载《新青年》第6卷，第1号。

体现了建立在个人自由权利基础之上的社会契约中的个人同意原则,但从结果上来说却有可能走向保护和维护个人自由权利的反面。故此,民主并不能绝对地保护和维护个人财产、生命、自由权利的,绝对的民主完全有可能导致个体权利甚至生命的绝对丧失和绝对的毁灭。为了更好地维护个体的基本权利,避免绝对民主的弊端,与民主相反而相辅相成的,是现代西方宪政。

宪政指的是那些在某种意义上自我施加的限制。具体地说,宪政就是"即将成立的政府要受到宪法的制约,而且只能根据其条款来进行统治并受制于其限制。当然,这种统治必须局限于人民同意授予其的权利和为了人民同意的目标"。① 1943年罗伯特·杰克逊法官曾对宪政做过一个经典性的说明:"权利法案的真正宗旨,就是把某些事项从变幻莫测的政治纷争中撤出,将其置于多数派和官员们所能及的范围之外,并将其确立为由法院来适用的法律原则。人的生命权、自由权、财产权、言论自由权、出版自由、信仰和集会自由以及其它基本权利,不可以受制于投票:它们不依赖于任何选举之结果。"②所以著名的美国《独立宣言》上有这样的条文:"我们认为这些真理是不言而喻的:人人生而平等,他们都从他们的'造物主'那边被赋予了某些不可转让的权利,其中包括生命权、自由权和追求幸福的权利。"由拉斐德起草的法国的《人权宣言》中也明确写道:"任何政治结合的目的都在于保存人的自然的和不可动摇的权利。这些权利就是自由、财产、安全和反抗压迫。"由上面的论述可以看出,宪政的目的就是为了保护和保障人的的生命权、自由权、财产权等天赋予人的基本权利。这也就是说,人作为目的("人是目的"也是康德的著名

---

① 刘易斯·亨金:《宪政·民主·对外事务》,邓正来译,北京三联书店,1996年,第9页。
② 引自史蒂芬·霍姆斯:《先定约束与民主的悖论》,载埃尔斯特等编:《宪政与民主——理性与社会变迁研究》,潘勤、谢鹏程译,北京,三联书店,1997年版,第223—224页。

论断),或如黑格尔所言:"具体的人作为特殊的人的本身就是目的。"①个人的生命权、自由权、财产权等等不受投票结果的影响。不管投票的结果及科学的原理如何,上述权利是自明的、先定的、天赋的,是每个人的基本权利,必须得到维护和保护:"公民拥有独立于任何社会政治权力之外的个人权力,任何侵犯这些权利的权力都会成为非法权力。公民权利就是个人自由、宗教自由和言论自由,包括公开表达的自由、享有财产及免受一切专横权力侵害的保障。"②由此可见,宪政文化的主旨就是要限制国家权力,保障个人权利,它体现了西方人数百年来形成的对国家权利的厌恶、陌生甚至仇恨。

民主是西方文化中的基本价值,但民主并不是西方文化中的最高价值,在世俗领域,人的最高价值是自由。不能完全保证和保障人的自由的民主必须要有宪政来制衡。宪政及宪政文化的理论形态和核心是其自由主义。与民主的基于人性善不同,宪政的设计者是将宪政构筑于人性恶的基础之上的。民主与宪政之间存在着一种张力,宪政总是想限制和制约民主,而民主则总是试图摆脱和甩开宪政的限制和制约。在立宪者看来,缺失宪政的民主不是真正的民主,那是多数人的暴政,一如恐怖的法国大革命一样。缺乏宪政限制和规约的民主的必然结局是民主的毁灭。在西方,科学、民主与宪政之间的张力,保证了西方政治的良性互动以及政治生态之间的制衡与均衡。

现代科学和民主的萌生、自由主义价值观念的形成以及宪政的建构,必然会对传统文化产生巨大的冲击。在这里,我觉得讨论西方基督教传统在西方社会向近现代转型的过程中的作用、地位的变化具有特别的意义。

在中世纪,基督教因被西方众多国家宣布为国教因而拥有着压

---

① 黑格尔:《法哲学原理》,范扬等译,商务印书馆,1996年,第197页。
② 〔法〕邦雅曼·贡斯当:《古代人的自由与现代人的自由》,阎克文、刘满贵译,上海人民出版社,2003年,第84页。

倒一切的重要性与意义。换言之,中世纪的西方文化就是基督教文化。基督教在当时统摄了社会的政治、法律、经济、教育、家庭伦理等一切方面,宗教承担了政治功能、经济功能、法律功能、道德功能和教育功能等等。伴随着中世纪晚期的上帝的唯意志论的创世论而出现,整个西方社会都发生了文化转型,科学的进步,社会契约论意义上的民主的出现,宪政的产生,对自由的价值与意义的重视与强调,中世纪的基督教统摄社会一切方面的传统和格局也发生了变革。具体而言,就是宗教与其它领域的分离——宗教与政治的分离,宗教与经济的分离,宗教与法律的分离,宗教与教育的分离,宗教与伦理的分离……与诸领域分离后的宗教不再直接干预政治、法律诸领域,政治、经济、法律等领域也不干预宗教,宗教逐渐变为专注于人的信仰领域,为个体生命提供意义与价值。然而,在西方,宗教与政治、经济、法律、教育、伦理诸领域的分离,并不意味着西方社会的整个价值系统发生的断裂或坍塌。换言之,基督教与诸领域的分裂与分离,并没有将传统宗教抛弃并与传统发生断裂,政治、经济、法律、教育、伦理从基督教中剥离出来,只是意味着西方价值系统的结构发生了改变。诚如法国著名学者托克维尔所总结的,只是"政制的改变而保留旧的宗教信仰"①。简言之,西方传统文化在中世纪后并没有发生断裂或坍塌,传统宗教更没有消失和消亡,它们只是在取下威严的"皇冠"和其君临一切的气势后,退出了其世俗生活的领域,专注人的精神领域,继续为个人提供其人生意义的解答。从这种意义上来讲,宗教对人的影响是加强了,而不是减弱了。

相对于西方,近现代的中国呈现的是一种完全不同的景象。

中国是在与西方强势文化的碰撞和冲突中感受到西方文化的强势的。在西方强势文化的威逼与压迫中,中国先是学习西方的物质文化——所谓"师夷长技以制夷"的洋务运动,接着又学习西方社会

---

① 转引自刘小枫:《现代性社会理论绪论》,上海三联书店,1998年,第467页。

的政治制度——所谓维新变法,再接着又学习西方的精神文化,用陈独秀新文化运动中的话说就是"吾人之最后觉悟为伦理之觉悟"。这也就是说,中国的精英分子已然意识到,要使中国像西方社会一样富强,就必须全面移植西方文化。最终,中国知识分子将意欲引入中国的西方文化概括为"德先生"(科学)和"赛先生"(民主)。这也就是说,中国的精英分子在将西方文化引入中国的过程中"删除"了西方文化中至关重要的"自由"以及为维护这种自由而实施的宪政文化,同时被删除的,还有西方的基督教。

我以为,这种对西方文化的有意"删除"并不全然是"五四"时代中国的精英们对西方文化认识和理解上的局限。事实上,从晚清到民初,中国先后制定了几部成文的宪法,在华夏大地,也不时有呼唤着自由的呼声。然而中国的精英们在移植西方文化的过程中最终"抛弃"了"自由"以及为保障"自由"而实施的宪政文化,实是当时中国移植西方文化的语境使然。

世界上存有着两种国家观念:一种观念认为,国家是某种宇宙论的预设中分有着某种宇宙最高实体的善性,并为着充分实现自身的善性的实体性存在,换言之,国家是一个有机的共同体,是实体性的存在物;另一种国家观以为,国家是超越任何自然主义的共同体的原子式个人的同意而获得其合法性存在的人为的建构物,亦即是一种关系的形式的集合而非一种实体的实质的整体。对于西方社会所代表的后一种国家观而言,国家和个人的关系是:个人是国家的基础,国家是个人的集合;个人是目的,具有终极价值,国家是工具,国家为个人服务;个人权利是初始的,国家的权力是派生的;个人的权利是无须论证的,是先定的,是人的自然权利,是人生来就有的,个人权利限制了国家权力的范围与界限,国家权力只是个人权利的剩余部分。当个人的权利和国家的权力发生矛盾和冲突时,必须限制国家权力而保障个人的权利。而对于代表前一种国家观的中国来说,个人是没有意义的,国家就是其最高的价值与意义,国家是目的,具有终极价值与意义,个人是手段,个人应当为国家服务。为了国家的利益,应当限制个人权利的范围和界限;当个人利益与国家利益发生矛盾和冲突时,个人就毫不犹豫地服从国家的利益,甚至于不惜为了国家而牺牲自己的生命。而在当时,中国移植西方文化的初衷,就是为了救国。这样就不难理解,孙中山为什么认为中国民众的自由不是太少了,而是太多了。由此可见,西方的宪政思想在当时的中国是怎样地不合适宜。甚至可以这样说,西方意义上的科学和民主,在中国完全没有其扎根的土壤。同样的原因,在西方主要表现为政治自由的个人的自由权利,在中国则将其封闭在家庭中,所谓恋爱婚姻自由(如"五四"时文学作品中所反映的)。于是,西方自由、宪政基础之上的有限政府和保障人权,在中国社会和文化的转型过程中阙如。

当然,中国对西方文化的理解也存在着理解和认识上的局限,如对基督教。中国的知识界对基督教与科学、民主、自由的内在联系并没有太多的探究,他们常常将宗教与科学对立,并将宗教等同于迷信。

早在 1920 年,少年中国学会的海外成员李璜、曾琦等人就曾向北京执委会成员李大钊、李石曾等建议开除信仰基督教的成员;《少年中国》杂志也曾出版了三期"宗教问题"专号讨论宗教问题,个中的内容充满了言辞激烈的议论,如"今日已为宗教之末日矣"、"宗教已为过去之物";当"世界基督教学生联盟"定于 1922 年 4 月 4 日至 8 日在北京清华学校召开代表大会时,北京学界反应强烈。北京学生成立了"非基督教学生同盟"并于 3 月 9 日发表宣言,视该会为"污蔑我国青年,欺骗我国人民,掠夺我国经济的强盗会议",并要"与彼宣战";随即,北京学界又成立了"非宗教大同盟",他们的宣言战斗色彩鲜明:"我们要为人类社会扫除宗教的毒害。我们深恶痛绝宗教之流毒于人类社会十倍于洪水猛兽。有宗教可无人类,有人类应无宗教,宗教与人类不能两立。"[①]这场非宗教运动,得到了当时文化精英蔡

[①] 转引自钱理群:《周作人传》,北京十月文艺出版社,1990 年,第 251—252 页。

元培、陈独秀、李大钊、吴虞、李石曾、周太玄、王星拱等人的支持。当时的中国学界,普遍认为宗教与科学是根本对立的,要以科学代替宗教。当然,在这场非宗教运动中,也有不同的声音,如周作人、钱玄同、沈兼士、沈之远、马裕藻五位北大国文系教授发表的《主张信教自由宣言》,主张从信仰自由的角度对基督教持宽容的态度,但这种声音很快就被湮没于对宗教的鞭挞讨伐声中。在其中,周作人曾对"宗教与科学不能并立"秉持怀疑的态度:"科学与宗教果然不并立么? 倘若答曰 yes,那么科学最发达的德国应该早已没有宗教,而一片干净土、算是无教之国的我中国应该科学最发达了。"①可惜周作人只是止于质疑,而没有去进一步探讨基督教与西方的科学、民主之间的关系。其后,在科学与玄学的论争中,虽然论争最后无果而终,但科学的声势与气势是更进一步壮大。即至 50 年代后,宗教被视作毒害和麻醉人民的精神鸦片被彻底地删除了。

如果说,在西方社会的文化转型过程中,传统的基督教文化在转型后仍与其它的文化因素一起共同作用和支撑着西方社会,那么在中国近现代的社会文化转型过程中,传统与现代则是以断裂与决裂的态势显现在人们面前的。

在中国将德先生和赛先生请进来的同时,中国的传统文化被妖魔化为封建社会的糟粕而遭到猛烈的攻击和摒弃。尽管中国文化在从传统到现在的转型过程中不时会出现一些保存国粹的声音,如甲寅派、学衡派、玄学派等等,但这种"保守"的思想很快就被批判鞭挞的声浪所淹没。而且不管是激进派还是保守派,对立双方的思维方式似乎都存有一种"非此即彼"的思维范式。这也就是说,在中国社会文化的转换过程中,对立的双方对中国传统文化都缺乏一种创造性的转换,哪些是应该放弃的,哪些是需要继承的,哪些是可以改良利用的。在现代中国,被救亡的急迫和沉重催逼下的中国的精英们,

---

① 周作人:《小杂感·一》,见陈子善等编:《周作人集外文·上集》,海南国际新闻出版中心,1995 年,第 411 页。

以为丢弃了一切落后腐朽的传统后,就可以在白板一般的中国用科学和民主搭建起如同西方列强一样先进的社会,然而,认为摒弃传统,用科学与民主取代中国文化传统,必然使中国走上科学社会主义的道路[①]。这也意味着,在德先生和赛先生被引进中国一个花甲后,当中国社会和文化再次被迫进行转型时,竟然手足无措。因为科学社会主义在中国的实践也遇到了挫折和困难,而中国的传统文化早已被无情地抛弃了,我们已经没有了可以依凭和利用的文化资源。从世纪初引进两位先生(科学和民主),到临近世纪末搬出来两只猫,实是中华民族精神重构历史中的极为沉重的一笔!西方著名学者黑勒斯说:"在我看来,有意义地寻找一致性还需要另一个前提条件,这其实就是自己的历史和过去。人或文化要是排挤自己的历史或自己的过去,就不可能成为他们自己本身。对许多第三世界的国家来讲,危险当然是,在他们听任欧洲的摆布,以使认识理性的同时,它们却排挤掉他们自己的历史。一定要防止出现这种情况。这些人必须站在他们的文化一方。"[②]西方著名学者托克维尔、哈耶克等反复强调传统在社会中的意义与作用,这对我们的文化重构和民族精神再建不无启迪作用。在意义和价值阙如的当代中国,现在也开始重视和强调传统的价值与意义,并有越来越多的用传统文化的资源来重整当代中国文化的努力。然而,惨遭摧残与蹂躏几近一个世纪的中国文化传统,能否重新焕发青春与活力,怎样才能完成传统到现在的转换,实在是一个艰难而迫切的课题。

三

不单中国和西方科学和民主产生的背景不一样、地位和作用不

[①] 拙文《左翼文学与时间叙事》另有较为详尽的论述。
[②] V. 赫斯勒:《思想的盛宴》,浙江人民出版社,2001年12月,第30页。

一样,就是科学和民主之间的关系以及科学和民主的内涵,中国和西方也是大相径庭。

一如前言,西方的现代科学和现代民主都是为了回应"上帝绝对全能的创世意志、世界的偶然以及自由"这一"三位一体式"的中世纪晚期唯名论的唯意志论而萌生的。这也就是说,它们有着同一个母体,且是一同降生的,然而由于它们是不同维度的回应,这使得现代科学和现代民主之间存在着内在的矛盾和冲突:"第一,是自然的可理解性,或用怀特海的话:'建立一个有条理的、逻辑的、关于普遍思想的必不可少的系统,是我们经验的每一个要素都能得到解释';第二,是建立在人的自由、创造性和责任感前提下的民主思想。"① 即"知识和客观性"和"个体责任和民主理想所蕴涵的自由选择"。质言之,科学强调的是确定性、必然性、真理性、客观性、权威性,而民主自由强调的是选择性、或然性、不确定性、主观性。可以说,科学与自由民主从诞生伊始,就充满着内在的矛盾与紧张。我以为,正是这一矛盾和紧张之间的所存在的张力,保证了西方文化内部充满活力并内含着再次转换生成以及文化转型的可能。

西方文化中的科学和民主之间内蕴的张力,到中国后就消失和消逝了。中国引入科学和民主,其旨意在于替换和取代疲软的中国文化,重构民族精神,以救国家于危亡之中。故此,德先生、赛先生一入中国,就在"五鬼闹中华"的中华大地上抓住了两个"鬼"而猛烈抨击之——科学抓住的"鬼"叫"愚昧",民主抓住的"鬼"叫"专制"。德先生向国人宣告:中国传统的专制社会为非法,因为它使人处于奴隶之地位而无"自主自由之人格"②;赛先生则告知人们"宇宙间有一定秩序和科学法则"③。更为重要的是,中国民族精神和社会结构的重

---

① 伊利亚·普里高津、伊萨贝尔·斯唐热:《确定性的终结:时间、混沌与新自然法则》,湛敏译,上海科技教育出版社,1998年,第13页。
② 陈独秀:《敬告青年》,载《独秀文存》,安徽人民出版社,1987年,第8页。
③〔英〕赫胥黎:《近世思想中之科学精神》,刘叔雅译,《青年杂志》第1卷,第3号。

新建构不仅要这个"赛先生"参与,更要以这个"赛先生"作为方法、指针甚至目标:"社会科学是拿研究自然科学的方法,用在一切社会人事的学问上——凡用自然科学方法来研究、说明的都算是科学,这乃是科学最大的效用";相反,"不用科学的方法下手研究、说明的哲学,不知道是一种什么怪物。"①如果说,在解构中国传统文化方面,两位先生是分工合作,并肩作战;那么在建构一种新的文化精神和社会制度方面,科学是目的,"科学的社会制度"是国人孜孜以求的目标和目的;而民主成为一种"手段",它成为人们批判传统文化和社会的"有力"武器。这样一来,科学在前面拽,民主在后面推,中国社会终于走上了"科学的社会主义道路"。

科学与民主,不只在中西方社会思想文化中的关系不一样,就是中西方所言及的科学与民主的内涵也不一样。

先谈民主。在西方,可以说,民主和自由是一件事情的两面:自由是民主的内核,民主是自由的制度保证。故自由与科学并提或自由与民主并举,在西方的语境中并不会使人感到异样或不同。当然,在自由与民主中都包容有平等的因子。

而在中国的语境中,科学与自由和科学与民主,却有着某种微妙的差别。在这里,比较一下陈独秀先后在用词上的变化是颇有意义的。本来,在《新青年》(《青年杂志》)的发刊词中,陈独秀撰写的是"自人权平等之说兴"、"以完其自主自由之谓也"、"科学之兴,其功不在人权学说之下";在《法兰西人与近世文明》中,他写的是"近世文明之特征……一曰人权说"。在《东西民族根本之差异》一文中,他概括的西方民族根本思想之一也是"西洋民族以个人为本位",大谈"个人平等"、"个人自由权利"。其后于1916年撰写的《吾人最后之觉悟》一文,他的关注点仍然是"自由平等独立"等。可以说,此时的陈独秀,绝少谈民主之类。直到写《〈新青年〉罪案之答辩书》,陈独秀才旗

---

① 陈独秀:《新文化运动是什么》,见《德赛二先生与社会主义——陈独秀文选》,上海远东出版社,1994年,第136页。

帜鲜明地提出德先生和赛先生。而自此之后的著述里,陈独秀的关注点才集注在"民主政治"、"民治主义"等方面。这里陈独秀前后用词和关注点的变化,标志着他视角调校的完成:前者的视角是从个人着眼,后者是放眼国家民族,这标志着陈独秀的思想转变和固型。

那么什么是民主呢?

在西方,民主不仅仅是一种社会制度,更是一种个人的气质、态度和感受事物的方式,后者比前者的转型更为根本。它强调的是人的内在心态系统(体验结构)的根本改变,体现的是人人各有价值的思想:我说的不一定对,你说的不一定错。这种内在的心态系统和体验结构的变化是西方经几百年的社会转型积淀而成。

西方民主概念的内涵和深层要旨,中国学人并未去深入了解和研究。救亡压力下的中国,还无暇顾及个人的气质、态度和感受事物的方式。"民主概念传入中国的时候,主要不是民主思想或曰作为一种政治信仰的理念,而只是其体制形态和操作方式,并且,这种体制形态和操作方式,主要是通过对议会的介绍传入中国的"[1],这种情形到后来恐怕也没有多大的改变。五四时期,陈独秀给民主下的定义是所谓"由民(by people)而非为民(for people)"[2],还是从制度的视角来理解民主。直至今天,从"政治制度"的视角来理解民主仍是国人的普遍共识。

当然,也有人对民主秉持不同的理解。如胡适曾给民主下了一个定义:"民主的真意义只是一种生活方式。""千言万语,归根只有一句话,就是承认人人各有其价值,人人都应该可以自由发展。"[3]这段话虽言之于1955年,但基本上反映了胡适那个时候的思想和态度。"这种个人主义的生活方式"不是一蹴而就的,"文明不是笼统的造成

---

[1] 方维规:《"议会""民主"与"共和"概念在西方与中国的嬗变》,载香港出版的《二十一世纪》,第58期。

[2] 《独秀文存》,安徽人民出版社,1987年12月,第200页。

[3] 刘青峰编:《胡适与现代中国文化的转型》,香港中文大学出版社,第271页。

的,是一点一滴的造成的。进化不是一晚上笼统的进化,是一点一滴的进化。……解放是这个那个制度的解放,这种那种思想的解放,这个人那个人的解放,是一点一滴的解放,改造是这个那个制度的改造,这种那种思想的改造,这个人那个人的改造,是一点一滴的改造。"① 然而,灭国灭种的危机,哪里容得下这"一点一滴"呢?时代选择了了陈独秀的"利刃断铁,快刀理麻"②。胡适的思想不得不居于边缘。这一边缘化的结果是,国人的气质、态度和感受事物的方式仍旧没有转变过来。

不独民主,科学在我们这里与西方的也迥乎不同。如果从发生学的角度来看,这种不同更加明晰可见。

一如前言,西方的近现代科学源自对中世纪晚期出现的"上帝绝对全能的创世意志、世界的偶然以及自由"这一"三位一体式"的中世纪晚期的著名的唯名论的唯意志论的回应。在这里,科学至少内蕴着下面几层含义:1. 把数学的原则转换为思想的法则,以概念整理经验,它的前提是康德所言的先验论,它的方法论是唯理主义,也就是说科学有其先验论和唯理主义作为思想基础;2. 它体现了对人的命运的关注和关心。因为邓·司各特以降的上帝的唯意志论创世论将世界置于了一个彻底的偶在状态。在这样一个上帝隐匿了的世界里,人们茫然而惶然,心中充斥着巨大的恐惧和不安全。科学就是要提供给人一个稳固而和谐的世界图景,给人以安全和安宁;3. 它体现了人的独立性、独创性,对人本质的重塑和对人本质力量的肯定。从上面可以看出,科学不仅有西方宗教文化的背景与理论基础,它更是充满了人文关怀。可以说,科学是为人的,是为人生的,在现代科学的萌生中相伴着人文主义的降临。当然,科学与技术合流的技术理性与人文精神的分道扬镳是后来的事。

相对于西方,科学从西方移植到中国后科学的性质如何?陈独

---

① 《新思潮的意义》,载《新青年》第七卷,第1号。
② 《陈独秀著作选》第1卷,上海人民出版社1984年,第130页。

秀曾经给科学下过两个定义,其一是"科学为何?吾人对于事物之概念、综合客观之现象,诉之主观之理性而不矛盾之谓也"①;其二是把科学与迷信、想象、旧学术、旧文学、旧宗教对立起来。前者是从学理上讲的,后者是从实用上讲的,即科学是抨击和批判迷信、想象、旧学术、旧文学、旧宗教的武器。再看《新青年》上刊载的全部六篇谈科学观念的长文,从第一篇刘叔雅翻译赫胥黎的《近世思想的科学精神》到王拱一《什么是科学方法》,所谈及的多是"知识于人生日用"、科学与效益、科学对鬼话的破绝、科学在于发未知之理、科学与幸福等科学方法的特点等,还是侧重于用,与中国传统实用理性合流了。在五四时期的人眼里,科学是批判愚昧迷信的工具,是强国富国的利器,他们的着眼点全然不是生命及个人的意义,他们的眼里只有一个"国"字。即便是胡适也是如此。他在30年代"科学与人生"的演讲中,概括出的科学的人生观是怀疑、事实、证据、真理。而对于人的理解是"人类的手,与鸡鸭差不多,实是他们的兄弟辈",他并引用吴稚晖的话:"人是两手一个大脑的动物,与其他的不同,知识程度上的不同罢了。"②哪里有一点人文关怀的影子!在胡适看来,现代中国"百事不如人",根源就在于传统文化;中国要同西方国家平起平坐,只有推翻传统文化一途了。可以说,在胡适的眼里也只有一个"国"字,他思考的出发点是"国家"而非"个人",而这一点早在他在美国留学时,从众多的学说中选择接受了杜威的实用主义就可见端倪。

  科学和民主分别开启了西方和中国的现代化和社会文化转型的过程。但由于科学和民主在西方和中国产生的背景不同,应对的问题迥异,所以科学和民主在西方和中国不仅运作机制不同,它们之间的关系不同,它们各自的内涵也有很大的差异。鲁迅曾提倡"拿来主义",但"拿"到中国后的"科学"和"民主"面目和禀性已悄然发生了变

---

① 陈独秀:《敬告青年》,载《独秀文存》,安徽人民出版社,1987年,第8页。
② 《科学的人生观》,载《胡适哲学思想资料选》(上),华东师范大学出版社,1981年,第319页。

化,所谓"橘逾淮则枳"是也。本文无意以西方作为标准,也不着意判断谁是谁非。笔者以为,在当今全球化的时代,我们可以拒绝西方文化,但是我们却无法拒绝将西方文化作为我们思考和解决问题的背景和参照。藉对德、赛两先生在中西不同的经历和命运的梳理,激发我们更深入地思考中华文化和民族精神的重构问题,既是本文撰写的初衷,也是本文撰写的目的。

西学东渐与现代中国哲学

中国社会科学院哲学所 谢地坤

16世纪以降,西方诸国科学技术得到长足发展,国力强盛,随着东方和美洲大陆的发现,西方的商贸、军事、政治及文化面向全世界。与之相比,中国虽然还有被称作"盛世"的"康乾"时期,但在观念和国家发展的趋向上都已经显示其落后性。从此,西方的政治、经济、文化、思想对中国的政治、经济、文化及社会生活的方方面面都发生了深刻和广泛的影响。当下的中国文化既有自己传统的积淀,也包含了接受西方文化、从而产生新的活力的东西。

从哲学领域而言,中国虽然有自己的哲学传统,但"哲学"这个名称并不是中国土生土长的,而是日本哲学家西周在1874年用汉字翻译西语"Philosophia",以后被中国哲学界所接受。近现代中国的哲学犹如中国的科学、技术一样,不管我们愿意不愿意,都不可避免地处于西方哲学的巨大影响中,而且这种影响如影随形,成为现代中国哲学的一个基本特征。

下面,本文就16世纪以降的西学东渐对中国哲学的影响、现代中国哲学状况和面临的挑战展开讨论。

一

西方文化对中国的影响,即西学东渐,主要分为三个历史时期:明末清初的中西文化之碰撞,清末民初的中西对话和"五四运动"至20世纪40年代的中西哲学之融合。

明末清初之际，西方的传教士们心怀对基督的崇敬，不畏艰难险阻，越过千山万水，来到完全陌生的中国。其中最有代表性的人物是利玛窦（Matteo Ricci, 1552—1610）、傅泛际（Francois Furtano, 1587—1653）、南怀仁（Ferdinand Verbiest, 1623—1688）、利类思（Ludovico Buglio, 1606—1682）等。传教士到中国来是为了传播基督教，为了达到这个目的，让中国人承认他们，他们必须首先发现中西文化的差异，要用西方之长来补中国之短。利玛窦等传教士颇具洞察力，发现了西方科学思维理性之长正是中国文化偏重心性之说之短。传教士们在向中国传授一些实用的科学技术的同时，几乎是全方位地翻译、介绍了西方文化，如历法、数学、地理学、测量技术，直至音乐、绘画、哲学、宗教神学等。他们翻译的著作，如利玛窦与徐光启合译的《几何原本》，李之藻与傅泛际合译的《名理探》，传教士与中国学者合作编译的《崇祯历书》，李之藻编辑的《天学初函》等，充分显示了西方文化传统的理性、逻辑和科学的思维特征，而这些特征恰恰与中国宋明以来的心学和禅学的空疏玄虚形成强烈对比，因此受到当时比较开明的士大夫阶层的欢迎，并且在后来相当长的一段时间内对开启中国知识分子的眼界和思维都有很大影响。

但是，传教士到中国来的根本目的是要传播和发展基督教，以理性思维为核心的形而上学思想是他们在传播基督教中夹带进来的，当他们不再坚持刚刚进入中国时所采取的"附儒"、"合儒"策略，而是着重宣扬建立在"外在超越论"基础之上的"彼岸世界"，并试图使基督教神学能在中国占据统治地位时，这就与中国重视"此岸世界"、重视人伦关系的传统文化发生了直接冲突。尤其是在罗马教皇颁布训令，不准中国的基督徒祭孔和祭祖时，基督教的排他性和挑战性必然招致中国本土的儒家和当权者的反对，当时发生的"夏夷之辨"和"礼仪之争"不可避免，以致从乾隆到晚清大部分传教士被逐出中国。明末清初的第一次西学东渐，西学在中国的传播还属于初始阶段，与哲学融合十分有限，所以成果也十分有限。但是，中国人正是在这个时候开始接触了西方以逻辑为核心的理性思维。

在清末民初,当时的有识之士面对中国落后被打的孱弱之势,无论是洋务派、维新派,还是革命派,基本上都把向先进的西方学习看作是中国救亡图存之路。从洋务派主张的"中学为体、西学为用"的富国强兵,到维新派"变法维新"在制度上向西方学习,再到经过甲午海战和百日维新的失败,许多先进的思想家已经意识到,要解决物质和制度落后问题,首先必须解决观念和思维方式问题,即哲学问题。正是在这样的历史背景下,开始了第二次西学东渐的浪潮。

这次浪潮的显著特点,在于推动启蒙,以反对封建专制主义、弥补中国文化的先天缺陷。最初推动这个浪潮的杰出代表是梁启超和严复。梁启超以其在中国的特殊影响,竭力介绍和诠释西方启蒙思想家的政治社会观点,如卢梭的"天赋人权论"、"社会契约论";此外,他还提出了先有"新学术",而后才有"新政治"、"新器物"的主张,在哲学方面先是介绍近代经验论和理性论的两大代表人物培根和笛卡尔,而后介绍康德哲学。梁启超着力阐发的人格独立、思想自由、社会改良的思想,在当时受到千千万万学子的欢迎,使他成为最有影响力的思想导师。严复的功劳在于他的翻译,他翻译的赫胥黎的《天演论》(Evolution and Ethics)、亚当·斯密的《原富》(An Inquiry into Nature and Causes of the Wealth of Nations)、耶芳斯的《名学浅说》(Logic the Primer)、斯宾塞的《群学肆言》(The Study of Sociology)、穆勒的《群己权界论》(On Liberty)和《穆勒名学》(A System of Logic)、甄克思的《社会通诠》(A History of Politics)、孟德斯鸠的《法意》(De L'esprit des Lois)等,莫不在当时和以后相当一段时间发生重要影响。从严复翻译的这些著作上,人们就可以清楚地看到,他在哲学上笃信经验论,在社会理论上推崇社会进化论和经济自由竞争原则,其目的就是利用和借鉴西方理论去批判封建主义,唤起国人奋发自强的意识。与梁启超和严复相比,当时颇具名声的王国维和章太炎,则更重视学理的借鉴和研究,尤其是看重从柏拉图到康德的先验哲学,看中当时很有号召力的叔本华和尼采的意志论。他们既不盲从古人,也不盲从洋人,在借鉴西学以求中西哲学、文化的创新方面取得一定成果。

这个时期的一个明显缺点是,限于当时中国落后挨打的现实,我们的思想家们在强调向西方学习以反对封建主义的时候,在思想认识上过于偏激,只看到西学之长,看不到西学之短,只看到中学之短,看不到中学之长,表现为本土文化的虚无主义,因此也不可能真正把中西文化融通起来,创造一种新的哲学和新的文化。

西学东渐的第三次高潮,是"五四运动"至20世纪40年代的中西哲学之融合。这个时期是中华民族国难当头的年代,新一代知识分子从救亡图存中激发的热情和才智,使得这个时期的中西哲学、文化达到前所未有的会通融合。其主要标志有:一是从1919至1923年间,三位西方著名哲学家来华讲学,他们是美国哲学家杜威、英国哲学家罗素、德国哲学家杜里舒。他们讲学时间之长,影响之广,在20世纪中国哲学史上都是值得思考的问题。二是西方哲学在中国的传播深度和广度大大加强,不仅翻译出版了大量西方哲学著作,而且还展开了这方面的研究和讨论。三是中国仿照西方模式建立了现代大学体系,哲学作为一门学科或专业而置入大学体系之中,并且由此产生了职业哲学家,一批既有国学功底又曾在西方留学的名家开始担任大学的哲学教授,如胡适、张君劢、张颐、金岳霖、冯友兰、熊十力、贺麟、牟宗三等。

这个时期取得的成果不仅比以前深刻,而且富有创造性。如果说谢无量、胡适所写的《中国哲学史》还是照搬西方理路,那么,冯友兰、熊十力、金岳霖、贺麟等人则尝试用所把握的西方理性思维去探索研究中国哲学问题,力图开创一条新哲学、新文化的理路,使得中国哲学呈现出前所未有的希望。冯友兰的主要贡献,除去他所写的《中国哲学史》外,是他在抗日战争期间所写的以《新理学》为核心的贞元六书(《新理学》、《新事论》、《新世训》、《新原人》、《新原道》、《新知言》),他把程朱理学与西方新实在论相结合,构成富于思辨的哲学体系。熊十力的贡献主要表现在他的《新唯识论》和《体用论》这两本书中,他融合儒学和佛学,提出"摄体归用",强调"体用不二",也就是说,他认为,实体不是离开现象而独立存在的,而是万物的内在根源,"物质与精神,皆实体之功用"。金岳霖的贡献不只是他是中国从事现代逻辑学的领军人物,更重要的是他的《论道》,他在该书中用理性的逻辑方法去阐发中国传统哲学的核心"道",或者说给"道"做出概念之规定,为中国传统的"道论"增加了新内涵,开辟了一条用理性的思维方式来研究中国哲学的新途径。贺麟在重视研究黑格尔哲学的同时,引黑格尔哲学于中国的程朱理学研究之中,并且把两者加以对照,从而在西方的绝对精神与中国的义理研究之间架起一座桥梁。这些哲学先辈的成果表明,在我们中国要搞哲学创新,全盘西化或食古不化都是行不通的,只有继承中西文明的成果,走不同哲学和文化会通融合的道路,我们才能发展出新哲学、新文化。

二

20世纪50年代至70年代末,中国大陆由于定于一尊的僵化思想和学术政治化,不仅与传统哲学和文化断裂情况加重,而且受到前苏联教条主义的影响,使第三次西学东渐开始的中西会通的创新道路不得不停顿下来。

"文革"结束以后开展的关于真理标准的大讨论,不仅为改革开放的政策奠定了思想基础,促进了经济和社会的大发展,而且也给哲学本身带来了巨大变化。哲学观念的更新、哲学研究主体的转换、哲学研究方式的进步,是半个世纪以来哲学发展最富有成果的时期。这方面主要表现在中国传统哲学研究、外国哲学研究和马克思主义哲学研究都取得了长足进步。

(一) 中国传统哲学研究

中国传统哲学包括儒学、道学和佛学三个领域。经典文献研究与思想研究相结合,历史研究与对现实问题的回应相结合,是这一学科研究的基本特色。

首先，儒学是传统哲学研究最为繁荣的园地。改革开放以来，儒学研究空前活跃，研究的重点集中于先秦、宋明和现代三个时期。在研究方法上，整体研究与专题研究并重，探索儒学的现代化称为主导趋势。去年设立了《〈儒藏〉编纂与研究》的重大攻关课题，第一期项目计划将于 2008 年完成，整理儒家典籍 500 部，各称为"儒藏精华本"。

中国儒家哲学研究与发展主要体现在三个方面：

一是重建早期中国传统哲学的发展脉络。这主要与近些年来出土简帛文献特别是郭店楚墓竹简的研究有关。郭店竹简所提供的宝贵资料一方面能够帮助我们将中国早期哲学思想发展中的某些环节（例如孔、孟之间，子思学派等等）具体化，另一方面也促使人们对于宋儒围绕先秦中国思想的某些阐释提出质疑。

二是以近年来环绕"中国哲学之合法性"问题的讨论与争论为代表，对于以北京大学成立"中国哲学门"（1914 年）为开端的"中国哲学"学科的建构与发展进行反思。其中主要关涉这个问题，即如何处理"哲学"作为某种自西方引进的诠释方式和学科建制与中国本土固有的思想文化和典籍文献脉络之间的关系？相关的讨论参与者众多，并在海内外学术界都产生了广泛的影响。

三是中国传统哲学如何参与国际学坛的文化与文明对话，特别是如何回应今天人们所面对的全球化、普遍伦理、人权、生态、性别等方面的问题。

其次，道学研究的成果。道家和道教研究的重要成果之一是《中华道藏》的整理编纂工作已经完成，正文 48 册，索引 1 册，历时 7 年，于 2003 年正式出版。还有一项较大成果是《中华道教大辞典》的编纂出版，该书参与编写的国内外学者近 200 人，550 万字，是近 20 年来研究成果的总汇。内丹学处于道教文化的内核，也是道教中的绝学。内丹学与禅宗、密宗等修炼方法具有内在的一致性，国内外学术界对禅宗、密宗的研究比较清晰透彻，惟独对内丹学了解极为有限。

在钱学森先生的倡议下,中国学者进行了长达 26 年的调查研究,获取了大量散落在民间的珍稀资料,现在笼罩内丹学的神秘面纱正被揭开,丹学也由过去的江湖文化变为学术文化。经过学术界的努力,有关成果已经打通了"道家、道教、丹道"三者的解析,形成"道学"一大门类。上述成果表明,有关道教研究中心已经从法国和日本转移到中国本土。

再次,当代佛教研究是近现代佛教研究传统影响下的产物。80年代是一个重建佛教研究传统的时期,一批近现代佛教研究名著重新刊行问世,而一批仍然活跃的老一辈佛教研究家的积年研究成果的发表(王森西藏佛教史研究著作的出版)、(新的)宗教研究机构的恢复和建立(世界宗教研究所和佛教文化研究所),"文革"期间几近停顿的佛教研究重又焕发生机。

《中华大藏经》的影印出版,多种佛教藏经的重新刊印,以及对敦煌藏外佛教文献的整理和研究(方广锠主编《藏外佛教文献》),是 90年代佛教研究的重要成果。当代佛教研究重点表现在以下几个方面:第一,在佛教史研究上,宗派史的研究渐成气候。宗派史的研究理念和方法,严格说来是脱离哲学史和思想史研究范式而把佛教史作为宗教史来研究的尝试,这方面更关注佛教教理与实践和组织的关系。第二,哲学界仍然坚持中国哲学史范式的佛教史研究,特别是将佛教作为哲学来把握。先后出版了《佛教哲学》和《中国佛教哲学要义》等书,将佛教教理哲学理论化,将佛教中的许多观念提升到哲学观念的高度来加以检讨,使其具有普遍的理论意义。第三,90年代佛教研究中蔚为大宗的是近代佛教研究。对佛教成为晚清思想界转换儒家原理的资源的原因的探讨,将是今后研究的热点。

(二) 西方哲学研究

从 80 年代初开始,中国对西方哲学的研究得到了恢复,不仅接续了此前近一百来年的积累,而且以从未有过的广度、深度和速度对西方哲学展开了全方位研究。由中国社会科学院负责撰写的 8 卷本

《西方哲学史》今年初全部完成,这是西学东渐一百多年的集大成,代表着中国学者在西方哲学研究方面最高水平。总体说来,中国学者近 20 多年来对西方哲学的研究呈现出以下特征:

1、中国学者的西方哲学研究工作担当着沟通马克思主义哲学与西方哲学的任务。在以马克思主义为指导对西方哲学进行研究的同时,拓展马克思主义哲学视野,既把马克思主义哲学放在整个西方古典哲学背景中来理解,也放在与现代西方哲学特别是西方马克思主义哲学的对话中进行考察,使马克思主义哲学与西方哲学保持碰撞与沟通。

2、从研究的广度看,不再像以前那样多集中于近代的古典哲学,古希腊哲学、中古时期的宗教哲学也得到了系统研究,而现代西方哲学,不管是欧洲大陆哲学,还是英美分析哲学,更是得到了前所未有的分析和研究,几乎与现代西方哲学的变化、发展保持同步。从研究的深度看,中国学者一方面关注西方社会政治哲学,另一方面更关注构成社会政治哲学基础的第一哲学,也就是西方传统所说的"形而上学";并且在研究第一哲学基础上推进到对基督教哲学的研究。

3、从研究的立足点看,近代中国学者最初多是带着中国现实问题的意识视野去研究西方哲学,试图从中借鉴解决中国现实问题的"道理"和理念。但是,随着研究的深入和中国现实的世界化,近年来,中国学者开始自觉地立足于世界的现实,以世界眼光去研究西方哲学,从中寻求解决世界性问题和世界化了的中国问题的普遍原则,最终为中国和东亚积极参与国际秩序的构建提供思想资源。世界性视野与普遍主义立场是近 20 年来中国学者研究西方哲学最重要的一个特点。

4、从研究的效应看,近 20 多年来突出的特点是,中国学者对西方哲学的研究,特别是对启蒙哲学、德国古典哲学和现象学、分析哲学和后现代哲学的研究,深刻影响了对中国哲学的阐释与理解。今天,我们可以说,中国学者对西方哲学的研究,实际上为中国学者研究中国传统哲学打开了一个背景性视野,从而为中西哲学的融通与中国哲学的新生提供了广阔资源。

(三) 马克思主义哲学研究

20世纪上半叶,中国处在变革的年代,哲学界的重大事件是马克思主义哲学的传入。马克思主义哲学与西方现代哲学既有联系,又有区别。马克思主义哲学不仅反对西方近代哲学形而上学的抽象性,主张哲学的现实性和具体性,并且把自己的使命规定为用革命的实践改造世界。马克思主义哲学的这种实践性是其成为中国思想界主导学科的基本原因。在当代中国,马克思主义哲学既是指导思想,又是科学研究的对象。改革开放以来,作为学术文化的马克思主义哲学得到了极大的丰富和发展。马克思主义哲学研究出现了多维视野,学者们从经典文本、思想史、认识论、价值论、历史观、解释学等多种角度进行研究,多种研究相互补充、相互促进,共同推进了马克思主义哲学的发展。近年来,围绕马克思主义哲学创新这一主旋律,主要研究方向有以下三个方面:

1、马克思恩格斯全集历史考证版研究。此项研究以原文版MEGA2(原文第2版)为依托,从马克思主义哲学原理和马克思主义哲学发展史相结合的角度,通过对马克思和恩格斯不同时期、不同手稿的比较和分析,并通过对马克思和恩格斯在创作过程中哲学思想的发展和转变过程的追踪研究,深入阐述马克思主义哲学理论的立场、观点和方法特征,为中国特色社会主义事业提供哲学基础。

2、马克思主义中国化的哲学研究。马克思主义在其中国化的过程中,形成了毛泽东思想、邓小平理论、"三个代表"重要思想这三大理论成果,它们是"中国化形态"的马克思主义。深入阐明这三大理论成果在不同的历史阶段对马克思主义哲学的丰富和发展,围绕现代化建设,不断提出新思想、新观点,将为中国探索新的发展道路提供理论支撑。

3、组织力量编写"马克思主义哲学教材"。该教材着眼于把握时代问题,回应理论和现实的挑战。教材要准确表述马克思主义哲学理论的基本观点,充分反映马克思主义中国化的三大理论成果,充分反映建设中国特色社会主义的生动实践和基本经验,反映国内马克思主义哲学研究的学术成果,从而较完整地体现马克思主义的世界观、人生观和价值观。

目前,中国哲学研究的发展趋势,主要表现在两个方面:

第一,实践哲学研究成为哲学研究的前沿领域。从上个世纪90年代中期开始,国家社会科学研究基金开始对实践哲学和部门哲学立项资助,应用伦理学、政治哲学、宗教哲学、历史哲学、社会哲学、文化哲学方面的研究,成为哲学研究的前沿领域。以应用伦理学为例,研究经济伦理、科技伦理、生态伦理、社会伦理问题蔚然成风,伦理学界打破了传统的从原则出发的旧模式,形成了以应用研究带动基本理论研究的新格局,取得了一定成果。

第二,打破以学科分界研究的壁垒,向以问题为中心的跨学科研究转变。不仅马克思主义哲学确立了以现实问题为中心的研究路向,中国哲学史研究和外国哲学研究,也以回应和解决当代中国发展面临的重大问题为研究的立足点和参照系。2004年8月,由中国社科院哲学所主办的"首届中国哲学大会",下设三个分题:"东方与西方"、"传统与现代"、"科学与人文",其目的就是打破学科壁垒、实现跨学科对话和交流。目前,许多学者提出大哲学观念,使哲学研究成为跨学科的文化与学术,既广泛吸纳外国哲学的合理因素,又融合中国传统哲学的优秀遗产,使之成为构筑中华民族走向未来的哲学理念的组成部分。

三

在我们简单地回顾了西学东渐的百年历史,鸟瞰式地了解中国哲学现状以后,我们看到了中国哲学取得了一定成果,但也不得不遗憾地承认,中国哲学还有些问题,甚至可以说是某些根本问题没有得到解决。

首先，中国哲学是在西方模式下建立起来的，哲学越来越成了单纯的知识传授，讲授哲学的人必须是符合学院制度的职业哲学家，研究哲学也只是推理和论证，并不"传道"，中国传统所说的"性命双修"、"修身正德"、"知行合一"统统被抛在一边。于是，哲学家在国家和社会生活中越来越处于边缘地位，这种专业化和职业化的哲学、哲学家，似乎离开哲学的本意越来越远。

其次，哲学是一门具有普遍性和超越性之特点的学问，但哲学又不能因为这个特点而远离现实，最终被社会边缘化。这就要求哲学研究不能一味地说"古话"和"洋话"，而必须与现实相结合，这里面最忌讳的就是"唯上"、"唯书"，或者把自己降低为一门实用学科，而是要深刻地反思社会现实，回答我们时代的根本性问题。

再次，如何理解哲学的问题。中国哲学是在西方哲学影响下建立起来的，但中西哲学之间确有不同。我们在这里不能把这两种哲学加以简单化的比附和对立。过分强调中国哲学的独立性，就会导致失去哲学自身的普遍性和超越性，使我们的哲学成为"自说自话"；过分强调西方哲学，这不仅会忽视中国哲学最有价值的贡献和特色，而且还会犯"拿来主义"的"汉话胡说"的错误。如何会通、融合中西哲学，对我们中国哲学家来说，确实是一个艰巨的任务。

因此，我们中国哲学家面临的难题和任务，就是在吸收西方哲学成果的同时，不搞全盘西化，而是从我们传统哲学中提炼出中国哲学特有的概念和问题，形成当代中国哲学的话语系统，建立有中国特色的中国哲学。对我们来说，这个任务确实是任重而道远！

明清间亚里士多德哲学在中国的传播

北京外国语大学海外汉学研究中心 张西平

明清之际,耶稣会来华,从此拉开了"西学东渐"的历程。以往在介绍西方传教士所介绍的西学时,大多都停留在他们所介绍的西方科学上,对传教士做介绍的中世纪哲学评价不高。实际上正是在这一部分的介绍中,西方哲学特别是希腊哲学才被介绍到中国。本文对来华的耶稣会士在明清之际所介绍的亚里士多德的哲学做一初步的梳理,以求教于各位方家。

导　言

来华耶稣会士在对西方哲学的介绍中最值得称道的事就是对亚里士多德哲学的介绍。亚里士多德是希腊哲学的奠基性人物,也是对整个西方思想发展影响最大的人物之一。按照黑格尔的看法,"他是一个历史上无与伦比的人","他应和柏拉图一起被称为人类的导师",我们现在所讲的西方哲学,黑格尔说它的"划分和产生,都应当归于他"。中世纪的经院哲学最初的繁荣,"与亚里士多德的学说在哲学界得到极其广泛的运用有关",而作为集中世纪经院哲学之大成的托马斯·阿奎那则正是通过注释亚里士多德的哲学,发挥亚里士多德的思想而完成其哲学体系,确立其哲学地位的。

来华耶稣会士在宣扬经院哲学中,"自然也夹杂了一些希腊思想成分在内"。① 这种希腊成分的重要一点就是亚里士多德哲学。从西方哲学思维发展的过程来看,"经院哲学家把亚里士多德的哲学作为外在的东西接受过来"。② 这种"外在性"表现为亚里士多德的哲学是一把双刃剑。一方面它是一种以事物为其对象的"高度明确、清晰的理智",另一方面,这种理智同时又是"思辨的概念"。经院哲学在接受亚氏哲学时只接受了思辨的概念这一方面,这样,在经院哲学家们的研究中,"并没有健康的常识。健康的常识是不反对思辨的,但必定要反对没有基础的反思。亚里士多德的哲学是这种没有基础的反思的反面,正因为如此,它本身是很不同于这种抽象研究的"。③ 尽管这样,中世纪的经院哲学作为人类认识之树上的一朵不结果实的花,还是以其抽象的形式发挥了亚里士多德的哲学,它仍有其认识的价值,在以后的人类精神的发展中,"自我意识已经把那较神圣的、较高的教会原则汲取进自身之内了"。④

如果从中世纪哲学本身发展的过程来看,基督教的神学理论从以柏拉图哲学为基础演进到以亚里士多德的哲学为基础,这本身是一个重要的进步,因为相对于柏拉图的哲学来说,亚里士多德的哲学显然更具有明显的自然主义倾向。

如果从中西哲学的交流来看,尽管经过经院哲学改进后的亚里士多德哲学与亚里士多德原本的思想有较大的差别,但它毕竟是以亚里士多德的哲学为基础的,尤其是对于中国哲学来说,它完全是异质的思想,正是这种异质性对中国哲学的传统思维造成了冲击,正是这种异质性才表现出了中西哲学交流所产生的意想不到的进步的作用。文化交流史的研究远胜于纯粹抽象的文化比较研究的意义正在于此。

因为纯粹抽象的文化比较研究完全忽略了文化双方相互接受的

---

① 侯外庐:《中国思想通史》第四卷下,人民出版社,1980年,第1199页。
② 黑格尔:《哲学史演讲录》第一卷,商务印书馆,1985年,第328页。
③ 同上。
④ 黑格尔:《哲学史演讲录》第三卷,第334页。

历史境遇,按照当代解释大师伽达默尔的话,叫做"历史的前见"。不从这种"历史前见"出发,不从文化交流史的具体历史条件出发,一般性的将苏格拉底与孔子比较,将黑格尔与朱熹比较,只有抽象的理论意义,用这种比较得出的理论去解释中西文化之异同,基本上是空洞的、脱离历史的。如果仅从各自文化单线性的发展来看,那么我们就不可理解为什么作为封建意识形态的儒家学说会成为欧洲启蒙运动领袖手中的思想武器。这点我们在下面还要专门探讨。反之,同理,我们若不从具体的历史境遇出发就不会理解为何中世纪托马斯·阿奎那的哲学,或者作为经院哲学的亚里士多德哲学成为明清间中国进步思想家们关注的问题。

无论是从意识形态出发,还是从抽象的文化比较理论出发,都无法解释中西文化交流史上发生的实际历史过程。这就需要我们重新反思我们过去评价来华耶稣会士的那些理论,就要从那种纯粹的抽象的比较研究中摆脱出来,在历史中发现真理。用新的理论来解释中西文化交流史中的所谓"误读现象",在文化交流史中重新研究中西文化之异同,在历史的基础上展开文化比较的研究,这才是一条切实的道路,一旦这样,我们就会对耶稣会士在中西文化交流史的作用有一个较为客观的评价。

一、明清间亚里士多德逻辑在中国的传播

利玛窦来华以后,就逐步认识到中西文化在思维特点上的重大区别是逻辑问题。他说:"在学理方面,他们对伦理学了解最深;但因他们没有任何辩证法则,所以无论是讲或写的时候,都不按科学方法,而是想直觉能力所及,毫无条理可言……"[1]这段话在金尼阁的

---

[1] 利玛窦:《天主教传入中国史》,台湾光启出版社,1986年,第23页。

译本中是"他们没有逻辑规则的概念,因而处理伦理的某些教诫时毫不考虑这一课题各个分支相互的内在联系"。①

他在同佛学大师"三准"(法号雪浪)论辩时也说过,"中国人没有逻辑"。他在同佛教的论战中很多方面靠的就是这种逻辑方法。

平心而论,利玛窦对中国传统文化的这一特点感觉是敏锐的。当然,利玛窦并不知道墨家的逻辑思想,实际上,在先秦诸子中,墨家思想有着重要地位,以后随着墨家的消亡,墨子的思想尤其是逻辑的思想很少被继承下来,当儒家文化成为中国文化主流后,墨家的这种逻辑思想基本上对民族心理结构的形成影响不大。

在这个意义上,利玛窦对中国文化的批评是正确的,正因为他了解中国文化的这一弱点,所以在对西方文化的介绍中不自觉的将逻辑问题也列入了其中。利玛窦与徐光启合译的《几何原本》虽说是一部数学著作,但其理论基础就是形式逻辑。利氏所以选择这本书,用心是很深的,他显然是看到《几何原本》所包含的逻辑理论的。他自己说:"在《几何原本》这本书里,他们看到的不同于传统的看法,换句话说,每一个命题都依照次序出现,并且完全证明其合理,就是连最顽固的人也不能否认。"②

因此,最早向中国介绍西方逻辑思想的应是利玛窦。这点《四库全书》对《几何原本》的评价讲得十分明了,"其书每卷有界说,有公论,有设题。界说者,先取所用名解说之;公论者,举其不可疑之理;设题则据所欲言之理,次第设之,先其易者,其次难者,由浅而深,由简而繁,推之至于无以复加而后已。"③

这就说明从中国人的角度来看《几何原本》,其逻辑内容是它很重要的方面,正因此,《几何原本》才初称为"以是牟冕西术,不为过矣"。

艾儒略在《西学凡》中把哲学(斐禄所费亚 Philosophia)称为"理

---

① 利玛窦:《中国札记》,中华书局,第 31 页。
② 利玛窦:《天主教传入中国史》,第 458 页。
③ 《四库全书总目》上册,中华书局,1995 年,第 907 页。

学",以此来比附宋儒之学。他说:"理学者义理之大学也,人以义理超于万物而为万物之灵。格物穷理,则于人全,而于大近。"他以此来说明西方哲学探究的是万物之根,这种理是看不见的,它隐于具体事物之中,"如物之理,藏在物中,如金在砂,如玉在璞",追根探究,"淘之,刻之,斐禄所费亚之学"。这是来华耶稣会士对西方哲学的一个最简明的介绍。

艾儒略说,西方哲学源于"西士古贤,观天地间变化多奇,虽各著为论,开此斐禄之学。然多未免似是而非,终未了"。这样,他就引出了亚里士多德,把他作为西方哲学奠基人。他说:"亚里士多德,其识超卓,其学渊源,其才广逸。"正因此,他认为,哲学的五门科目中,逻辑学(落日加)位于首位。逻辑学也就是"辩明之道",它"以立诸学之根基,辩其是与非,虚与实,表与里"。这里,他指出了逻辑学的功能。

接着,他对亚里士多德的逻辑学做了简要的介绍。他说,逻辑学分为六大门。第一门"是落日加诸豫论,几理学所用诸名目之解"。说明这是逻辑学的序论和范畴解释。第二门是"五公称之论",这里艾儒略借用了原李之藻译《名理探》时的名称"五公",实际上是对事物种类,按其本质属性分类,正像艾儒略所说的,这是"万物之宗类,如生觉灵等物之本类,如牛马人等物之分类,如牛马人所以相分之理,物类之所独有"。第三门是"理有之论,即不显形于外而独在人明悟中义理之有者"。第四门是"十宇论",这也是借用李之藻《名理探》的概念,实际上讲述的是十个范畴,如自立者、几何,等等。第五门是"辩学之论",第六门是"知学之论",前者指发"辩是非得失之诸确法",后者指"论实知与忆度,与差谬之分"。

亚里士多德的逻辑学的主要代表作是《工具论》,这是由六篇逻辑论文组成的一部书。(1)《范围篇》,其中论述了十个范畴;(2)《解释篇》,包含了亚氏的句法学说;(3)《前分析篇》包括直三段论、模态三段论;(4)《后分析篇》,讲述了论证、定义、及其关系;(5)《论辩常识篇》,讨论了论辩的艺术、推理的方法;(6)《辩谬篇》,证明推理过程中谬误如何产生以及如何排除逻辑谬误。艾儒略在这里并未展开这六门的具体内容,但从这个对比中以看到,他已经初步介绍了亚里士多德逻辑学的主要内容,虽然只是一种篇名、目录上的介绍。

对亚里士多德逻辑学介绍最为全面的当属李之藻与傅泛际(Francois Furtado,1578—1653)合译的《名理探》一书。傅泛际是葡萄牙传教士,1618年在金尼阁神甫重返中国之际,与之偕行,泛际除传教外,曾与之藻编撰哲学书籍。这里所说的"哲学书籍",其中重要的一本就是《名理探》。

《名理探》是李之藻与傅泛际精心合作的结晶,当书完成时,李之藻已经63岁了,此书可谓他的代表作。以后李之藻虽译完了《名理探》后半部分,但未能出版,此事由南怀仁完成。南怀仁将李之藻与傅泛际合作的《名理探》的后半部分,加上其它传教士关于逻辑与科学的著作合辑在一起,定名《穷理学》。南怀仁在将此书进呈康熙的奏折中说,"进究理学之书以明历理,以广开百学之门","究理学为百学之门"。① 这里他将逻辑学置于很高的地位。

我们回过头来再说《名理探》。《名理探》的前五卷称"五公",何谓"公"呢?李之藻说:"公即宗、类、殊、独、依。"这五个概念是什么含义呢?李之藻说:"生觉为宗,人性为类,推理为殊,能笑为独,黑白为依。"后来严复在《穆勒名学》中把"五公"译为"五旌",其名称是:类、别、差、撰、寓。

按照李之藻的翻译,"在宗下者是之谓类,生觉色形,皆名谓宗"。因而这里的"宗"相当于逻辑学里所说的"属",所谓的"类"则是今天所说的"种"。"殊"讲的是差别,无论"泛殊"、"切殊"、"甚切殊",都是指的万物间的差别,只是程度不同而已。因而李之藻所说的"类殊"实际是"种差"。"独"则指事物的非质属性,如李之藻所说,"凡为人者即为能笑;凡能笑者,凡能买者,固即为人。彼此转应,故正为独"。"依"是讲事物的偶有性。

如果我们考察一下亚里士多德的逻辑学,就会发现李之藻所

---

① 徐宗泽:《明清间耶稣会士译著提要》,第192页。

译的"五公",实际上大部分来自于亚里士多德的"四谓词理论"。亚里士多德出于对论辩的需要,在《论辩常识篇》中所为"谓词与主词的命师中的四种不同的关系",提出四谓词:属、定义、固有性、偶性。

"四种谓词"中的"偶性",亚里士多德定义为"偶性既不是定义,也有其固有属性,也是属——即属于此事物"。这就是李之藻所译的"依"、"属"。亚里士多德的定义为"固有必不表示一事物的本质,却是此事物独有的,是可以与它换位述谓词"。这就是李之藻所译的"独"。

关于定义,亚里士多德说,"定义是表明事物本质的短句"。

亚里士多德的"四谓词"被注释者波菲利(Porphyry,254—305)另补充了一个种,后称为"五种宾词",即属、种、种类、固有属性、偶性。李之藻和傅泛际所用的理论显然是波菲利的"五种宾词"理论,若排个表则为:

  波菲利 五种宾词:属、种、种类、固有属性、 偶性
  李之藻 五公论: 宗、类、殊、 独、   依性
  今日逻辑: 类、种、种差、固有非质属性、偶有性

有的学者认为,波菲利这种扩大,"离开了亚里士多德的原意,但是在中世纪,这些是非常有名的,人们对波菲利的选举超过了它应得的评价"。[①] 这说明之藻所译《名理探》的原本也是接受了波菲利的理论的。尽管如此,"五公论"仍是大部分地反映了亚里士多德的"谓词理论"。

"十论"是《名理探》中的重要内容,李之藻将其定为"自立体、几何、互视、何似、施作、承受、体势、何居、暂久、得有"。这里的"自立体"就是"实体";"几何"就是"数量";"互视"就是"向他而谓",指事物

---

① 肖兹:《简明逻辑史》,商务印书馆,1977年,第30页。

间的关系;"何似"指的是"性质范畴",物所以何似,是"何谓"似者;"施作"指的是"主动";"承受"指的是"被动";"体势"是讲"形体之分布";"形物之中,惟有生觉者,切云体势",即"状态";"何居"指的是"位置";"暂久"讲的是时间;"得有"指的是"情况"。

亚里士多德是最早对范畴进行分类的人。通常所说的亚里士多德的"十范畴"就是"实体、数量、性质、关系、地点、时间、姿态、状况、动作、遭受"。

如果把亚里士多德的"十范畴"和李之藻所译的"十论"对比一下,可列表如下:

> 亚里士多德"十范畴":
>   实体、数量、性质、关系、地点、时间、姿态、状况、动作、遭受。
> 李之藻译的"十论":
>   自立体、几何、何似、互视、施作、承受、何居、暂久、体势、得有。

从这个表中我们可以看出,除了排列顺序略有差别之外,在范畴内容上是完全一致的。虽然在亚里士多德那里只用了3.5万字已讲清的问题,李之藻这里却用了14万字的篇幅。但我们不能简单地说李之藻是一种经院哲学的繁琐写作,而更应从中西文化的差别和不同来理解。

《穷理学》是南怀仁所辑的重要著作,他在给康熙的奏疏中说:"臣自钦取来京,至今二十四载,昼夜竭力,以全备推理之学。"[①]但《穷理学》长期以来未发现原版,我于1996年在北京大学图书馆善本部发现了《穷理》的残本,这个残本中包括了《名理探》尚未出版的部分,因该书的发现对于研究西方逻辑学东传有着重要意义,我写有专

---

① 徐宗泽:《明清间耶稣会士译著提要》,第190页。

题性论文《〈穷理学〉——南怀仁的最重要著作》,其具体内容这里不再展开论述。

我们必已看到来华耶稣会士所介绍的古希腊逻辑学,尤其是李之藻和傅泛际合译的《名理探》,对亚里士多德逻辑学的介绍,有着十分重大的理论意义。

首先,它第一次系统地向中国介绍了西方逻辑学。我国虽然早在春秋时期就已有自己的逻辑学"墨辩",但墨子的"辩学"并未发育成长起来,特别是当汉朝实行了"罢黜百家,独尊儒术"以后,中国自己的逻辑学最终未得到发展。到明末清初时,耶稣会士来华,中西文化交流打通,以《名理探》为标志的著作出版后,西方逻辑学才进入中国,并为中国知识分子所知。如徐宗泽在重刻《名理探》的序中所说:"而我国始有亚氏之论理学,而理学始有形上形下之等级,而不陵乱矣。"

其次,为我国近代逻辑学的发展奠定基础。明末清初耶稣会士所引进的西方逻辑,开阔了中国学者的视野,从而使不少中国学者认识到中西思维之别首在逻辑,逻辑为"百学之宗门","当务之急,莫先名理",从而刺激了中国近代逻辑学的发展。严复在后来翻译《穆勒名学》时就直接受启于李之藻的《名理探》,如他直接沿用了李之藻的"十论",而把"五公"改为"五旌"。有的研究者认为李之藻在翻译上也为中国近代逻辑学的发展提供了一些术语,这些词的使用,"事实上不仅是《名理探》不失本来面目地得以介绍的重要的桥梁和保证,而对扩大我国逻辑专门名词术语的领域作了贡献,对后来我国逻辑专业名词术语的发展有一定的影响"[①]。

第三,为传统思想的变革提供了契机。李之藻对亚里士多德逻辑学的介绍并不是仅仅把它作为一个西方学科、一种工具来介绍的,它明显地是在用西方逻辑学来纠正晚明进士大夫空谈心性之弊端。李天经在《名理探》序中开宗明义已指出了这一点,他说:"世乃侈谈

[①] 《中国逻辑史研究》,中国社会科学出版社,1982年,第299页。

虚无,诧它为神奇,是致知不必格物,而法象都捐,识解尽扫,希顿悟为宗旨,而流于荒唐幽廖,其去起初大道不亦远乎!"这是对晚明思想界流于谈禅,对于空疏无用的心性之学的尖锐批评,而纠正之良药就是采用西儒介绍来的"名理学",因它能"大抵欲人明此真实之理,而于明悟为用,推理为梯,读之其旨似奥,而昧之其理皆真也,格物穷理之大原本哉"①。

李天经的这个思想直接受启于《名理探》,它的价值在于把宋明理学中的"格物致知"从伦理学转向自然科学,将一种伦理的认识论导向科学的认识论。这一基础就是逻辑学。这个思想后直接启发了严复。严复在译《穆勒名学》和《名学浅说》时说法用"归纳论"来反对宋明理学的"良知论"。他在《救亡决论》中认为"良知论"的始作俑者是孟子的"良知不学万物皆备之言",而陆象山和王阳明的"谓格致无益事功,抑事功不俟格致","正以为不出户可以知天下",导致了以后学者的"隋窳赫慢之情",造成了传统思想的僵化,其纠正方法就是从科学入手,从逻辑学入手,因为它"是学为一切法之法,一切学之学"。梁启超在谈到明末思想之演变时说:

> 明末有一场大公案,为中国学术史上应该大笔特书者,曰:欧洲历算学之输入。……利玛窦、庞迪我、熊三拨、龙华民、邓玉函、阳玛诺、罗雅谷、艾儒略、汤若望等,自万历末年至天启崇祯间,先后入中国。中国学者徐文定、李凉庵等,都和他们来往。对于各种学问有精深的研究。……以徐文定、李凉庵领其事,而请利、庞、熊诸客卿参豫,卒完成历法改革之业。此外中外学者合译或分撰的书籍,不下百数十种,最著名者如徐、利合译之《几何原本》,字字精金美玉,为千古不朽之作。我们只要肯把当时那班人的著译书目一翻,便可以想见他们对于新知识之传播如何的努力,只要肯把那时候代表作品——如《几何原本》择一二

---

① 徐宗泽:《明清间耶稣会士译著提要》,第194页。

部细读一遍,便可以知道他们对于学问如何忠实。要而言之,中国知识和外国知识相接触,晋唐间佛学为第一次,明末的历算学便是第二次(中间元代时和阿拉伯文化有接触,但影响不大),在这种新环境之下,学界空气当然变换。后此清朝一代学者对于历算学都有兴味,而且最喜欢谈经世致用之学,大概受利、徐诸人影响不小。①

对西方逻辑学的翻译史和接受史是一个需要专门进行研究的项目,从思想史的角度看,我们关心的是它的接受史。从李之藻到严复,到金岳霖,这正是中国近代思想演进的一条重要线索。西学东渐的历程不仅仅是一个知识论的问题,正像对李之藻介绍亚里士多德的逻辑学的评价不仅仅是一个中国逻辑学史的问题一样,它更是一个思想史的问题。不从中西文化的碰撞、中国文化从传统向现代转换这个大的视角来考察,这种研究就会本末倒置。

二、明清间亚里士多德"四元素论"在中国的传播

"四元素说"是亚里士多德自然哲学的重要内容。"四因说"一方面是他天体宇宙论的基础,一方面又是他哲学的基本理论。作为前者,他在《论天》中提出在月亮以下的东西都是生生不息的,而月亮以上的东西都是僵死不变的。而在月亮之下的领域里,万物皆是由四种元素即土、水、气、火四种元素构成的,当然这四种元素也是相互作用的。

作为后者,亚里士多德代表着古希腊哲学的传统,要追寻世界的

---

① 梁启超:《中国近三百年学术史》,台湾中华书局,1958年,第8—9页。

基本构成。泰勒斯把世界基始归于水,赫拉克利特把它归于火,恩培多克勒第一个提出"四根说"。一切事物都有四种"根",即水、火、气、土这四种物质,因它们的结合而生成万物,世界万事万物生生不息,而这四根却永远不变。亚里士多德第一个将恩培多克勒的"四根说"说成是四种物质性元素。他在《形而上学》中说:"阿那克西米尼与第欧根尼认为气先于水,气实万物原始的基体;而梅大邦丁的希巴索和爱非斯的赫拉克利特则以火为先。恩培多克勒主于四元素并为物始(以土加于上述三者),他说四元素或聚或散,或增或减,以成万物之形形色色,而它们本身则出于一,入于一,古今一如,常存不变。"①

虽然恩培多克勒的"四根说"已是综合了希腊时期各派思想,开始探讨物质内部结构,但这些认识毕竟是简单的和粗糙的认识,是直观的。亚里士多德将"四根说"向本体论的方向推进。他认为"本性"这概念就是指任何自然物所赖以组成的原始材料,人们对组成万物的自然元素也称为"本性"。同时,他又认为"本性"又是指"自然事物的本质","有些人说本性是万物的原始组合,有如恩培多克勒所说:现存的万物所本性,只是(四元素)一会儿聚一会儿散,本性就是人们所赐与这些混合物的名称"②。

因而,可以说"四元素说"仍是亚里士多德哲学的内容之一,或者说至少他们的学说是包含了这个内容。

来华耶稣会士在他们的著作中介绍了亚里士多德的这一思想。利玛窦在《乾坤体义》中专门介绍了亚里士多德的四元素说,他称为"四行"。"天下凡有行者,俱从四行,成具质曰:火、气、水、土是也,其数不可阙增也"。这点明了四元素是构成世界最基本元素,接着他又从神学的角度加以引申,"当初造物者欲创作万物于寰宇,先混沌造四行,然后因其情势布之于本处。火情至轻,由跻于九重天之下而

---

① 亚里士多德:《形而上学》,商务印书馆,1959年,第8页。
② 同上书,第88页。

止;土情至重,则下凝而安于地之当中;水情比土而轻,则浮土之上而息;气情不轻不重,则乘水土而负大焉。'四元行'按其各情,定是所居,指其所属,截然不混关"。

在《天主实义》第四篇"辩释鬼神及人魂异议,而解天下万物不可一体"中,他列出了一张"物宗类图",基本介绍了中世纪的经院哲学的宇宙观,其中把火、气、水、土称为"四行",并说这四行"而为万物之形者也"。

对"四元素说"介绍最为详细的是高一志(Alphonse Vagnoni,1566—1640)的《空际格致》这本书,全书分上下两卷,有总论和分论,上卷《元行性之论》,从哲学和宇宙论上讲述了"四元素",从这里可看出亚里士多德对恩培多克勒学说的提升;下卷《元行生物论》,从自然科学的角度讲述了由"四行"产生的现象。

现把《空际格致》的目录摘录如下:

上卷《元行性之论》

    行之名义

    行之数;

    向金木为元行否?

    行之序;

    行之形

    行之厚;

    行之情

    行之动

    行之纯

    地论

    地之广大

    地较天之大;

    地凝注之所

    地体之圆;

    地性之静

山岳
地水大小之较
地水高升之较
水华之圆
气行有无
气之厚域行动
火行有无
元火厚圆等情
下火

下卷:《元行生物论》
火属物象
火
火铎
狂火
耀羊火
垂线火
牯顶火
双火单火
流星陨星
飞龙
雷
电
雷降之体
雷之奇验
彗宇
天河
气属物象
空际异色
虹霓

云窟
围
坠条
多日之象
风
水属物象
雨云
风雨预兆
雾
雪
雹
冰
露霜
密饴
海之源流
海之动
潮汐
江河
水之臭味
温泉
土属物象
地震
地内大

在上篇的"引"中,他一开始就把"四行"的问题定为一个自然哲学的问题,其宗旨在于控其万物的"所以然",而"所以然"的一切变化之根"唯"四元行,所谓火、气、水、土是也。为什么要称之为"行"呢?他说,"行也者,纯体也,乃所分不成他品之物,唯能生成杂物之诸名品也"。这样,他就从世界物质形态的基本结构上确定了"四元素"的地位。虽然这是对亚氏"四元素"说的转述,但却进一步明确了"四元素"的地位。

为什么"行"只有四种物质形态呢？高一志说："古有于四行中，止立于一行，为万物母者。其说各异，而不相通。后各哲皆病之，定四为行之确数。"这是对古希腊早期各哲学流派世界本质上的一个简要介绍。他又说："亚里士多德性理总领，文证之曰：天体恒古旋动，即宜有不动之体以为其中心，是即地也。地位以其甚重、甚浊，得其低之位，则宜有一甚轻、甚洁者对以放之，必次也。西敌体以相歹之，性不能相适达、相近以生成物，故必须气水二行入居两体之间，而调和之，则原行必须四始，为不多不寡。"这里已直接把亚里士多德思想作为"四行论"的理论来源。

在谈到"四行"的序列不杂不乱的原因时，他讲了三条理由：

第一，重轻的原因。因为"重爱低，轻爱高，以分上下"。这样，由于水轻于土，气重于火，从而水在土之上，气在火之下。

第二，合情的原因。"尽情相和则近，相背则远"。这样如冷成土，湿成水，土水显以冷情相各，所以水和土是相近的。而湿热成气，湿冷又成水，水和气以湿情相和，所以气水是相近的。而干热成水，湿热成气，气和火以热情相和，所以火气又是相近的。高一志在这里实际上是将冷热、干湿作为四行构成的一个有机序列的原因。这显然是希腊的思想。恩培多克勒在他的"四根说"中也多次从选择的角度来论证四根的关系。

第三，见试的原因。他说："火发为焰，常有从下至上尖杀之形，西曰火形尽不能安下而奋力以上，必向极高是也。气偶入土水之中，不能得安而欲上行。在土为地震，为山崩，在水为沤，为泡。"那么为什么水多在下而土在上呢？高一志无力相答，他运用了神学加以补充，"造物主初造天地，天地无谷，地面为水所敬"。[①] 为了解决这个问题，以适万物，造物主才劈山有谷，使水流之。

---

① 《西方哲学原著选》上卷，商务印书馆，1982年，第137页。

三、明清间亚里士多德"四因说"在中国的传播

"四因说"是亚里士多德哲学的最重要内容之一,它是对希腊古代哲学的一个总结和概括。哲学就是对世界本原的探求,那么这个本原是什么呢?亚里士多德把它概括为:质料、形式、动力、目的。例如一尊雕像,它的原因是:(1)质料,如铜;(2)形式,如某动物的形状;(3)动力,雕刻工;(4)目的,雕刻的技术过程是为了完成这一座雕像。

亚里士多德又进一步把"四因说"中的后三种归于"形式因",在他看来,"后三种原因常常合而为一,因为那个'是什么'(即形式因。——引者注)和'所要求的东西'是同一个东西,而运动的来源与这些东西也是同类的"。这一概括有着重要的意义,由此,质料和形式成为他哲学的中心问题。

亚里士多德本身作为西方人早期的哲学探索自然有其不足。在研究目的因时,他把自然的过程和人的过程相混淆;在研究动力因时,他又引出"神"这个"第一推动者";当他认为整个自然有一个最高意义上的、不动的第一推动者,动力因就和目的因、形式因成为了一个东西。

中世纪经院哲学正是利用了亚里士多德的这一点,把其定为一尊。但来华的耶稣会士在介绍中世纪经院哲学时,对亚里士多德"四因说"的介绍却给东方带来了希腊先祖的哲学智慧,提供给中国士大夫们一种截然不同的世界理论。

利玛窦的《天主实义》中,首篇"论天主始制天地万物而主宰安养之"时,从多方面论证了天主的存在,"四因说"是他的一个重要论据。他说:"试论物之所以然有四焉。四者维何?有作者,有模者,有质者,有为者。夫作者,造其物而施之为物也;模者,状其物置于本伦,另之于他类也;质,物之本来体质所以受模者也;为者,定物之所向所

用也。"然后他举例加以论证,如车,人是作者,创造了车;轨辙为模者,而木料则为质者,让人乘坐是为者。

利玛窦还在"四因"基础上,按亚里士多德的质料和形式思想作了进一步的抽象。他说:

> 天下无有一物不见此四者;四之中,其模者、质者此二者在物之内,为物之本分,或谓阴阳是也;作者、为者,以二者在物之外,超于物之先者也,不能为物之本分。

这里,亚里士多德的哲学思想已表述得十分清楚。

陆安德(Andre-Jean Lubelli,1610—1683)在《真福直指》一书中,从托马斯·阿奎那的经院哲学角度转述了"四因说"。他说:

> 天地参杂,万物材料,不过是物之元质,在各物内能受万模,无模不能存。譬如一所房屋,木料砖瓦,此是质者;前堂后堂,此是模样;必另外还有工匠造成。所以天地万物具有元质,又各物有各物之本模,另外有造成之者。而元质模样等,亦皆由造成之者造来。

这里,天主成了最终的"推动者"、"创造者",亚里士多德的形而上学与中世纪的神学有机地结合了起来。

从人类认识史的角度来看,亚里士多德的"四因说"有着重要意义,尤其是当他把四因概括为"质料和形式"之后,哲学的问题更加鲜明了。通过自然物,抽象出形式,抽象出质料,万物中概括出两个基本因素。这本身在人类认识史上就是一个很了不起的事情,形式和质料的关系以后便成了萦绕在西方哲学家头脑中的重要问题。实际上,亚里士多德的"四因说"是对希腊哲学的一个总结,从泰勒斯把世界的本质规定为"水",赫拉克利特则认为是"火",毕达哥拉斯认为是"数",苏格拉底提出"善",这说明对本原的追求一直是古希腊哲学家们的目标,而亚里士多德在前人的思考上做了进一步的抽象和归纳。

固然,亚里士多德并未真正弄清质料和形式的关系,但正像一些学者所说,"亚里士多德固然有重大错误,但却是必然会发生这样错误的,这点毫不足怪"。因为人类早年的哲学思考必然有其幼稚的一面,这是很自然的。

传教士们把亚里士多德的"四因说"介绍到中国也同样具有意义。

首先,亚氏的"四因说"是纯希腊哲学,这种对质料与形式的分类和抽象完全是西方哲学的思维方式。在西方哲学中把本原问题提出,要追索"万物之根",这实际上就是把人排除在自然之外,对自然进行客观的研究。"四因说"就是这个思想发展的一个初期阶段。中世纪以后,即便是在基督教哲学中,这种理性精神发生了变化,但并未消失,因为灵魂问题的产生本身就是对人和人自身自然的区别,尤其在托马斯·阿奎那哲学中,理性在宗教的外壳下存在着,信仰是以知识论形态出现的。

中国哲学发展的方向和西方哲学很不相同,重人伦是其思想的根本特征,孔子的哲学核心是"仁",孟子则把这个思想提升到哲学的高度,他说:

> 人之所以异于禽兽者几希?庶民去之,君子存之。舜明于庶物,察于人伦,由仁义行,非行仁义也。①
>
> 人之有道也,饱食、暖衣、逸居而无教,则近于禽兽。圣人有忧之,使契为司徒,教人以人伦,父子有亲,君臣有义,夫妇有别,长幼有序,朋友有信。②

显然,人与人的关系是中国哲人思考的重点,社会是他们学说的

---

① 《孟子·离娄下》。
② 《孟子·滕文公下》。

全部疆域,而自然只是其学说的一个背景依托。而西方哲学则始终把人与自然的关系作为其学说的中轴,对人之外的自然的追问、悬思,对万物本质的探求是其哲学的灵魂。来华传教士们在介绍"四因说"时就已经把西方哲学的这种根本特点介绍了进来,这对几千年以宗法人伦思想为基础的中国思想界来说是一个很大的冲击。"四因说"讨论的完全是自然本身,没有人的因素,人是放在自然之中的,这种讨论内容在中国传统的儒家文化中是从来没有的。

另外,"四因说"的理性特点,其追求万物之本原的倾向也是完全异于中国文化主要在人伦方向抽象的特点,"四因说"是西方最早的本体论哲学,这种问题在儒家文化中不存在,这种讨论问题的方式在中国文化中也是没有的。

其三,由于耶稣会士精通中国文化,他们引进西方哲学时采取会通的方式,因而使中国学者易于接受。如南怀仁在向康熙帝进献《穷理学》时说,《穷理学》可"明历理,以开百学之门,永垂万世之事",但他并不否认孔孟之学,反而说"孔孟之学万世不磨,理推之学,亦然,尽理为人性之本,永刻在人类心中……"这里,南怀仁已把"理"的概念做了转换。耶稣会士由于在传播方式上努力会通两种文化,从而使当时不少知识分子对西方哲学采取一种了解、学习的态度。

入华传教士对亚里士多德思想的介绍是多方面的,如对其灵魂学说的介绍,对其伦理思想的介绍,限于篇幅我们不在这里一一展开。①

---

① 本文原是1998年笔者在比利时鲁汶大学召开的"纪念南怀仁逝世四百周年国际学术讨论会"上的发言,在此我对"南怀仁学术基金会"主任韩德力(JEROME HEYNDRICKX,C. I. C. M.)神父对我的邀请表示感谢。

在西方形而上学发展的逻辑连接处"点击"哲学观

汕头大学社科部 程家明

为了探讨哲学观并进而探讨马克思的哲学观,本文在西方形而上学发展的逻辑连接处"点击",以求获得对这一问题的整观视野。因为,哲学观是对哲学本质的概括,而哲学在一定意义上就是哲学史。西方哲学史的开端,也是西方哲学王冠上的"宝石",就是西方形而上学,在它的历史中所表现出来的各种哲学的概括,就是哲学的本质即哲学观。在西方形而上学发展的逻辑连接上处的进一步发展,就能见到马克思哲学要义,从马克思哲学的要义中,就能准确地把握马克思哲学观。

一、西方形而上学特征

(一) 西方形而上学的由来及分析其特征的必要性

西方形而上学从自然哲学发展而来。苏格拉底之前,古希腊哲学家主要所持的是自然本体论的哲学观。这一哲学观的特点就是自信人类可以把握世界(主要是自然)的终极原因。这一终极原因就是世界最普遍的规律。到苏格拉底,他把认识的视线聚焦于人,主张"认识你自己"。这种哲学视线聚焦的转移,具有人类思维史发展的里程碑意义。这里诉说着这样的潜台词:自信能够认识世界的主体——自然哲学家们——对人都一无所知,遑论认识世界呢?就是能够认识世界,那对人又有何意义呢?苏格拉底的这一哲学视线聚焦的转移,并没有因苏格拉底被无辜地处死而间断。他的学生柏拉图继续这一转移的趋势,开始了被称为形而上学的哲学理路。这一理路的开拓,使哲学以"形而上学"的特征开始历史的发展。正如海德格尔和怀特海所说:"纵观整个哲学史,柏拉图的思想以及变化的形式始终起着决定的作用。"①"一部西方哲学史就是对柏拉图的注释。"②

柏拉图之后,经过亚里士多德,一个绵延数千年的形而上学哲学观形成并发展起来了;尽管中世纪被基督教作为婢女"使唤",但这个哲学观的基本特征没变。至于那些试图超越这种哲学观的现当代西方哲学家们,实际上与这一哲学观有着剪不断理还乱的联系。所以,对哲学观的探讨和把握,不能不涉及对这种形而上学哲学观的理解。

我们对古希腊自然哲学观是容易理解和把握的,无论是作为唯物主义流派的米尼都学派的"水成说"、赫拉克利特的"火成说"、德谟克利特的"原子说",还是对作为唯心主义学派的毕达哥拉斯的"数本原论"、巴门尼德的"存在是惟一的学说"。其哲学观的理路,可因与常识思维的逻辑相似而容易理解,因与中国的传统文化思路很接近而容易被掌握。常识思维的逻辑是以果溯因或从因探果。根据这一逻辑,世界之果必有其因。找到了原因,也就找到了世界的本质和规律。这种对世界之因的不同探讨的哲学观的特征,是容易理解的。唯物主义从物质世界自身说明其原因,而唯心主义则从某个抽象的概念或东西说明其原因;而它们的共同点就是以一种自信的态度企图给人类一个具有普遍性绝对性规律性的认识。中国的传统文化中的思路与常识思维的逻辑是有别的,但与自然哲学家们的哲学观有

---

① 海德格尔:《哲学的终结和思的任务》,见《海德格尔选集》(下),孙周兴选编,上海三联书店,1996年,第1244页。

② 转引自黄颂杰主编:《西方哲学名著提要》,江西人民出版社,第20页。

着极其相同的特征。《易经》中的阴阳五行的学说,正是从世界本身来说明世界的存在和发展变化;老子的《道德经》中所说的"道生一,一生二,二生三,三生万物,万物负阴而抱阳,冲气以为和"的观点,与古希腊自然哲学家的思路毫无二致;就是庄子的思想,王充的哲学,玄学的主张,程朱的理学,陆王的心学,王夫之的气一元论,基本上与古希腊自然哲学家的哲学观的理路相同。所以,我们这些生活在中国传统文化氛围中的人们,对这种哲学观是容易把握的,因而是容易形成共识的。正因为如此,黑格尔说,古希腊人的一个前提,"就是精神的东西与自然的东西的合一的东方式的实体性"①。

然而,人们对柏拉图及其之后的哲学观就难以把握,也难以形成共识了,因此,对形而上学是怎么回事弄不清楚,对现当代西方哲学拒斥形而上学的奥秘在何处弄不明白,对马克思主义以实践为基础的哲学观的真谛不甚了了。这些问题的症结,就在于人们对柏拉图及其之后、现当代西方哲学之前的西方形而上学特征没有准确的把握上。因此,有分析之必要。

(二) 西方形而上学的主要特征

特征一:对世界的二重划分

在柏拉图以前的自然哲学或自然本体论,力图从纷繁复杂的自然界出发,寻求万物生成变化的始源、起点。这意味着人们想要从个别、具体之中寻求普遍、一般,从多样性中寻求统一性、共同性。这种追求,到了柏拉图及其之后有新的变化,即把世界分成二重世界:感知世界和超越感知的世界。感知世界是变化无常的、不真实的、不可靠的,只有超感知的世界才是永恒的、真实的、可靠的。在那超感知世界的"存在",是世界的本体。这一本体,柏拉图叫"理念",亚里士

---

① 《黑格尔哲学史讲演录》第1卷,三联书店,1956年,第160页。

多德叫"第一原因和根本原因(aitia)"①(当然,亚里士多德不承认有这么一个超越感性、只能以理念或概念间的推论的方法去认识的世界,但他认为,在感性事物背后,有"永恒的""不该被毁灭"的"第一原因",并可以运用形式逻辑从个别到一般、从种到最高普遍而得到认识);到了中世纪,从基督教的教义的彼岸世界的理论里能找到其影子;近代以降,是笛卡尔的第一哲学所要探讨的"知识大树的根"(这个"根"所蕴含的内容,既不是脱离现实世界但承载现实世界本质的原理世界,也不是高悬于此岸世界但主宰此岸世界的彼岸世界,而是从"我思"中体验到了的规律或本质),是斯宾诺莎的真观念,是康德的"物自体",是黑格尔的绝对观念。至于那些被称为唯物主义派别的哲学家们,无非是把这一本体作感性理解而已。这样一些大哲学家们这么做是为了什么?尤其把这种形而上学的本体的追求达到极致的黑格尔。他那在自然界和人类社会之先的绝对观念的从无到有、从自然到社会再到绝对观念等一系的逻辑推导究竟是为了什么?为了寻求真实的存在、永恒的真理!因为在他们看来,真理、真实、实体,只能存在于超感性的世界,在感性世界里所存在的东西是变化的、不真实的、不可靠的。这一追求,是很有道理的。在感性世界里,无论是自然界还是人类社会,也无论是人还是事,都是有限的、暂时的;关于任何有限的、暂时的存在的认识,都难以承受普遍绝对之重,当然也就不能作为人类行动的指南了。能不能做到这一点呢?也就是能不能把握这一普遍绝对的本体呢?能——古代哲学家通过思辨自信地说;近代经验论诉诸经验、唯理论诉诸推理毫不怀疑地说;尽管在休谟的怀疑主义的启迪下,康德将这种哲学风格称为"独断论"而进行了批判,以期开创科学的形而上学新局面,而黑格尔却将这种关于"能"的回答当成了"不言而喻"的东西。② 之后,西

---

① 亚里士多德:《形而上学》,982b10,转引自苗力田:《西方哲学史新编》,人民出版社,1990年12月第1版,第81页。

② 《马克思恩格斯选集》第4卷,1995年,第225页。

方形而上学发生解体。现代西方哲学的众多哲学家和哲学流派就是解体之后出现的;其中一些哲学家和哲学流派认为这是不可能的,是一种幻想和虚枉,因此,打出"拒斥形而上学"的"大旗",另辟蹊径。

特征二:以逻辑体系作为表现形式

普遍绝对的本体当被人们认识和把握后,表现形式是什么呢?逻辑或逻辑体系。内容决定形式。追求普遍绝对知识的内容,决定了西方形而上学明显地有着人类知识最高层次所具有的抽象思辨的特征。最典型的例子就是斯宾诺莎的哲学,他的《伦理学》的体系就是按照几何学的体系建立的。他之所以这么做,是因为几何学是人们公认的具有普遍性的学问。正是这种特征,使得西方形而上学形成了一系列高度抽象概括的概念、术语和范畴,形成了追求由这些概念、术语和范畴构成的严密而又系统的逻辑证明的传统。从柏拉图经笛卡尔到黑格尔,西方哲学形成了一个超感觉的思辨王国。在这个王国里,是一个个由纯粹逻辑概念、范畴构建起来的严密的体系。由于他们认为自己的体系所表述的内容是绝对普遍的规律,所以,许多哲学家自信自己的哲学是对绝对真理的完全正确的认识。这种自信在黑格尔哲学那里表现得最为典型。

特征三:对中心问题解决的不断转换

思维和存在的关系问题是哲学的基本问题。对这一基本问题的回答,在哲学史上,不同的哲学家和派别是通过回答时代出现的重大问题来实现的。这些重大问题构成了哲学家和派别的中心问题。诚如当代世界著名的哲学家和社会学家R.柯林斯所说:"哲学具有依时代而变换自身的问题的特殊性,但它总是在要求或至少是寻求其观点具有最大限度的普遍性和重要性。"[①]哲学基本问题与哲学家和

---

① R. 柯林斯:《哲学的社会学》,吴琼等译,新华出版社,2004年2月第1版,第3页。

派别的中心问题是一般和个别的关系。① 马克思曾说,真正的哲学是时代精神的精华。西方形而上学是哲学,自然也是时代精神的精华。反映时代精神的精华,就是以追求真理的情怀为动力去探讨绝对普遍的真理。这种特征,表现在不同的历史时期,是在对中心问题解决的不断转换上。在苏格拉底前,西方形而上学以一和多的关系问题作为中心问题,众多的哲学家和哲学派别的思想中,都暗含着一个如何用不变的东西来解释变化的东西的主张。继苏格拉底和柏拉图之后,西方形而上学以一般和个别的关系问题作为中心问题。中世纪前,柏拉图的"理念说"所说的理念,就是指个别的、多样性的、变动不居的东西的形式,即普遍的、统一的、不变的东西,亚里士多德将其换成"第一原因"。不同的是,柏拉图认为一般存在于个别之外并先于个别而存在;而亚里士多德则认为一般存在于个别之中;到了中世纪,追问的是世界是神创造的还是本来就存在的问题。这只是形式,而内容实际上是关于一般和个别的关系问题。这就是绵延了上千年的唯名论和唯实论争论的缘由。到了近代,西方形而上学将主体客体的关系问题作为中心问题,自觉地回答着思维和存在的关系问题,并力图探讨认识绝对普遍的真理的认识规律。唯理论和经验论是这种努力的两个重要的哲学派别。现当代西方哲学家们反对传统形而上学的主张,这是对哲学中心问题的转换性特点的具体表现。

特征四:对普遍绝对知识追求的情怀

既然现象界之外是世界的真实存在,那么,以爱智慧为特征的哲学,自然就要追求对世界本体的认识和把握。在印欧语系中,作为本体的概念,就是 Bing 含义的展开。在 Bing 的展开中,在漫长的哲学发展史里,Bing 与真理、绝对、实体,在大多数场合下是作为同一个

---

① 见程家明:"哲学的基本问题与马克思主义哲学的中心问题",载《阜阳师范学院学报》1988 年第 4 期,中国人民大学复印报刊资料《哲学原理》1989 年,第 3 期全文转载。

意思来使用的①。这就使得形而上学本体论具有对普遍绝对知识追求的情怀。西方的哲学史,是对真理追求的志士们追求真理的历史。杰出学者之所以新意迭出、峰峦叠起,其内驱力是对真理的执著追求而非曲学阿世的观潮迎合。这是以古希腊文明为发端的欧洲文明之所以在近代后,在理性解放的前提下,迎来科学昌明和社会繁荣的重要原因。对于这一点,我们过去缺乏理解,仅仅满足于对具体哲学家和派别的观点的唯物或唯心、辩证法或形而上学做出区分和辨别,局限于对中世纪逾千年的基督教和经院哲学进行批判上。正是因为这样,我们的马克思主义哲学教科书教给人们的哲学观念不理解这样的问题:为什么在相信"上帝创世说"的基督教盛行的欧洲却成为近现代科学技术的发源地?即使是在现代,为什么有许多具有宗教信仰的科学家能在他们的科学研究中做出成就?这些问题的存在,导致了我们对西方形而上学中的精华继承得不够,也影响了对马克思主义哲学要义的准确把握,对西方哲学观就不甚了了。其实,西方形而上学各种流派的具体观点是非常重要的,而西方形而上学在长长的历史发展中所形成的追求真理的情怀更加重要。正是这种情怀,使得西方形而上学以及受形而上学熏陶的人们,具有追求普遍绝对知识的不懈精神。这种精神,到了哥白尼及以后的时代,当实践从根本上提供了认识客观规律的条件的时候,对客观规律的正确认识便产生了;这"是一个需要巨人而且产生了巨人"的时代②。对于这些巨人来说,所得到的正确认识常常是偶然的、不自觉的,就像牛顿所说,他的发现只是像在海滩上玩耍的小孩偶然拾到的贝壳而已。但是,有了这种情怀,发现世界的规律就是必然的了。因此,基督教和经院哲学为什么会在历史上长期存在、现代西方哲学家为什么孜孜以求地追求真理等问题,就容易理解了。有了这些理解,我们才能真正从

---

① 参见萧诗美:《是的哲学研究》,武汉大学出版社,2003年8月,俞宣孟:《本体论研究》,上海人民出版社,1999年5月。
② 《马克思恩格斯选集》第4卷,1995年,第262页。

根本上理解西方形而上学的哲学观,并进而理解马克思哲学的要义。

二、马克思哲学的要义

马克思哲学是西方形而上学的发展大道继续前进的新的里程碑。以西方形而上学的特征作为历史和逻辑的衔接点,可以使我们更加准确地解读马克思哲学的要义。所谓历史的衔接点,就是指西方形而上学的特征随着历史的发展,必然产生马克思的哲学;所谓逻辑的衔接点,就是指按哲学发展的内在逻辑,西方形而上学的特征的逻辑展开,就是马克思哲学的要义。

(一) 作为对西方形而上学特征一的历史和逻辑的衔接:不是意识决定生活,而是生活决定意识的唯物主义立场

首先,马克思哲学是对西方形而上学将世界二重化,坚信普遍绝对的真理存在于形而上的本体的特征是肯定的。正是由于对此的肯定,才有马克思博士论文中对自我意识决定作用的强调;这种强调,是以相信世界存在普遍绝对的本体为前提的。在马克思写作博士论文阶段,他认为这一本体不是黑格尔的绝对观念,而是一种自我意识。其次,马克思哲学对这种本体的理解与唯心主义有着根本的区别。这种区别从《莱茵报》时期对黑格尔关于国家是绝对观念表现的观点的怀疑的开始,并从怀疑走向对这种唯心主义前提的批判;他看到了像国家这样的政治关系和行为,不是黑格尔作为世界本体的绝对观念决定的,而是由"各种关系的客观本性"决定的,"这些关系决定私人和个别政权代表者的行动,而且就像呼吸一样地不以他们为转移。"[①]这是在本体论问题上的一种唯物主义转向。第三,马克思哲学在共性与个性的关系上,与思辨唯心主义有着完全的不同的看

---

① 《马克思恩格斯全集》第 1 卷,1957 年,第 135 页。

法。马克思是坚信世界的统一性即存在最普遍绝对的共性、一般。与思辨唯心主义把从个别事物中抽象出来的一般当作独立存在的本质并加以实体化不同,马克思将一般看作只是从个别事物中抽象出来的共性而已①。第四,马克思哲学在这种共性认识的内容从何而来的问题上,采取了唯物主义立场。他认为,作为人们对世界共性认识的内容,来自于客观世界和社会生活之中,不仅"国家是从作为家庭和市民社会的成员而存在的这种群体中产生出来的"②,而且就连远离世俗生活的宗教里的苦难,"既是现实苦难的表现,又是对这种现实的苦难的抗议"③。所以马克思的结论是:"不是意识决定生活,而是生活决定意识"④。"观念的东西不外是移入人的头脑并在人的头脑中改造过的物质的东西而已"⑤。这种唯物主义立场在《神圣家族》中奠定了基础⑥,以全新的形式在《关于费尔巴哈提纲》中"萌芽",在《德意志意识形态》中将这一"萌芽"加以展开来;其中的历史唯物主义的观点,在《哲学的贫困》和《共产党宣言》中达到成熟的程度并在《〈政治经济学批判〉序言》中得到系统的经典的表述。

(二) 作为对西方形而上学特征二的历史和逻辑的衔接: 把事物和真理看作是一个过程的辩证法观点

唯物主义立场与西方形而上学将世界二重化的联系是这样的:相同之处,就是承认世界中存在的事物有共性和规律;不同之处,就是认为这个共性和规律是客观的、不以人的意志为转移的。那么,这种共性和规律以及对这一共性和规律的认识是怎样的呢?马克思哲

---

① 《马克思恩格斯全集》第 2 卷,1957 年,第 72—76 页。
② 《马克思恩格斯全集》第 1 卷,1957 年,第 252 页。
③ 《马克思恩格斯选集》第 1 卷,1995 年,第 2 页。
④ 同上书,第 73 页。
⑤ 《资本论》第 1 卷,第 2 版跋。
⑥ 《列宁选集》第 1 卷,1995 年,第 9 页。

学采取了辩证法的观点。首先认为事物的共性和规律具有辩证性质,即事物作为过程而存在,是联系和发展变化着的,并遵循着辩证法的规律。其次认为人们关于事物共性和规律的认识是移入人的头脑中改造过的物质的东西,同样具有辩证性质。人脑中对事物共性和规律的正确反映就是被称为真理的东西。因此,对真理的认识方法和过程,与客观事物的辩证规律是一致的。作为真理的认识方法,马克思公开宣布运用的是被称为客观辩证法的黑格尔的方法,只是对这种方法在根本性质上进行了完全相反的改造而已。这种方法在《资本论》的研究中得到充分的运用。关于认识的真理及其过程,马克思的思想通过恩格斯写的《反杜林论》,在关于真理问题的论述中得到表达。这种表达,指出了人们对真理的认识是一个同谬误相比较相斗争的过程,通过人的思维的至上性和非至上性的矛盾运动,"在至少对于我们来说实际上无止境的人类世代更迭中才能得到解决。"① 西方形而上学却不同。柏拉图自信他的理念论就是对变化着的现象之外的真实世界的完全正确的认识;到了中世纪,这种自信在通过对上帝的信仰中被定格,并在黑格尔那里达到思辨理性的极致。然而,在马克思哲学看来,这种对真理的认识只是一个过程,因为,无论对自然界的认识还是对社会的认识,都只是发展过程中的某一个阶段,"谁要在这里猎取最后的终极的真理,猎取真正的、根本不变的真理,那么,他是不会有什么收获的"②。正因为如此,马克思哲学是反对构造最终的真理体系的,坚决反对把他的学说当作教条来看待。当然,他并不是反对对客观世界的认识结果采取一定的理论体系,所以,马克思精心地构建了《资本论》的理论体系。

---

① 《马克思恩格斯选集》第 3 卷,1995 年,第 427 页。
② 同上书,第 430 页。

(三) 作为对西方形而上学特征三的历史和逻辑的衔接:
以实践为基础的本体论

西方形而上学随着历史的发展对中心问题的不断转换的特征,被马克思哲学继承和超越,就是以实践为基础的本体论。因为,顺着一与多、共性与个性、主体与客体关系问题的转换趋势的进一步发展,就是要寻找一个支点或基础,以便在如何可能的意义上说明这些问题,进而从科学的意义上回答哲学的基本问题。这个支点或基础就是实践。

任何哲学都要首先确定自己的研究的对象是什么,因而都是有本体论的;只是各有不同或承认不承认就是了。马克思哲学也是有本体论的;也就是说,马克思哲学对世界的本质是什么的问题是有自己的观点的。这一点,与西方形而上学没有什么不同。然而,马克思哲学的本体论以实践为基础而形成了自己独特的意蕴。以实践为基础,就形成了与"从前的一切唯物主义"和唯心主义对本体论的完全不同的理解,将作为西方形而上学"对世界二重划分"和"以逻辑体系作为表现形式"特征的继承和超越的唯物主义立场、辩证法观点赋予了全新的性质。

与"从前的一切唯物主义"不同的马克思哲学的本体论意蕴,主要包含以下两点:一是对本体论理解的基础的确定,即以实践为基础,并将实践"理解为对象性活动",从而保证了人类"自己思维的此岸性"①和真正的唯物主义立场。二是对本体论理解的过程的把握,即这一过程所显现的,是对"对象、现实、感性",不"只是从客体的或者直观的形式去理解",还要"从主体方面去理解"②,从而,保证了人类思维及其内容即客观世界规律的辩证性质。有了这种基础和过程,对本体论的理解就达到了具体的、历史的和科学的程度。也就是

---

① 《马克思恩格斯选集》第 1 卷,1995 年,第 54—55 页。
② 同上。

说,任何本体论的观点都是实践的产物;只是在不同的实践和历史条件下,人们对世界的本质的理解是不同的;惟有以实践为基础,并随着实践的发展而发展的本体论观点,才能保证其科学性。马克思哲学的本体论自觉地以实践为基础,坚持任何主观反映的内容,都来自客观世界的唯物主义立场;也正是以实践为基础,同时也坚持任何主观反映的内容都具有客观世界本身就有的辩证性质的辩证法观点。这样,"被唯心主义抽象地发展的""能动的方面"合理的成分保留了下来;唯心主义"不知道现实的、感性的活动本身"的错误遭到了抛弃。在这种本体论的视野里,自然界的唯物辩证的本质展现出来的同时,社会历史的唯物辩证的本质也展现了出来:"全部社会生活在本质上是实践的","凡是把理论引向神秘主义的神秘东西,都能在人的实践中以及对这个实践的理解中得到合理解决";作为社会主体的人,其本质在现实性上是"一切社会关系的总和"①,只是对这种唯物辩证的本质的具体理解,不同的历史时期,不同的人们,由于实践的不同,社会生活状况的不同,表现出多样性来。而准确的理解必须以发展着的实践为基础,随着实践的发展而发展,并"由哲学和自然科学的长期的和持续的发展来证明。"②

(四) 作为对西方形而上学特征四的历史和逻辑的衔接: 与时俱进的理论品质

完全可以这样说,马克思哲学是西方形而上学追求真理的情怀的继承者。正如恩格斯所说,"在包括哲学在内的历史科学的领域内,那种旧有的在理论上毫无顾忌的精神已随着古典哲学完全消失了"。因为,"科学越是毫无顾忌和大公无私,它就越符合工人的利益和愿望"③。这是一种品质,一种以实践为基础的与时俱进的品质。因为,实践的基础必然对马克思哲学的任何概念、范畴和原理都提出

---

① 《马克思恩格斯选集》第 1 卷,1995 年,第 56 页。
② 《马克思恩格斯选集》第 3 卷,1995 年,第 83 页。
③ 《马克思恩格斯选集》第 4 卷,1995 年,第 258 页。

具体的、历史的、科学的要求。在这种要求下,这些概念、范畴和原理所反映的世界,既是现存的,相对于具体主体来说又是具体的历史的,例如马克思哲学的物质概念,在马克思恩格斯所处的时代,它是"各种实物的总和,而这个概念就是从这一总和中抽象出来的"①。这个作为实物的总和的哲学的物质概念,就事物的深层结构而言,在外延上是不包括原子的,到了列宁所处的年代,在外延上扩展到电子;而在我们现在所处的年代,是对从包括原子核、质子和中子、夸克等在内的多样性物质结构和功能的最大普遍性的概括。在这种哲学视野下的世界,是人类正在改造着的世界。对这种世界的现实的、具体的本质的认识和把握,是不断变化发展的。因此,作为反映这种世界的本质的哲学,总是"在对现存事物的肯定的理解中同时包含着对现存事物的否定的理解,即对事物必然灭亡的理解"②。因此,与时俱进,就成为马克思哲学的理论品质。

三、哲学观和马克思哲学观

哲学观的奥秘在于哲学③。从西方形而上学特征和马克思哲学的要义中,我们就很容易把握哲学观和马克思哲学观了。

(一) 哲学观

关于哲学观的研究和讨论,近年来逐渐成为中国哲学界一个备受关注的兴奋点。表现在两个方面:一是以前只在哲学原理的"绪论"或"导论"部分出现的,关于"哲学自身"的内容简略的叙述,开始有了系统的专门研究,出版了多部相关著作和教材,发表了大量论文,综合性大学哲学系也普遍开设了"哲学通论"或"哲学概论"之类

---

① 《马克思恩格斯选集》第 3 卷,1995 年,第 556 页。
② 《马克思恩格斯选集》第 2 卷,1995 年,第 218 页。
③ 邓晓芒:"当代哲学观笔谈",载《求是学刊》,2002 年第 6 期。

的课程；二是围绕着马克思的哲学观，哲学界开展了富有成果的探索和争鸣。

就前者的研究来说，迄今尚无统一的名称，有叫哲学观或哲学学的，也有叫元哲学或哲学社会学的。细加分辨，这些名称的实际所指和性质是有一定差异的。例如"哲学学"和"哲学观"这两个名称所强调的重点就有所不同。如果说哲学学是以哲学本身作为研究对象的一门相对独立的新兴学科，那么，哲学观就是对任何可以称之为哲学的理论和学说的一些前提性问题的回答。"哲学社会学"可以看作是哲学与社会学的交叉性或边缘性学科，一般意指运用社会学的理论和方法，对哲学这种独特的社会现象所进行的专门研究，它的外延比"哲学学"要小，哲学学还应该包括以其他学科的理论和方法对哲学本身所进行的研究。不过人们在使用"哲学学"这个名称时，大都专指对哲学本身所进行的哲学研究，其实际的内涵就是哲学观。至于"元哲学"这个名称，已有学者提出责难，认为这样的提法等于把问题提到哲学之外或哲学之上，因此准确的提法应该叫做"哲学的元问题"，即哲学内部的基础性或前提性问题。通过对这些问题的询问和解答，可以澄清我们已经选择的哲学类型。就是说，哲学的元问题是判断各种不同哲学类型的标准。

尽管人们在名称的使用上存在着分歧，但在用意上，都是强调开展关于哲学本身的反思性研究的重要性和必要性。我们认为，比较而言，在上述名称中，"哲学观"一词具有较强的概括性。而且区别于从外部对哲学所进行的知性研究，哲学观是任何哲学理论和学说内在固有的（可以是明言的，也可以是暗含的），其内涵与把哲学视为一个总名，而把其前提性问题称为哲学的元问题，是一致的。

什么是哲学观？简略地说，就是哲学的自我观照或哲学家的自我意识。展开来说，所谓哲学观，是指哲学家对与哲学活动本身有关的一些根本性问题的观点、看法和态度。这些问题包括哲学的主题、对象、性质、方法、结构、功能、任务，哲学的孕育、形成、演变和未来命运，哲学与现实、哲学与时代、哲学与其他文化活动的关系，哲学活动的目的、意义与价值,哲学家的形象及其在现实社会生活中的角色,等等。其中,哲学的性质问题或"哲学是什么"的问题,具有举足轻重的地位,可以说是哲学观的核心。

探讨哲学观问题可以取不同的学科视角。以哲学本身作为研究对象的,有哲学史和哲学学两个学科。哲学史研究的对象是历史上产生和演变着的哲学,是一种纵向的历时态研究;哲学学研究的对象则是任何一种可以称之为哲学的理论的前提性问题,属于横向的共时态研究。注意到这两种视角的区别和联系,是探讨哲学观问题的关键。

对于"哲学是什么"的问题,必须进行具体的历史和理论分析。从逻辑可能性看,"哲学是什么"的问题可以解析为这样三个问题:"哲学曾经是什么"、"哲学将来是什么"和"哲学应该是什么"。前两个问题涉及"哲学是什么"的实然层面,关于它们的定义可称之为哲学的描述性定义;后一个问题涉及"哲学是什么"的应然层面,关于它的定义可称之为哲学的规范性定义。这两种定义的错位,是迄今为止关于哲学的性质、功能和走向的探讨中大部分分歧的原因。而要对"哲学是什么"的问题给予比较恰当合理的说明,则需要具有一种历史和逻辑相统一的思维方式。

探讨"哲学是什么"的问题,必须首先取一种历史主义的态度。用这样的态度看问题,"哲学是什么"不可能有一个最终的规定。一部哲学史,同时也是哲学观(哲学家们对哲学的性质、方法、功能等等的观点和看法)的演变史。如何看待哲学中具体观点的演变,需要有一种哲学史观;如何看待哲学观本身的历史变迁,则需要有一种哲学观的哲学史观。

但问题在于,每一个从事哲学研究的人,都不可避免地要对哲学作出自己的规定,否则就不可能展开其理论活动。哲学家个人对"哲学是什么"的规定,实际上是他对哲学的一种理解,亦即他认为"哲学应该这样(是什么)"。"应该"的问题,要求哲学家必须葆有自己的价值立场。从一定价值立场出发的一定的哲学观,是哲学家为自己设定的哲学规范。它不仅是哲学家全部理论活动的逻辑起点,是他进行该理论活动必须遵循的原则,而且是他的全部理论活动所要达到的结果和目的。

十分明显,描述性定义和规范性定义是从不同的视角得到的,但它们又不是完全无关、彼此外在的。事实上,只有把两种视角结合起来,才能对"哲学是什么"的问题作出比较恰当合理的说明,而这就是要回答"哲学能够(现在)是什么"的问题。这一问题的确切含义是:按照哲学发展的历史,和它在今天所达到的水平,什么样的哲学才算得上我们时代里真正的哲学。任何真正的哲学都是自己时代的精神上的精华。我们没有权力用今天的标准去宣判历史上的哲学是伪哲学,但却有权而且必须依据我们对历史的把握和对时代精神的把握,提出并阐明符合自己时代标准的哲学观。

(二) 马克思哲学观

1. 确定了哲学作为世界观学问的性质

马克思没有给哲学和他所创立的哲学的性质做出过明确的概括,但是,从其哲学要义中可以看到他对哲学作为世界观的学问的主张。他承认哲学作为探讨世界的整体的普遍的本质和规律而存在;只不过他认为他自己的哲学不是思辨唯心主义所得出的看法和方法而已。他曾说"任何真正的哲学都是自己时代的精神上的精华"。精神的精华的东西,只能是对世界整体的普遍性的观点和看法。在马克思那里,这一点是从来不存在问题的。存在的问题,只是他认为,这个作为世界观的学问,"不是在世界之外,就如同人脑虽然不在胃里,但也不在人体之外一样。当然,哲学在用双脚立地以前,先是用头脑立于世界的;而人类的其他许多领域在想到究竟是'头脑'也属于这个世界,还是这个世界是头脑的世界以前,早就用双脚扎根大地,并用双手采摘世界的果实了。"所以,他对唯心主义的观点和方法采取了批判的态度。他认为,在黑格尔那里,"理念变成了独立的主体,而家庭和市民社会对国家的现实关系变成了理念所具有的想象的内部活动。实际上,家庭和市民社会是国家的前提,他们才是真正的活动者;而思辨的思维却把这一切头足倒置","条件变成了被制约的东西,规定其他东西的东西变成了被规定的东西,产生其他东西的东西变成了它的产品的产品"。① 所以,马克思说,"我的结论是通过完全经验的以对国民经济学进行认真的批判研究为基础的分析得出来的",即它们不是思辨的产物。而在黑格尔那里,"全部外化历史和外化的整个复归,不过是抽象的、绝对的思维的生产史,即逻辑的思辨的思维的生产史"。②

2. 主张世界观必须植根于实践,是从实践中得出普遍性的、具体的结论

首先,马克思主张,世界观必须植根于实践。作为世界观的哲学,不是存在于虚无缥缈超验世界或抽象的思辨之中,而是植根于改造世界的实践之中。马克思的这一哲学观的形成,是从批判费尔巴哈这个中间环节实现的。马克思在肯定费尔巴哈的"感性哲学"对于批判黑格尔的思辨哲学的积极意义的同时,又通过引入实践的观点改造了费尔巴哈的哲学观,确立了新的哲学观。马克思写道:"费尔巴哈不满意抽象的思维而喜欢直观;但是他把感性不是看作实践的、人的感性的活动";"费尔巴哈想要研究与思想客体确实不同的感性客体,但是他没有把人的活动本身理解为对象性的活动"。因此,费尔巴哈的唯物主义只能是"直观的唯物主义",而"直观的唯物主义,即不是把感性理解为实践活动的唯物主义"。因此,针对费尔巴哈直观的唯物主义的这些局限,马克思把自己的新哲学命名为"新唯物主义"、"实践的唯物主义",并指出:费尔巴哈"和其他理论家一样,只是希望确立对现存事实的正确理解";而对"实践的唯物主义者"来说,"全部问题都在于使现存世界革命化,实际地反对并改变现存的事物"。"哲学家们只是用不同的方式解释世界,问题在于改变世

---

① 《马克思恩格斯全集》第 1 卷,1957 年,第 250—252、416 页。
② 《马克思恩格斯全集》第 42 卷,人民出版社,1979 年,第 45、161 页。

界。"①马克思写道:"只要按照事物的本来面目及其产生情况来理解事物,任何深奥的哲学问题……都可以十分简单地归结为某种经验的事实";"经验的观察在任何情况下都应当根据经验来揭示……,而不应当带有任何神秘和思辨的色彩";"德国哲学从天国降到人间;和它完全相反,这里我们是从人间升到天国";"在思辨终止的地方,在现实生活面前,正是描述人们实践活动和实际发展过程的真正的实证科学开始的地方。关于意识的空话将终止,它们一定会被真正的知识所代替。对现实的描述会使独立的哲学失去生存环境,能够取而代之的充其量不过是从对人类历史发展的观察中抽象出来的最一般的结果的概括。这些抽象本身离开了现实的历史就没有任何价值。"②

其次,马克思主张,植根于实践的哲学所得出的结论是具有普遍性的结论。马克思对实践的确认,不是因为实践这个名词多么好听,而是因为实践是产生和确定真理的基础与尺度。实践直接现实性的品格决定了真理的客观性,实践的普遍性品格决定了真理的普遍性,因此,在马克思看来,以实践为基础探讨世界的本质和规律的哲学结论,其普遍性的性质是不容怀疑的。

复次,马克思主张,这种普遍性的结论是具体的。所谓具体,就是基于实践而产生的结论,是对客观规律的正确反映,具有普遍的绝对的性质;同时,实践是不断发展的,因而,随着实践的发展,具有普遍性质的结论也不断地发展,从而具有具体的相对的性质。因此,马克思哲学的产生宣告了那种超越实证科学的玄思哲学的终结。哲学所努力的,不再是构造臆想的联系,而是"发现现实的联系";哲学所追求的,也不再是不能达到的"绝对真理",而是要把"绝对真理"撇在一边,"沿着实证科学和利用辩证思维对这些科学成果进行概括的途径去追求可以达到的相对真理。"③

---

① 《马克思恩格斯选集》第 1 卷,1995 年,第 57 页。
② 同上书,第 73—74 页。
③ 《马克思恩格斯选集》第 4 卷,1995 年,第 220 页。

3. 赋予自己的哲学以科学的批判精神

作为被看成植根于实践的、具有普遍性和具体性的性质的世界观的哲学,当然要随着实践的发展而发展。这种随着实践的发展而发展的哲学,必然具有科学的批判精神。马克思在他的代表作《资本论》第一卷,1872年版"跋"中所说:"辩证法对每一种既成的形式都是从不断的运动中,因而也是从它的暂时性方面去理解;辩证法不崇拜任何东西,按其本质来说,它是批判的和革命的。"[①]这不仅仅是对狭义的"辩证法"的概括,而且是对整个马克思哲学基本精神的概括。[②]

---

① 《马克思恩格斯选集》第2卷,1995年,第112页。
② 关于马克思哲学观的基本观点,见程家明:"哲学观与马克思的哲学观",载《哲学动态》,2002年第4期;《新华文摘》2002年第10期全文转载。

利玛窦看中国

贵阳师范大学阳明学研究中心　余怀彦

作为中西文化交流的奠基人，利玛窦的名字对许多人并不陌生，但对他的事迹了解的并不多，对他在中西文化中所起的作用仍然有不少争议，本文仅从利玛窦看到的是什么样的中国？引起了他和他的同事怎样的思考？如何评价他们在中西文化中所起的作用？作一点探讨。

一、利玛窦的中国观

利玛窦(1552—1610年)，原名玛提欧·利奇(Matteo Ricci)，意大利人，教皇麾下耶稣会士，年轻时受业于正在进行文艺复兴的罗马学院。他在这里不仅掌握了拉丁文、希腊文和葡萄牙语，而且接受了人文主义传统和当时先进的科学知识。"为了弘扬上帝的荣光"，1578年，26岁的利玛窦受耶稣会和葡萄牙国王的派遣，一行14人经由刚刚发现的好望角航线，横渡印度洋，乘帆船来到了亚洲。1581年利玛窦由海路到达中国的澳门，1583年进入广东肇庆。不久便被任命为人数不多的来华传教士的领导者。利玛窦作为第一个深入中国内地的西方传教士，作为第一个把西方文化真正带到中国的"洋鬼子"，他开始时较多感受的是中国人敌视外人、愚昧落后的一面。经过了明代200多年的自我封锁，中国人完全不知道世界的变化有多大，他们还保存着老子天下第一、惟我独尊的心态："他们不知道地球的大小，而又夜郎自大，他们认为所有各国中，只有中国值得称羡，就国家伟大,政治制度和学术水平而论,他们不仅把所有别的民族都看作是野蛮人,而且看成是没有理性的动物。"中国人害怕并且不信任一切外国人。官方和士大夫特别害怕利用教派煽动民变,他们的猜疑似乎是固有的,他们的反感越来越强,在严禁与外人任何交往若干世纪之后,已经成为了一种习惯。但利玛窦也承认,中国人这种排外是由于下面的事实而加深:那就是和少数几个传教士同时到来的是大批西方商人,他们和腐败的中国官员勾结,在贸易中损害了普通老百姓的利益。

对于中国这样一个历史悠久、人口众多的大国,第一印象往往都是不够准确和全面的。后来利玛窦才逐步认识到,许多中国人是温文有礼的。他们主张,做事情不仅要考虑自己的利益,也要考虑对方的利益,不仅要注意自己的感受,也要注意别人的感受:"对于他们来说,办事要体谅,尊重和恭敬别人。"中国人也有一些品德高尚、勤奋好学、对外人十分友好的,他们不仅经常给这些不远万里而来的传教士以物质上的帮助,而且热情和他们探讨信仰问题,替他们出谋划策。中国人是世界上最爱好和平的人:"首先,如果我们停下来想一想,就会觉得非常值得注意的是,在这样一个几乎具有无数人口和无限幅员的国家,而各种物产又极为丰富,虽然他们有装备精良的陆军和海军,很容易征服邻近的国家,他们的皇上和人民却从未想过要发动侵略战争。"中国人钦佩品德高尚,学识渊博的人,并乐于和这样的人交往。他们特别欢迎那些尊重他们的文化,愿意学习他们文化的外国人。开始,利玛窦和他的两位前驱者罗明坚、范礼安一样,从西方中心论出发,认为中国人没有哲学,充其量只有一些伦理的箴言,完全没有科学精神和科学方法,可是随着他们了解到更多情况,他们的想法有了巨大的改变:中国不仅有孔夫子,而且有着从孔孟到王阳明的系统的哲学,这种哲学在许多中国人,特别是士大夫的脑海中,都是根深蒂固的,他们和西方以基督教为中心的哲学有着异曲同工之妙。西方人认为,有一个上帝,是他创造了世界,并掌管着世界,他派他的儿子耶稣来救赎世人,使他们脱离罪孽,走向幸福的彼岸。中国人则认为,有一个天(帝),他虽然没有创造世界,但代表着道或理,王阳明认为每个人从良知出发,李卓吾认为从童心出发,就可以把握它。许多中国人相信,照这种良心所领悟到的道或理去办,就会获得善报,反之,就会获得恶报。"他们的自然哲学家并不比任何人差。"中国人在政治、经济、数学、天文学、医学,甚至机械工艺上都有许多卓越的成就。一向以西方天文学傲居中国之上的利玛窦,在考察南京北极阁的天文仪器时发出了这样的感叹:"这些仪器全部是青铜制造,加工得非常精细,体积虽大,然而很漂亮,我想我在欧洲从未见过这么好的仪器。而且,据说这些仪器安放在这里已有250年了,虽然经过了长年的风吹雨打,却完全没有损坏。"利玛窦等传教士认为,如果西方人在非洲和美洲只是地理大发现,而他们在中国则是发现了另一个伟大的文明:"中国不仅是一个王国,中国其实就是一个世界。"中国人在科学上对西方的落后是很有限的,而且是不难赶上的。这一发现从根本上改变了利玛窦等的传教思路。

二、利玛窦的价值取向

按照当时十分忠实于天主教传统的耶稣会的初衷,他们派遣利玛窦等到中国传教的任务和目的十分明确而单纯,那就是要使中国人皈依基督教,要用基督教的信仰完全取代中国人原来的信仰,"让全人类都集合在一个信仰之下",把中国人这些异教徒从永世沉沦中拯救出来。而利玛窦在认识到中国文化是和西方文化异质的伟大文化后,对这一路线进行了大胆修正,人们至少可以认定他作出了两个方面重要的改变:(一)为了向中国这个文化高度发达的地区传播西方基督教,为了使中国人不至于把西方人看成是"未开化的野蛮人",必须首先和同时向中国人介绍西方先进的科学知识。否则西方传教士就不可能在中国获得尊敬和取得合法地位。为了向中国传播西方文化,传教士们必须首先学习和研究中国文化,言谈举止和中国人完全一样,入乡随俗,以消除中国人对西方人和西方文化的隔阂和敌视心理。(二)不能将西方的基督教文化原封不动地移植到中国,更不可能期望用它完全取代中国的传统文化,只有用儒家的一些观点来解释基督教的《圣经》,在一定程度上把《圣经》儒家化,尽可能找到它们的共通之处,"联儒反佛",西方的基督教文化才有可能在中国站稳脚根,逐步求得发展。

为了贯彻他这种价值取向,利玛窦要求,来华的传教士不仅要有很高的宗教素养,而且应有很高的文化和科学素养。耶稣会总部采纳了他的这种建议,当时派往中国的传教士可以说个个身怀绝技,如:

邓玉函,德国人,继伽利略之后当选为三思科学院(cesi Academy)的第七位院士,在西方学术地位之高是可想而知的。这位西方卓越的天文学家和生物学家、物理学家,1618年到达北京,他热情地向中国人介绍西方最新的科学成就,随身带来了刚刚发明的望远镜,他在中国著有《远西奇器图说》、《人体图形》等多部著作。

汤若望,德国人,杰出的天文学家,曾长期在明清两朝的中央天文台担负领导工作,功绩卓著,在中国著有《西洋测日历》、《古今交日考》等数十种著作。

……

利玛窦不仅要求其他来华的传教士,都要努力学习汉语,要尊重中国人的风俗习惯和民族感情,吃中国菜,穿中国的儒服,"起居饮食全与华人同",他自己更是起到了模范带头作用。他到达中国后,并没有立即去北京觐见皇上,而是先在中国的南方摸爬滚打了十多年,学了一口流利的中国话,熟悉了中国人的风俗习惯和各种礼仪,"四书、五经皆通其义",还和包括李卓吾、邹元标在内的中国哲学家讨论哲学问题,把自己了变成了一个完全中国化的"洋人"。

他特别指出,不能用西方基督教的教义和教规来刻板地要求中国的教民,而是要使之和中国的传统文化尽可能调和起来。西方人崇拜Deus,过去译为上帝,利玛窦接受一个中国教徒的意见,把他巧妙地译成了天主,暗示他和中国人崇拜的天帝是同一个神,基督教并不是外来的,而是中国所固有的。中国人喜欢祀奉祖宗、礼拜孔子,利玛窦认为,中国人拜孔子,是景仰其人格;中国人祭祖先,是出于亲爱之义,孝思之念,它们和拜上帝并无矛盾,本质上是一致的,"欲使人人为善,以称上天爱人之意"。他还著书立说,把中国的四书、五经和《圣经》加以类比:"儒教的目的是国家之和平安宁,及家庭与个人的良好关系,在这方面儒家的主張很好,合于吾主教的原理。"儒教最重要的观点是:"己所不欲,勿施于人",这与《马太福音》第 7 章,第 12 节和《路加福音》第 6 章,第 27 节所讲的:"你们愿意人怎样待你们,你们也要怎样待人",内容是完全一样的,只是表述方法不同,前者是从消极方面讲,后者是从积极方面讲。

1601 年,利玛窦一行到了北京。他不仅以他的博学,精通数学、天文、地理等各种自然科学,精通音乐等多门艺术,还能修理自鸣钟和各种科学器械,绘制地图,而且以他的通达,为人随和,谈吐不俗,温文儒雅,征服了满朝文武和王公贵戚,许多当朝名士都乐于和他交朋友,拜他为师,人们称他为"中国的博士"。当他献上把中国放在天下中心的万国图和能按时奏出悦耳声音的自鸣钟时,神宗皇帝也龙颜大悦了,称赞他为"活菩萨",下令特许他们可以在京居住、传教、设馆、授课。由于他们是有特殊技能和为朝廷服务的人,还可以让他们担任官职和发给俸禄。10 多年来围绕利玛窦为首的教会来华使团在中国各地的风风雨雨,终于画上了一个句号,那个 200 多年来不允许外国人在中国居住,更不允许他们和中国人接触的明王朝,终于给予了他们合法传教的地位,来询问教义的人越来越多,各地的教徒也在不断增加。1609 年,仅北京就有近 500 人,其中包括几十位大臣和贵戚。

三、利玛窦模式的意义

尽管利玛窦在北京取得了出人意外的巨大成功,但利玛窦的传教模式并没有因此而不被人们所诟病。

批判的声浪首先来自西方教会内部。他们指责利玛窦的传教方式完全背离了基督教,说他"赋予了中国人的迷信以正统的意义","向中国的孔子卑躬屈膝","消灭了属于西方文明的一切,以便仅仅采纳地道中国的东西"。他们认为上帝的光芒无所不在,无坚不摧,中国人不应当有例外,中国皇帝接受西方传教士是由于上帝的感召,而不是由于利玛窦的曲意逢迎、谨小慎微的行动。关于这场争论,历史已经作了结论,那就是1704年,利玛窦等在中国传教的成功使罗马教皇克列门十世冲昏了头脑,他下了一道敕令:"支那之基督教信徒不得再行祖先崇拜仪式",也就是说,在华传教士不得再采用利玛窦的传教模式。为了防止有人阳奉阴违,教皇特使次鲁囊专门到北京来监督这道命令的执行。康熙显然不能容忍这种不尊重中国文化及风俗的无理态度,下令将次鲁囊逮捕,停止中国各地基督教的活动,断绝与罗马教廷的一切往来,只允许少数在宫廷供职的传教士以个人身份继续留在北京。利玛窦等苦心经营几十年所取得的成果,一夜间就烟消云散了。

而对于以利玛窦为首的这批传教士近百年的活动,中国人也有不同的看法,但大多肯定他们为中西文化的交流做了极为重要的工作。

他们的确是做好中西文化交流的不二人选,因为从来没有人像他们那样同时熟悉和精通双方的文化,能够献出毕生精力,同时用双方的语言和文字交谈和写作。他们一方面大量向西方介绍了中国文化,包括中国的政治、经济、科技、艺术、历史、哲学。他们编纂的16卷本的《中国科学历史艺术备忘录》,记载下许多西方人闻所未闻的东西,对正在迅速发展的西方社会产生了无可估量的影响。他们告诉西方人,中国已有了五千年的文明史,有无数我们可以吸取的智慧,中国人的发明创造,绝不仅限于指南针、火药、造纸和印刷术。在数学上,如果说古希腊人的强项是几何学,那末中国人的强项就是代数学。传教士们把李治和秦九韶对各种方程的研究,沈括对无穷大和无穷的研究,中国的二进位制介绍到了西方,促成了西方现代代数、微积分和数理逻辑的发展;在机械方面,中国人使用水力已经有几千年了,但中国人主要用来加工谷物,传教士把它传到西方后,立即成了带动机器的动力,中国的簸扬机被改造成了离心机,船尾的木舵被改造成了现代的方向舵。在天文学上,西洋人所设计的浑天仪、天球仪和地球仪,实际上也是对中国古代仪器的改进,它"同中国古时用的六合仪、三辰仪和四游仪并无本质上的差别,主要的改进是新仪器的设计可以按不同的出地高度进行调整,用起来十分方便"。正当西方人兴高采烈地把哈雷彗星和太阳黑子当作他们17世纪最重要的发现时,传教士泼下冷水,中国已有了两三千年的观察记录!

当时像伏尔泰、孟德斯鸠、狄德罗、莱布尼茨这样的大科学家和大哲学家都向来华传教士讨教,他们相信在中国丰富的文化宝藏中总可以找到一些自己所需要的东西,即使在一些中国看来明显落后的领域,也可以化腐朽为神奇。

例如,已经处于资产阶级革命时期的西方,还向保守的专制中国学习政治。他们认为,中国通过考试选拔官员的科举制度有许多可取之处,体现了公平和公正,他们借此改革当时按门第或党派选拔官员的西方体制,逐步形成了他们的公务员制。

他们还祭起中国古代的民本思想的大旗,向欧洲的封建堡垒发起了最后的猛攻。他们认为,孟子的"君臣无常位,有德者居之",比"天赋人权"更能有效打击"君权神授"的理论,因为后者只是用一种权利去反对另一种权利,本身是苍白无力的,孟子的话却能使一切君王胆战心惊:人民之所以要推翻你们,是因为你们丧失了道德。波提埃在《东方圣经》一书中说:"便是最前进的理论,也没有孟子的'民为贵,社稷次之,君为轻'更激进。"也许由于他们对中国专制制度的残酷性和虚伪性了解不够,也许由于他们有意美化远方的和尚,借他山之石以攻玉,使他们对中国的法律制度给予了过高的评价,巴夫尔说:"若是中国的法律变为各民族的法律,地球上就会成为光华灿烂的世界。"波尔在1697年刊行的名著《历史的批评辞典》中大力推崇孔子的"不知生,焉知死"、"敬鬼神而远之"的观点,要人们不要为"来世""天堂"多伤脑筋,重要的是把握现在。

与此同时,传教士们也把西方的数学、物理学、化学、艺术方面所取得的成果向中国作了系统的介绍,特别是在天文学方面,他们比较了中西天文学所取得的成就,找出了中国天文学的不足之处,纠正了运算上的一些错误。他们改革了北京的中央天文台,大大提高了观测的手段,先后有数十位精通此道的传教士在此工作。以徐光启、李之藻为代表的少数开明大臣和知识分子,放下大臣的身段,拜利玛窦等西方传教士为师,虚心向他们学习数学、物理、天文、军火、水利等各方面的知识,参证、修订了中国传统的历法,还写出了总结性的农田水利巨著《农政全书》,促使中国传统文化向实学的转向。

中国的批评者说,以利玛窦为首的这批西方传教士,当时都属于反对宗教改革的天主教会,因而他们当时带给中国的并不是西方最先进的科学和最先进的世界观,不是哥白尼的太阳中心说,而是托勒密的地球中心说。他们的宗教或政治动机也并非都是高尚的。笔者认为,对此大可不必吹毛求疵。无论是哥白尼的太阳中心说,还是托勒密的地球中心说,都比当时中国的天圆地方说要先进得多!正如梁启超所指出的,这些西方传教士带给中国的最重要的东西,并不是某一门科学或某一个学说,而是《几何原本》所代表的"明晰透辟,逻辑严谨"的探究真理的方法。因此,以利玛窦为代表的传教士对中西文化交流所作出的贡献,不应当因他们的宗教或政治动机,或并未带来最先进的科学而受到贬低。可以大胆预言,西方对中国的这种文化交流,如果不在清康熙时代被强行中断,整个中国近代史都会被重新改写。

最后,笔者认为,异质文化交流的利玛窦模式,不仅具有历史意义,而且具有现实意义。现在人类已经跨入 21 世纪,交通越来越发达,科技越来越进步,但世界的冲突仍然不断,战火和恐怖主义此起彼伏,甚至有可能导致毁灭人类的世界核子大战。究其原因,主要不是由于政治制度的差异,而是由于文化的冲突。异质的文化之间缺乏起码的了解和尊重，一些人用粗暴的方式推行自己的文化霸权，剥夺别人的话语权，这必然引起对方的强烈反弹，对抗和冲突就在所难免了。也许我们今天的人类，还要从利玛窦那里学习一点，对异质文化多一点理解，多一点包容，多一点讨论和对话，多一点交换和撷取，只有这样，人类才有和平与安宁。

黑格尔在中国
——一个批判性的检讨

复旦大学哲学系　张汝伦

黑格尔哲学传入中国,从马君武在1903年《新民丛报》上撰文介绍开始算起,迄今已有一个世纪的历史。在这一个世纪里,黑格尔在中国的命运可以说是戏剧性的。在相当程度上可说是拜马克思主义哲学所赐,这位马克思的私淑老师在中国曾经具有仅次于马克思主义经典作家的"亚圣"地位,是中国西方哲学研究中风头最劲的研究对象,而且影响远远超出哲学界,在其他人文科学和社会科学研究领域都有相当影响。可是,改革开放以后,虽然黑格尔研究在某些方面还有开拓,如对他早期思想的研究等,但总的来说,黑格尔研究呈江河日下之势,以前研究黑格尔的学者,陆续向黑格尔告别,而年青一辈的学者,将黑格尔作为自己研究对象的已经不多了。相反,在一些西方学者的影响下,黑格尔是反动哲学家或传统形而上学家的说法却似乎成了不刊之论,成为人们蔑视和轻松打发黑格尔的堂皇借口。尽管黑格尔研究不绝如缕,却不但与当年的盛况不能相比,而且与黑格尔的重要地位也是不相称的。

黑格尔研究在中国的萧条和冷落,固然有些外部原因,但却与我们以往对黑格尔哲学的理解有很大的关系。坦率说,人们对黑格尔哲学的冷落,在一定程度上是受了国外学者一些说法的影响,但国外学者对黑格尔并非只有一种看法。我们之所以更多接受否定的看法,与我们自己对黑格尔哲学的理解有着内在联系。本文的目的不是要追溯黑格尔哲学百年来在中国的研究传播过程,[①]而是要从学

[①] 有关这方面的事实,杨河、邓安庆两先生撰写的《康德黑格尔哲学在中国》(首都师范大学出版社,2004年)已作了出色的梳理。

理上批判地反省一个世纪以来我们对黑格尔哲学的理解。这里的"批判"不是"否定"的意思,而是"判断"、"评价"和"考察"的意思。正是由于学术前辈筚路蓝缕的开创之功,才使我们今天得以进行这样的批判。在此意义上,批判是站在他们的肩膀上进行的。

一

上个世纪 30 年代,在纪念黑格尔逝世一百周年时,中国学术界曾经发生了一场关于黑格尔哲学的争论,虽然这场争论后来几乎被人遗忘,但在今天看来却有重要的意义。这场争论的焦点,在于如何理解黑格尔哲学,具体而言,他的形而上学。先是张君劢 1931 年在《北平晨报》上发表了题为《黑格尔之哲学系统与国家观》的文章,提出黑格尔所致力的是本体论和形而上学,而不是认识论。因认识论"每以宇宙为已成之局,但问其何以能为吾人所识认,而不问其所以变迁之故"。而黑格尔认为外部宇宙如何造成是自然科学家的事,"自论理学上以默察宇宙所以造成,则哲学家之事也。以哲学家自居于创世之主人,而推想此世界之所以造成,与其必经阶段,……"[①]

张颐却认为,张君劢对黑格尔形而上学的理解实际是把形而上学理解为天地开辟论或世界创造论(cosmogony),甚至神学意义上的创世学说。形而上学的职志是阐明本体的真性和宇宙的结构。所以"哲学家的问题亦只为宇宙之如何结构(How is the universe constituted?),而非宇宙之造成(Why or how is the universe created?)"[②]。如果说张君劢在意的是宇宙的创造的话,那么张颐在意的就是宇宙的结构了。"结构"是西方哲学中一个极为重要的概念,

---

[①] 张君劢:"黑格尔的哲学系统与国家观",载《资产阶级学术思想批判参考资料》(内部材料),第 9 集,商务印书馆,1961 年,第 312 页。

[②] 张颐:"读克洛那、张君劢、瞿菊农、贺麟诸先生黑格尔逝世百年纪念论文",载《资产阶级学术思想批判参考资料》,第 9 集,第 32—33 页。

也是中国人不太讲因而常常忽略的概念。如果张颐能沿着这个思路走下去的话,也许真能提出与张君劢不同的理解。可惜张颐对他自己的观点并未进一步详细申论,而却急于指出张君劢的误解。

张君劢回答说,他所说的"造成"(creation)当然不是宇宙起源论或宇宙创造论的天地开辟的意思,是指"论理学上世界造成也",即宇宙生成的逻辑条件。他不认为讲"造成"有什么问题,因为黑格尔本人也多次用这个词。并且,我们也不应该忘记,"黑氏本以形上学为立场,本以上帝为主题也。"证据就是他在《逻辑学》导论中说的,逻辑学的内容是"上帝的展示,展示出永恒本质中的上帝在创造自然和一个有限的精神以前是怎样的"①。张君劢的这个答辩在张颐看来是反而坐实了他对张君劢理解的怀疑。他重申,形上学问题为宇宙之"结构"(constitution of the universe),为其"组织大纲"(general structure),"或曰宇宙之真性,或曰最终实在"。黑格尔的逻辑学是"研究宇宙本体及其恒久元素(即范畴)所形成之纯理系统者也"。② 他认为,形而上学的内容,是在展示宇宙的本体,所以黑格尔的逻辑学不是告诉人们宇宙的创造,而是宇宙的演化。"演进事实,固与一次创造迥然不同,欲明演进,求之创造,不啻缘木求鱼也。"③至于黑格尔讲的上帝,不过是形容夸张的说法,我们于此等处不必拘泥于字面,遂至以文害辞,以辞害意。上帝可以译为"宇宙本体"。总之,黑格尔哲学"不必言创造,不宜言创造,言创造必有极大困难"。④ 这下反而让张君劢觉得他与张颐的分歧不是"造成"还是"结构",而是上帝或宗教在黑格尔哲学中的地位。但综观他们的争论,分歧的确是在造成还是结构,上帝和宗教问题只不过是问题的引申。主张"造成"必然以黑格尔关于上帝的论述来证明,恰恰暗示这种对黑格尔形

---

① 黑格尔:《逻辑学》,上册,杨一之译,商务印书馆,1966年,第31页。
② 张颐:"关于黑格尔哲学答张君劢先生",载《资产阶级学术思想批判参考资料》,第9集,第44页。
③ 同上书,第45页。
④ 同上书,第51页。

而上学的理解离神学的理解不是很远。

如何理解黑格尔的形而上学或黑格尔的逻辑学,是理解黑格尔哲学的关键。直到今天为止,它仍然在暗中支配着黑格尔研究。它关系到黑格尔研究本身的命运。就此而言,二张的争论所关匪细。19世纪黑格尔的研究者和批判者大都像张君劢那样将黑格尔理解为一个思辨的宇宙论者或精神一元论者,黑格尔的形而上学是典型的传统形而上学。① 直到今天,这样理解黑格尔形而上学的仍大有人在,如查尔斯·泰勒。他在《黑格尔》一书中这样解释黑格尔的形而上学:"可以认为精神的基本目标简单地说就是那个精神或理性主体性,……可以表明宇宙的计划必然来自那个单一基本的目标:成为那个理性主体性。"②实在是由精神构成的。精神是个创造性的过程,它将实在的各个方面作为自己自我实现的必然过程的一部分整合成一个整体。"但是,对于精神来说,无物是在作为赤裸裸的事实的意义上被给予的。惟一的出发点是要求主体性存在,惟一加给这个主体性的'积极'内容是理性,这属于它的本质。"③"绝对观念论意味着任何存在的东西都是观念,即理性必然性的一种表现。一切都为某个目的存在,成为理性的自我意识的目的这个目的,这要求所有存在的东西都是理性必然性的表现。因此,绝对观念论与柏拉图的构成外部存在基础的理性秩序具有存在论优先性的思想有关,而不是与近代笛卡儿以后依赖认知心灵的思想有关。"④

经过反形而上学洗礼的现代哲学,是无法接受这种形而上学的。分析传统一路的西方哲学家,往往就因这样理解的黑格尔的形而上学而将其作为"胡说八道"加以拒斥。而仍然同情和欣赏黑格尔哲学

---

① 这方面的材料可看 G. W. F. Hegel. Critical Assessments. Edited by Robert Stern,Vol. 1 (London & New York: Routledge,1993)。

② Charles Taylor, Hegel (Cambridge: Cambridge University Press, 1975),p. 93.

③ Ibid. ,p. 94.

④ Ibid. ,p. 110.

的人,则希望分清黑格尔哲学中的"活东西和死东西"。他们要么认为应该将以《逻辑学》为标志的黑格尔的形而上学完全舍弃,而只接受他的政治哲学和社会哲学,认为黑格尔哲学的价值全在于此,如卢卡奇、托伊尼森、西普、科耶夫、伊波利特,甚至查尔斯·泰勒也可以算上。要么试图对黑格尔的逻辑学进行非形而上学或康德式的重新阐释,使之成为纯粹的范畴学说,以使黑格尔的逻辑学可以为普遍反形而上学的西方哲学界接受,如克劳斯·哈特曼、J. N. 芬德莱。① 当然,仍然有坚持黑格尔的哲学乃是一个整体,他的体系的、"形而上学"的思想与他的政治社会思想是一体的,前者是后者的基础,黑格尔的逻辑学应该是他整个哲学大厦的基础。如果这样,那么问题仍然是如何理解他的逻辑学或他的形而上学。在这个问题上,西方学者也有两条不同的思路。这两条思路都可称为"非形而上学"的,如果我们狭义地将形而上学理解为前康德意义上的形而上学的话。这两条思路一条是美国哲学家皮平提出的"唯心论"(idealism)思路,即将黑格尔哲学理解为康德哲学的完成。② 另一条思路是以一些德国哲学家为代表的以主体间性和社会本体论来解释黑格尔的基本思想的思路。③

相比之下,我国学者似乎并没有意识到黑格尔的形而上学和如

---

① Cf. Klaus Hartmann,"Hegel: a non-metaphysical view", in *G. W. F. Hegel. Critical Assessments*, Edited by Robert Stern, vol. 3, pp. 243—258. J. N. Findley, *Hegel: A Re-examination* (London: George Allen & Unwin, 1958).

② Cf. R. B. Pippin, *Hegel's Idealism: The Satisfactions of Self-Consciousness* (Cambridge: Cambridge University Press, 1989).

③ Cf. Hans Brockard, *Subjekt. Versuch zur Ontologie bei Hegel* (Müchen: Pustet, 1970). Hans Fr. Fulda, *Das Problem einer Einleitung in Hegels Wissenschaft der Logik* (Frankfurt am Main: Kolstermann, 1965). Michael Theunissen, *Sein und Schein. Die kritische Funktion der Hegelschen Logik* (Frankfurt am Main: Suhrkamp, 1978). Vittorio Hösle, *Hegels System. Der Idealismus der Subjektivität und das Problem der Intersubjektivität*. Band I: Systementwicklung und Logik (Hamburg: Felix Meiner, 1987).

何理解黑格尔的形而上学是个关键问题。贺麟先生就认为张君劢与张颐关于黑格尔的争论内容"不是什么大问题"。① 我国学者对于黑格尔哲学的理解，解放前是处于新黑格尔主义的影响下；②解放后则是基本接受了马克思主义的观点，但都将黑格尔的形而上学作为黑格尔哲学最重要和最核心的部分来理解。虽然对于黑格尔体系如何组成有两种不同看法，③但在《逻辑学》是核心和基础这一点上应该并没有分歧。中国的黑格尔研究的这个特点，是非常值得注意和研究的。

新黑格尔主义者（尤其英美的新黑格尔主义者）都重视形而上学，并且都试图沟通宗教与哲学，因而他们一般都是从神学—存在论出发理解黑格尔的形而上学。惟克罗齐是个异数，在他看来，逻辑学和自然哲学属于黑格尔哲学中的"死东西"。但他的这个思想对中国的黑格尔研究者没什么影响。当时中国的黑格尔研究者对黑格尔的形而上学虽然不都是持与张君劢相似的理解，但一般都认为黑格尔的本体论（存在论）④与神学有着内在关联。例如，贺麟就认为，作为黑格尔中心思想的本体论证明本来是神学家提出的问题。⑤ 在解放前发表的《黑格尔理则学简述》中他这样写道："本体论证明的关键是说'凡理性的就是实在的'。这思想包含思有合一，本质与存在合一，体用合一。因为体用合一，所以有一方面，就有另一方面。用对上帝信仰之真诚以证明上帝之存在。推而广之，也可以说由主观之'诚'，以证明客观之'物'。"⑥虽然这种理解与张君劢的理解有异，但只要

---

① 贺麟：《五十年来的中国哲学》，商务印书馆，2002年，第106页。
② 同上书，第117页。
③ 即贺麟提出的主要由《精神现象学》、《逻辑学》和《精神哲学》（包括《自然哲学》、《历史哲学》、《艺术哲学》和《法哲学》）三个环节组成和张世英提出的由逻辑学、自然哲学和精神哲学三部分组成这两种观点。
④ 我认为 Ontology 应该译为"存在论"，因本文涉及的许多引文都是用"本体论"这个译名，为保持一致，姑且也用"存在论"这个译名。
⑤ 贺麟：《五十年来的中国哲学》，第125页。
⑥ 贺麟：《黑格尔理则学简述》，北京大学出版社，1948年，第38页。

认为本体论证明实则来自神学的上帝存在证明,那么离张君劢理解其实也并不很远。

1949年以后中国大陆学者对黑格尔的研究诚如王树人先生所说:"在很长一段时间里,并不是从发展黑格尔哲学的研究出发,而是从马克思、恩格斯、列宁对于黑格尔哲学的评价出发。实质上,中国人的这种研究,乃是把马、恩、列的评价,既当作出发点,又当作归宿。或者说,把黑格尔哲学研究变成围绕马、恩、列的评价兜圈子,变成对他们评价的图解。"①但耐人寻味的却是,人们对黑格尔形而上学的理解,除了给他加上一顶客观唯心主义的帽子外,基本上仍不脱张君劢的路子,张颐的理解几成绝响。如贺麟先生在这个问题上的理解即与解放前没有太大的不同,他仍然认为黑格尔是"用逻辑学代替神学",②"用逻辑学即宗教哲学代替宗教",③"黑格尔的观点,就是思维创造世界。"④"黑格尔把上帝存在的证明,变成了从上帝的存在过渡到上帝的思维,又过渡到上帝的存在。把思维与存在的问题,同上帝的存在证明结合起来。黑格尔认为逻辑范畴的体系,就是上帝创造世界所要遵守的图案。"⑤这个理解其实与张君劢的理解相当接近,但由于与马克思说黑格尔哲学是"思辨的创世说"相一致,成了我国学者的一个通行的理解。人们认为,黑格尔的"绝对精神","不过是用哲学装扮过的宗教的'上帝'"。⑥"上帝与他所说的绝对精神(包容和创造一切的概念)是一个东西,所以,绝对精神自身具有的特性,也就是上帝的特性;绝对精神能够外化为自然、社会等一切现实存在,也就相当于上帝创造世界的过程。"⑦

---

① 王树人:"散论黑格尔哲学研究",载《哲学研究》,1989年,第9期;转引自杨河、邓安庆:《康德黑格尔哲学在中国》,第169页。
② 贺麟:《黑格尔哲学讲演集》,上海人民出版社,1986年,第287页。
③ 同上书,229页。
④ 同上书,第250页。
⑤ 同上书,第229页。
⑥ 张世英:《论黑格尔的逻辑学》,上海人民出版社,1981年,第40页。
⑦ 王树人:《思辨哲学新探》,人民出版社,1985年,第57页。

这样的理解，似乎已成定谳。这种唯心主义加神学的理解使得黑格尔的形而上学或本体论在1949年以后被基本否定，不可能成为大陆学者的研究重点。与此同时，既然我们的黑格尔研究以马克思主义经典作家对黑格尔的评价为研究的出发点和归宿，那么当然研究兴趣和重点会有相应的倾斜。马克思主义经典作家无一不对黑格尔的辩证法表示了高度赞扬，那么辩证法就成了黑格尔研究的重点和热点。虽然解放前已有相当一部分研究者对辩证法展开了研究，包括贺麟，但深度与广度是远不能和1949年以后相比的。

另外，根据列宁关于黑格尔的逻辑学是本体论(存在论)、认识论和逻辑三者统一，以及哲学的主要问题是认识论的说法，出现了主要从认识论上来研究黑格尔逻辑学的做法。有人甚至提出："惟有从认识论的观点，才能打破黑格尔《逻辑学》的框架，较多理解黑格尔所描述的逻辑内容自身的辩证运动，实际就是人类对客观世界认识的矛盾发展。"[①]但从认识论上去研究黑格尔的形而上学还有历史的原因。中国最早的黑格尔研究者之一张颐1924年从欧洲回到上海，就发现"所遇友朋皆侈谈康德，不及黑格尔，竞言认识论，蔑视形而上学"[②]。以至于只知有康(德)，不知有黑(格尔)。这表明相当一部分对西方哲学有兴趣的人向来认识论的兴趣远过于对形而上学的兴趣。个中原因，殊耐寻味。在上述列宁看法的激励下，转而用认识论研究黑格尔的逻辑学就是颇为自然的事。最后，对黑格尔形而上学的宇宙论理解也几乎必然会导致对他逻辑学思想的认识论理解：如果黑格尔的哲学是以阐明绝对精神的历史发展为目标，而这个发展不过就是宇宙创造和演化的构成的话，那么为什么不可以把黑格尔哲学视为一种要认识贯穿于自然界、历史和人类精神中的普遍规律和法则的努力？即一种认识论，即使是与本体论一致的认识论？而

[①] 杨一之："黑格尔《逻辑学》的'有'与'无'"，《新中国哲学研究五十年》中册，人民出版社，2005年，第802页。

[②] 见贺麟：《五十年来的中国哲学》，第104页。

辩证法作为认识活动的本质,具体表现为辩证逻辑,它作为一种狭义
的逻辑学说,直接与认识论一致,作为纯逻辑,它是作为思维规律和
语言表达规律的认识论。① 这样,对辩证法的研究最终在很大程度
上也成了一种打着逻辑与认识论一致旗号的认识论研究。在"客观
唯心主义"的定性下,黑格尔哲学惟有其辩证法为大家肯定,因为马、
恩、列肯定,它的"倒立的唯物主义"或"最多最多的唯物主义"也主要
集中在这里;至于他的本体论(存在论)和形而上学,既然已被定性为
唯心主义,自然充其量只有批判价值而无研究价值。

二

但是,黑格尔本人并没有说过他的逻辑学是本体论、认识论和逻
辑三者的统一,因为这种说法本身就违背了他关于逻辑的看法。对
于黑格尔来说,逻辑就是形而上学,与传统意义的逻辑根本不是一回
事,也不可能是与形式逻辑、符号逻辑并列为三的又一种"逻辑"——
辩证逻辑。本体论、认识论、逻辑三者统一的说法虽然承认了"统
一",却隐然有"逻辑"是单独一哲学科目的意思,而这对于黑格尔是
不可想像的,在他看来,逻辑既然是形而上学,它也就是哲学本身。
与海德格尔形成明显对照的是,他不太把本体论放在嘴上。对他来
说,重要的是形而上学,一个民族没有形而上学,就像一座庙没有神
一样。②

不过,黑格尔的"形而上学"有其特殊的意义。一方面,黑格尔完
全赞同康德对旧形而上学的批判,在他看来,那种形而上学是"单纯
知性观点"。③ 尽管这样,它仍要比后来的批判哲学站得高,因为"这

---

① 参看杨河、邓安庆:《康德黑格尔哲学在中国》,第 408 页。
② 参看黑格尔:《逻辑学》上册,杨一之译,商务印书馆,1966 年,第 2 页。
③ 黑格尔:《逻辑学》(即作为《哲学全书》第一部分的小逻辑),梁志学译,
人民出版社,2002 年,第 81 页。

种科学把思想规定视为事物的根本规定;它的预设是:**存在的东西,凭借它被思考而自在地被认识**"①。黑格尔赞赏旧形而上学肯定事物本身知识的可能性。但是,旧形而上学只是独断地肯定那些抽象的思想规定,而没有对它们的有效性进行理性的批判考察,从而既未能给它们提供一个坚强的基础,自己也缺乏基础。

康德批判哲学的功绩在于实际上表明了这一点,绝非如后来某些人所认为的那样要"拒斥"形而上学。恰好相反,他要追求"科学的形而上学"。他不但提出"道德形而上学"或"自然形而上学",更试图通过他的先验逻辑来重建形而上学,这一点得到黑格尔的高度赞赏。对于康德来说,形而上学就是要研究我们认识活动的必然结构,进而研究一切理性活动或有关领域中可认识对象的必然结构。但恰恰是这些结构的发现,使康德得以批判将知识延伸到由这些必然的范畴和原理开启和组织起来领域之外的企图。②

从表面上看,黑格尔的逻辑学正是这种康德意义上的形而上学,它也研究思想的必然结构,它也是对思想范畴的先验分析,而不是试图前批判地假设或直观存在的必然结构。但是,黑格尔根本不同意康德将知识的条件归于一个只能思维不能认识的领域。在他看来,形而上学就是研究思想所把握的事物的科学,而思想是表达"**事物的本质**"的。③ 形而上学并不是宇宙论,并不要发现一个超级实体,如宇宙的自我、世界灵魂或上帝之类的东西。它只要在思想中把握世界的本质,这本质不是在思想之外,而是思想自身发展出来的东西。因此,黑格尔的形而上学并不是康德前的旧形而上学,虽然由于它本身的复杂性极易被人认为是旧形而上学。人们自然可以从认识论上

---

① 黑格尔:《逻辑学》(即作为《哲学全书》第一部分的小逻辑),梁志学译,人民出版社,2002年,第82页,译文有改动。
② Cf. David Kolb, *The Critique of Pure Modernity* (Chicago & London: The University of Chicago Press, 1986), p. 41.
③ 黑格尔:《逻辑学》,梁志学译,第68页。

去研究黑格尔哲学①,但不应忘记黑格尔哲学本身的目标,更不能脱离他的形而上学这个前提,尤其是在以他的逻辑学为主要研究对象时。

无论是从形而上学还是从认识论上去研究黑格尔哲学,有几个它的基本概念是必须加以澄清的,因为这些概念极为重要又极易误解。一旦这些概念理解有误,黑格尔哲学就不再是黑格尔哲学了。这几个概念是"思"(Denken)、"思想"(Gedanke)、"概念"、"精神"。这些概念是黑格尔哲学最基本的概念,也是理解他哲学的关键。

首先是思和思想。人们认为逻辑学就是认识论,很大程度上是因为未能区分思与认识,以为逻辑推演就是认识过程。"逻辑学不过是以逻辑的'纯粹概念'的方式表达人的认识过程的学说。……逻辑学是关于思想、概念的学说,它只是以思想、概念的方式表述人的认识过程。"②基于这种认识,人们认为逻辑学的发展序列与经验认识的发展序列大体上是相应的,存在论相当于感性认识阶段,本质论相当于知性认识阶段,而概念论则相当于理性认识阶段。逻辑学明明是一个结构性的范畴系统,由于被看成了人的认识过程,自然也就可以谈"人的主观能动性"了。而要谈"人的主观能动性"没有一个"主体"是不行的,于是,有人认为主体是神秘化的思维过程,或逻辑化的概念,但归根结底还是人,因为"事实上根本不存在无人身的主体,因而所谓主体概念,不过是把人和人类变成黑格尔逻辑体系的最高项而已"③。但是,黑格尔的思和思想并不是认识论意义上的"认识"。

认识论意义上的"认识"一般指人的一种主观能力和实施这种能力的活动,不涉及内容。而黑格尔的思和思想却都本身就是内容与活动。Denken 现在一般译为思维,可是在汉语中,"思维"指的是人

---

① 西方学者也有这么做的,如 K. R. Westphal, *Hegel's Epistemological Realism: A Study of the Aim and Method of Hegel's 'Phenomenology of Spirit'* (Dordrecht: Kluwer, 1989).
② 张世英:《论黑格尔的精神哲学》,上海人民出版社,1986年,第79页。
③ 王树人:《思辨哲学新探》,第135页。

的一种精神能力和实施这种能力的活动,一般不涉及思维内容。思维内容我们不会说思维,而是说思想。Denken 作为一个哲学概念,在黑格尔哲学中有特定的含义。首先,它并不是指一般意义的思维,如考虑如何解题或选哪一个搭档这类思维。思不是知觉性的表象,而是"把某物设定为**普遍物**,……把它作为普遍物而提供于意识"。①黑格尔在《法哲学原理》中给 Denken 下的定义说明他的这个概念意在普遍物,而非个别、有限的非本质的东西。普遍物是概括力的结果,所以黑格尔说思是一种结合,是将杂多串联和结合在统一中。②非哲学的科学的认识手段是经验和理智推理,哲学却是用自思(Selbstdenken)方法,它要在经验中寻找普遍、规律。它在思中以"普遍规定、类和规律"来改变现象的单一性,使它能成为能被哲学接受的特殊内容。但这绝不能理解为什么"主观能动性"。

近代西方哲学一般认为思是"一种据说活动或能力,与此并列的是其他精神活动或能力,即感性、直观、想象等等,欲求、意志等等。思维的产物、思想的规定性或形式,一般说来是**普遍东西**、**抽象东西**。所以,作为活动的思维是**能动**的普遍东西,具体地说,是实现自身的普遍东西,因为活动的功绩、阐释的结果正是普遍的东西。思维作为**主体**来看是**能思维者**,并且现实存在的主体作为能思维者的简称就是**自我**"③。这恐怕也是我们今天大部分人对思的理解。可是,我们知道,这只是笛卡儿传统对思的理解,并非天经地义。黑格尔特别提醒他的读者"不可认为是关于思维的什么主张或我的意见"④。因为黑格尔的思恰恰不是那种一味要发挥"主观能动性"的思,相反,哲学之思就在于"略去**特殊**的意见和见解,让自己受事情本身支配"⑤。

---

① 黑格尔:《法哲学原理》,范阳、张企泰译,商务印书馆,1979 年,第 218 页。
② Hegel, *Philosophische Propädeutik. Werke* hg. H. Glockner, Bd. 3, S. 114.
③ 黑格尔:《逻辑学》,梁志学译,第 60 页。
④ 同上。
⑤ 同上书,第 68 页,译文有改动。

这与后期海德格尔的说法如出一辙,甚至"让事情本身支配"的表达都非常一致。但是,听任笛卡儿—康德传统的现代性思维方式是不可能"让事情本身支配",而只能发挥"主观能动性",只有概念辩证法才有可能"让事情本身支配"。"这种辩证法不是主观思维的外部活动,而是内容固有的灵魂,它有机地长出它的枝叶和果实来。……作为主观东西的思维只是袖手旁观,它不加上任何东西。"①由于我们将 Denken 翻译为"思维",而我们又已习惯了笛卡儿—康德式对思的主体性理解,对黑格尔这个非主体性概念的误解就几乎不可避免了。

对黑格尔思的概念的主体性理解也导致对他的思想(Gedanke)概念的误解。Gedanke 一词的希腊文词源就是 logos,而在日常使用中,它也可以用来指事物(事情)本身(Sachen selbst)。例如歌德就称亚当和夏娃是"上帝两个最可爱的事物"(Gottes zwei lieblichste Gedanken);而席勒也说过上帝是 der höchste Gedanke(最高的事物)。② 黑格尔正是要在"逻各斯"和"事情本身"这两个意思上使用 Gedanke 这个词。在《逻辑学》第二版序言中,他称逻辑学是"思想的王国"(das Reich des Gedankens),③接着又告诉我们,逻辑的对象不是事物(die Dinge),而是事情(die Sache),自在自为的事情,是逻各斯。④ 在作为《哲学全书》第一部分的《逻辑学》即小逻辑中,他又指出:"思想不单纯是我们的思想,而且同时也是事物和对象本身的自在东西。"⑤而黑格尔本人重视的,恰恰是作为逻各斯的思想。它的真正独立和原初的东西。⑥

如果黑格尔的思和思想概念主要不是指人的主观精神能力,或主观能动性,那么思想或者逻辑自身发展的动力何在?这个问题倘

---

① 黑格尔:《法哲学原理》,第 38—39 页。
② Cf. *Historisches Wörterbuch der Philosophie*, hg. Joachim Ritter, Band 3, SS. 51—53.
③ 黑格尔:《逻辑学》,上册,杨一之译,第 7 页。
④ 同上书,第 17 页。
⑤ 黑格尔:《逻辑学》,梁志学译,第 104 页。
⑥ 同上。

若不能正确回答的话,那么必然会得出作为存在论的逻辑学是黑格尔哲学体系中最唯心、最具神秘主义气味的部分的结论,就必然会坚持这实际上是一种逻辑化的上帝创世说的看法,必然会认为逻辑学实际上反映了人从感性经过知性到理性的辩证认识过程。

要回答这个问题,必须深刻理解黑格尔的"概念"(Begriff)这个概念,它在黑格尔哲学中具有极为重要的意义和作用,它是黑格尔思辨形而上学的核心。要真正理解黑格尔的哲学,必须正确理解他的"概念"。因为在他那里,"概念才是真正第一性的东西,事物之所以为事物,全靠寓于事物之内的、在事物中显示自身的概念。"①逻辑学里的思,归根结底是概念自身的活动。但是,要理解黑格尔的"概念",就像要理解他的其他概念和思想一样,首先得了解他哲学的目的。

与卢梭一样,黑格尔是他那个时代对现代性问题最敏感的人。他几乎一走上哲学道路就发现,现代的特征是分裂(Entzweiung),表现为精神与物质、灵魂与肉体、信仰与理智、自由与必然、理性与感性、才智与自然、存在与非存在、概念与存在、有限与无限的对立。②恰恰是这种分裂产生了哲学的需要:"当统一的力量从人们的生活中消失,种种对立失去了它们活生生的相互关系和彼此影响时,哲学的需要就出现了。"③哲学的任务是要重建分裂的世界的整体性。④而由于这个特殊任务,哲学的基本方法只能是展现事物本身对立统一的概念辩证法。之所以叫"概念辩证法",是因为概念是黑格尔辩证法的核心。

黑格尔的"概念"首先是针对近代自然科学影响下的知性思维方式的。这种思维方式的特点是"一是一,二是二",将概念视为无联系

---

① 黑格尔:《逻辑学》,梁志学译,第 299 页。

② Cf. Hegel, *Differenz des Fichteschen und Schellingschen Systems der Philosophie*. Werke 2 (Frankfurt am Main: Suhrkamp, 1970), S. 21, 24.

③ Ibid., S. 22.

④ Ibid., S. 24.

和"有限的",它"停留在各个固定的规定性和它们彼此的差别上;每一个这样有限的抽象的东西在作为知性的思维看来是自为地持续存在和现在存在的"①。黑格尔承认我们总是容易这样去思考事物,把世界分为各不相同、自我同一的方面的确能带来很多理智上和实践上的好处。但知性的错误在于忘了所有这些方面都是在一个更复杂的互相依存的背景下的抽象,而以为这就是世界本身。"知性形而上学的独断论在于坚持孤立的、片面的思想规定,反之,思辨哲学的唯心论则拥有整体性原则,并表明自己能够超越抽象知性规定的片面性。"②

　　黑格尔是用他的概念学说来克服"抽象知性规定的片面性",从而证明世界的有机整体性的。对于黑格尔来说,世界和我们对它的理性经验都是特殊的、延续的和发展的。知性思维方式总是"定格"在某一点上,无法说明世界和我们经验的复杂性与变动性。概念则不然,概念不是像一把铁锹或一个名词那样的死工具,而是一个本身能动的东西,遵循辩证变化。

　　这听上去的确有点神秘,但只是在我们没有完全了解黑格尔深刻的考虑时才是这样。黑格尔发现,根据知性的态度,概念只是存在论上孤立的共相,他称之为"抽象的普遍性"。这种"抽象的普遍性"的概念只有描述作用,而不能规定事物的本质。根据亚里士多德的传统,概念规定事物的本质,它起到一个目的论的解释作用,即概念是事物在其存在过程中要实现的理想模式或目的;只有符合它的概念,也就是它的本质,事物才是它之所是。但黑格尔的概念学说也吸收了康德的概念思想。康德在《纯粹理性批判》中说:"概念就其形式而言始终是某种被用作规则的共相的东西。"(A106)黑格尔吸取了康德先天概念的如下三个特点:它们无限的普遍性;它们的规定力量和它们在概念上先于它们的实例,并将它们与亚里士多德的本质性

---

① 黑格尔:《逻辑学》,梁志学译,第 152 页,译文有改动。
② 同上书,第 87 页,译文有改动。

概念熔为一体。他也从康德那里学到了概念不是孤立的东西,不能脱离其他概念来理解。但是,黑格尔比康德更进一步,概念只有在概念的系统中,在它与其他概念的相互关系中才能得到规定和发展。概念是一个规定性的理念,是一个这种理念系统的一个部分,世界努力实现这些理念,我们根据这些理念理解世界上发生的事。①

但是,黑格尔概念学说真正超越亚里士多德和康德的地方在于概念是一种具体的普遍的思想。概念不是从众多特殊物中归纳抽象出来的共相,而是本身包含差异、矛盾、对立和他者的普遍物:"概念的普遍不单纯是一种共同东西,在它对面,特殊有其独立的持续存在,相反,概念的普遍是自己特殊化自己的东西,是在自己的他者中明晰清澈地依然存在于自身的东西。"②概念之所以是能动的,绝不是在我们用它们来思维和认识世界的意义上说的,那将是人的能动性,而不是概念自身的能动性。概念自身的能动性来自于它的具体的普遍性,即它内在的差异性和它系统的规定性,在于它的"不纯性":它既是一,又是多;既是有限,又是无限;既是普遍,又是特殊;既是原因,又是结果,等等。它自身包含的差异、对立和矛盾,使得它不可能"一是一,二是二",永远如此,永远不变。相反,它的有限性和系统规定性使得它必然自我展开、自我发展。在概念的自我发展中,一切对立作为概念本身的构成因素最终得到克服。

但是,这种自我展开、自我发展是概念自身意义结构性的发展和展开,而不是发生学意义上的运动和发展,不是像一棵植物由种子发展为花朵和果实,"概念完全不可看作某种发生的东西。"③正因为如此,概念的种种规定虽然表现为前后相继,但它们的内容本身却不是

---

① Cf. Willem deVries, "Hegel's logic and philosophy of mind", in *Routledge History of Philosophy*, vol. VI, edited by Robert C. Solomon and Kathleen M. Higgins (London & New York: Routledge, 1993), p. 231.
② 黑格尔:《逻辑学》,梁志学译,第298页,译文有改动。
③ 同上书,第299页。

依附时间,在时间中消逝变化的。① 这就像我们解一道数学题的过程当然是在时间中,但这道数学题包含的数的关系及其内在序列却是不依附时间的。逻辑的关系就像数学的关系一样不是由任何外人建立起来,而是它们作为一个有机系统的基本特征和规定。

如果说数学概念是数学世界也是数学思维的规则的话,那么逻辑概念就是支配思想和世界的共同的规则系统。"绝对唯心论原则上是一种形而上学立场,它的特征可描述为主张心灵与实在共有同一个范畴结构。"②西方学者的这个说法与当年张颐对黑格尔哲学的解释非常接近。这其实是说,人的思想与世界具有逻辑同构关系。这个共同的逻辑结构是思想和世界的先天条件,即没有它们我们没办法思想,也没办法认识世界。这就是黑格尔说的逻辑在先的意思,也是德国先验哲学所谓"可能性之条件"。

但无论是"逻辑在先"还是"可能性之条件",意思都不是说宇宙万物是由逻辑概念创造出来的,更不是说思维创造宇宙,或用思维规律来构造现实世界。在《哲学史讲演录》中黑格尔明确把那种认为一切观念都从主体产生出来的观点叫作"坏的唯心论",而认为个人从自身里面建立一切的观点是"一种反历史的、完全错误的想法"③。他怎么可能认为世界是由逻辑概念构成的? 他的确也说过构成,意思与其他德国古典哲学家一样,不过是事物存在可能性之条件的意思。"存在"(Sein)在这里并不是客观上有没有的意思,而是"是"的意思。黑格尔当然不会怀疑,即使宇宙中没有人,也会"有"其他事物;但若无先天的逻辑概念或范畴系统,它们就谈不上"是"任何东西。将黑格尔讲的思有(存在)同一理解为精神与物质的关系是不妥的,因为在西方哲学中"存在"与"物质"是两个不同,因而不能互换的

---

① 黑格尔:《逻辑学》,梁志学译,第61页。
② Willem deVries, "Hegel's logic and philosophy of mind", in *Routledge History of Philosophy*, vol. VI, p. 218.
③ 黑格尔:《哲学史讲演录》第二卷,贺麟、王太庆译,商务印书馆,1997年,第193页。

概念。可是我们对黑格尔唯心论的批判往往建立在这样的概念偷换基础上。

即便如此,人们仍然可能说,黑格尔的逻辑概念或范畴体系难道不是精神性的吗?绝对精神将自己外化和实现为自然界与人类社会和历史,这难道不是精神创世说吗?况且,黑格尔的确也说过概念以某种方式"创造"和"决定"事物,把它比作上帝从无创造了世界,①这难道不证明我们将黑格尔形而上学理解为一种精神创世说并无大错吗?要回答这些问题,还得考察黑格尔的"精神"概念。

三

虽然黑格尔哲学是否如皮平说的是康德哲学的完成,学者们有不同的看法,但康德哲学构成了黑格尔哲学的出发点应该没有任何疑义。在《逻辑学》(大逻辑)的一个注里,黑格尔说康德哲学构成了近代德国哲学的基础和出发点②,是非常正确的。非但黑格尔,德国古典哲学家没有不以康德遗留的问题为自己哲学的起点的。康德哲学让后来的德国古典哲学家感到最大不满的一个问题就是他的先验自我的概念,也就是他在"统觉的原始综合统一"下发展出来的那个伴随我们一切表象的"我"和"我思"。自我的同一性或它的证明在于自我反思,在反思中,我把自己作为认识对象,"我"的主体性就是反思,它是认识主体与自己的关系。在这种关系中主体作为自我意识的统一构成了它自己。

费希特从他实践哲学的立场出发,对康德的先验自我的思想进行了批判,同时提出了承认的概念,将他者的概念引进了自我。在《以知识学为原则的自然法权基础》中,他通过承认的概念实际上将

---

① 黑格尔:《逻辑学》,梁志学译,第299页。
② 黑格尔:《逻辑学》上册,杨一之译,第45页。

主体性概念扩大为主体间性概念:"关于主体自身作为一种自由存在物的概念与关于主体之外的理性存在物同样作为一种自由存在物的概念是通过主体加以相互规定、相互制约的。"①费希特提出,自我只有被他者承认才能发现自己是自由的。自由的自我意思不是通过反思活动得到的。② 因为自我不能把自己完全对象化,它不能使自己是充分意识到自己是自由的。自由的自我意识需要某种不同于反思行为的东西,这就是通过他者认出自己。但是,费希特的承认概念归根结底是从属于他的先验哲学体系的。他说承认是自然法权的先验条件,但这个先验条件与他整个体系的第一原理绝对自我(das Ich)究竟是什么关系? 毫无疑问,它从属于绝对自我,因为在费希特看来承认是一种意识行为(Bewußtseinshandlung),而意识在费希特的先验哲学中只是一个构成的、派生的层面。因此,在他那里,承认只是相对的,而不是绝对的、先天的;它必须被看作是由绝对自我构成并相对于绝对自我的。③

在《费希特与谢林哲学体系的差别》中,黑格尔对费希特哲学进行了批判,焦点集中在区分先验自我和经验自我上。黑格尔指出,费希特基本的思辨立场要求他将先验的东西等同于经验的东西,从而从一个单一的统一原理、绝对的同一性——我是我出发克服一切对照和派生知识。但费希特并没能统一先验的东西和经验的东西,结果体系的反思形式与它的思辨基础相矛盾。黑格尔敏锐地觉察到先验哲学的一个基本问题,这就是必须区分先验自我和经验自我,以说明实际知识的可能性和给它的普遍有效性奠定基础。因此,先验的东西必须是经验的东西的基础与根据。这就使得先验的东西不能与

---

① 梁志学主编:《费希特著作集》第二卷,商务印书馆,1994年,第300页。
② 有关费希特对反思理论和笛卡儿传统的批判,可看 Dieter Henrich 的论文 "Fichte's Original Insight", in *Contemporary German Philosophy*, Vol. I, ed. by D. Christensen (University Park: Pennsylvania State Universiy Press, 1982).
③ 有关费希特的承认学说,参看美国学者 R. R. Williams 的著作 *Recognition: Fichte, Hegel and the Other* (Albany: SUNY Press, 1992).

经验的东西同一或混淆。但是,一旦要追问这个区分(先验和经验)的存在论含义时,问题就来了,谁是先验自我或什么是先验自我?如果先验自我不是人的自我,那么方法论的二元论就会变成存在论上的二元论。先验自我是上帝吗?如果是,这就会冒变成前康德独断论的形而上学的风险。是否上帝的超越性就等于先验自我的超越性?如果不将上帝的性质赋予先验自我,那么知识的普遍性和必然性的存在论基础何在?另一方面,如果先验自我就是人的自我,那么它就无法摆脱有限性和历史性的阴影。先验自我又怎么能成为知识普遍必然性的基础?无论走哪条路,先验哲学都将是自我颠覆的,不是变成独断的神学形而上学,就是变成历史—文化相对论。①

黑格尔的精神概念就是针对先验哲学的这个两难困境提出来的。黑格尔看到,近代哲学主体性传统思路是无法解决这个两难困境的。只有突破单纯主体的桎梏才有可能解决这个难题。因此,他的"精神并不是自我意识中自我的主体性的基础,而是中介,在此中介中一个我与另一个我交往,作为一个绝对的中介,这两个我从它相互形成主体。意识作为中间地带存在,主体在那里彼此相遇,没有相遇它们彼此就不能作为主体存在"②。这就是说,黑格尔的精神概念从一开始就具有主体间性的特征,这在他的耶拿讲稿中得到了清楚的体现。哈贝马斯一篇关于黑格尔耶拿《精神哲学》的论文对此有精辟的分析。

哈贝马斯指出,费希特把"我"的概念理解为我与非我的同一;而黑格尔从一开始就把"我"理解为普遍与个别的同一。"我"是普遍与个别合为一体。精神是这个统一的辩证展开,即道德整体。黑格尔

---

① R. R. Willianms, "Hegel's concept of *Geist*", in *G. W. F. Hegel. Critical Assessment*, Vol. III, ed. by Robert Stern (London & New York: Routledge, 1993), p. 542.

② Habermas, "Labour and interaction: Remarks on Hegel's Jena *Philosophy of Mind*", in *G. W. F. Hegel. Critical Assesment*, Vol. II, ed. by Robert Stern (London & New York: Routledge, 1993), p. 560.

并不是任意选精神这个术语的,因为我们在日常语言中已经熟悉了诸如"民族精神"、"时代精神"、"团队精神"这样的说法,在那些说法中精神总是超出了单一的自我意识的主体性。作为普遍与个别同一体的"我"只能根据精神的统一性来理解,精神包含一个"我"与一个与它不同一的他人的同一性。精神是个人在普遍的中介的交往,与说话的个人相关它是语言的语法,与行动的个人相关它是公认的规范体系。语言、劳动和家庭都体现了精神主体间性的辩证关系。在这个黑格尔称为具体的普遍的普遍中介中,个别存在者能够相互认同,同时仍然保存他们自己是不同的。黑格尔原创的洞见在于,作为自我意识的"我"只有在它是精神时才能被理解,也就是只有当它从主体性转向普遍的客观性才能得到理解,在这个普遍中知道自己是非同一的主体们在交互性的基础上统一起来。① 自我意识的经验不是原始的,它是从与他人交往的经验中产生的,我在从与他人的交往中学会通过其他主体的眼睛看自己。

这听上去似乎充满了黑格尔式的晦涩,但我们以他对爱的论述为例就会发现黑格尔恰恰是从人类生活实践中得出上述的看法。在耶拿讲稿中黑格尔把爱解释为在他人中认出自己的那种认识。爱是一个运动的结果,爱是先前的冲突得到了和解,而这种和解是通过两个先前对立分离的主体对话达到相互承认才得到的。对立主体互补统一的对话关系既是逻辑关系,也是生活实践的关系。它表现为道德关系的辩证法,黑格尔把它发展为为承认而斗争的思想。

在耶拿讲稿中黑格尔虽然对承认的斗争也有多方面的论述,但耶拿讲稿按哈贝马斯的看法还只是《精神现象学》的准备阶段,黑格尔关于承认的斗争的思想在《精神现象学》中才得到集中纯粹的表述。黑格尔关于承认的斗争是在他《精神现象学》主奴关系那节中论述的。科耶夫对这一章节的人类学解释使得很多人忘了黑格尔是要

---

① Cf. Habermas,"Labour and interaction: Remarks on Hegel's Jena *Philosophy of Mind*",p. 561.

用主奴关系的寓言来说明自我意识的产生,而非人类社会的产生。①

前面已经说过,黑格尔对先验主体性哲学的困境有深刻的了解,费希特提出的承认概念对他来说不啻是提供了一条从先验演绎到描述现象学和社会存在论的通路。与笛卡儿—康德传统越来越强调主体的心性特征不同,黑格尔将生命和欲望与自我联系在一起。欲望作为人的欲望总是已经在世界中,欲望主体要由它的对象来满足。但是,即使自然要求和需要得到满足,欲望仍然没有满足,主体还要冒生命的危险为更重要的东西而斗争,这就是对它自由的承认。自我依赖他人不是为了他人能满足它的自然要求,而是它需要他人的承认,对它自由的承认。承认概念才最终打破了笛卡儿—康德式的先验主义。

费希特在将承认说明为自然法权的先验条件时已经预见到了这一点。黑格尔更进了一步,在他看来,自我意识是在并通过共同体完成的,是经过中介的主体间性。因此,自我意识本质上是一个主体间性的成就。这个成就需要自我将它从纯粹的自然生存中曳出,因为自由只表现在对自然生存的超越中。但恰恰因此,承认不是简单给予的东西,也不是自动就有的东西。它只能通过克服先在的拒绝和抵制的因素才能产生。因此,承认本质上包括和预设了异化、冲突和斗争,即使在这些因素没有经验层面表现的地方也是这样。②

承认并不只限于我—我(或我—你)间双向的,德国学者西普认为可以将承认区分为我—我间的二分关系和我—我们间三分关系两个层面。③ 最初自我都是天真地自我确定,但对别人却绝对不确定。这种不确定是无法容忍的,自我看到自己因此受到了失去它自己的

---

① 虽然科耶夫的解释被一些人津津乐道,先师王玖兴先生对它早有尖锐的批评,见《王玖兴文集》,崔唯航选编,河北大学出版社,2005年,第538页。

② Cf. R. R. Willianms, "Hegel's concept of *Geist*", in *G. W. F. Hegel. Critical Assessment*, p. 544.

③ Cf. Ludwig Siep, *Anerkennung als Prinzip der praktischen Philosophie: Untersuchungen zu Hegels Jenaer Philosophie des Geistes* (Freiburg/München: Karl Alber, 1979).

自我确定性的威胁。它寻求通过强迫他人承认来将自己私人的自我确定性提升为公共真理。但是,黑格尔非常复杂而巧妙地论证了反对别人的斗争就是反对自己的斗争。如果将他人根本消灭的话,要求的承认也就无从谈起了。所有追求承认斗争过程第一个阶段的胜利者并没有消灭对方,他也没有得到完全的承认。一方放弃他的承认要求以换取活命,从而表明他无法超越纯粹生存的自然层面。他承认另一方为主人,而主人并不承认它为平等的人,而只是一件东西——奴隶。这里只有不平等的片面的承认形式,主人和奴隶的二价模式。因为承认的这种不平等的形式是与自我基本的社会的、相互依赖的本性相矛盾的,它是一种不完满、不稳定的关系。承认的理想目标是平等的相互承认。"单方面的行动不会有什么用处,因为事情的发生只有通过双方面才能促成。……它们承认它们自己,因为它们彼此相互地承认着它们自己。"①

根据美国学者威廉姆斯的分析,在这样的相互承认中,一个新的社会实在产生了,它不仅仅是它各部分的总和。因为这新的实在不能由它的任何一个成员单方面行动完成,或由它的任何一个成员单独控制,它超越虽然也包括了原始的自我意识。相反,原始的自我意识不仅没有遭受损失反而有了扩展,我成了我们。② 黑格尔把这个新的社会实在称为"精神":"既然自我意识是对象,所以它既是一个自我,也是一个对象。——说到这里,精神这一概念已经出现在我们前面了。意识所须进一步掌握的,关于精神究竟是什么的经验,——精神是这样的绝对的实体,它在它的对立面之充分的自由和独立中,亦即在互相差异、各个独立存在的自我意识中,作为它们的统一而存在:我就是我们,而我们就是我。"③

---

① 黑格尔:《精神现象学》上册,贺麟、王玖兴译,商务印书馆,1997年,第124页。

② Cf. R. R. Willianms, "Hegel's concept of *Geist*", in *G. W. F. Hegel. Critical Assessment*, p. 545.

③ 黑格尔:《精神现象学》上册,第122页。

《精神现象学》里这段非常著名的话表明,在黑格尔那里,自我意识不是一种简单的自我可以反思地给予自己的意识形式;而是自我意识平等地、根本地依赖他者的中介。因此,自我意识和充分的自我认同不是反思的产物或理智的先天建构;它们是主体间互相中介的。自为存在是主体间承认的必要条件,但不是惟一条件或充分条件。①

黑格尔承认学说的贡献绝不在于主体间性,而在于在我—你主体间出现的第三者——我们,即社会共同体。根据威廉姆斯的分析,我们具有双向中介的三价结构。在承认的双方统一过程中,每一方既与对方处于极度的对立中,同时又是中介者,对方(另一个自我)通过它得到了承认(或没有发现承认)。除非主体间的中介是双向的,我们只有二价不平等的承认形式。但双向中介发生时,出现了一个高出于原来两个自我之上的第三者,即我们,或社会自我。这个我们是这个双向承认过程的产物,因此这个我们不是先验意识或结构。作为具体的普遍,它包括它的成员的联合行动,也是这个联合行动(双向承认)的结果。这个我们是一个社会无限物,它不能被还原为标准的主体—客体认识论及其诸范畴。② 这就是为什么我们用标准的认识论模式去理解黑格尔哲学总觉得不那么妥帖。

如果黑格尔的"精神"是以主体间性的社会存在为底色的话,那么他的形而上学或存在论就绝不可能是前康德的旧形而上学和旧存在论,将它理解为一种逻辑的上帝创世说就很难站得住脚了。然而,黑格尔是复杂的,在他后来的思想发展中,似乎放弃了这种主体间性的精神概念,而转向了一种绝对唯心论的精神概念。哈贝马斯就认为黑格尔那种主体间性的精神概念也许只限于一个阶段,他后来的绝对精神概念是"孤独的"。因为精神与自然的关系不可能是对话关系,而是外化关系,自然是精神的外化,这就是说,自然不再是精神的

---

① Cf. R. R. Willianms,"Hegel's concept of *Geist*",in *G. W. F. Hegel. Critical Assessment*,p. 545.

② Ibid. ,p. 546.

他者,而就是绝对精神自己。绝对精神与自然的统一不是我与你的统一,而是我与自己的统一。自然不是精神的对方,而是精神的镜像(Gegenbild)。绝对精神的运动归根结底还是自我反思模式的运动,我就是我们的精神最终回到了我就是我的先验哲学老路上。①

哈贝马斯的看法得到了德国哲学家托伊尼森的支持,虽然他也用主体间性的思想来解释黑格尔的精神概念,但他同意黑格尔有两个不同的绝对精神概念,并且认为:"黑格尔从来没有令人满意地澄清作为中介起作用的精神和作为理解那个主体间性的中介的自我意识的精神之间的关系。一个令人满意的解释原则上是被排除的,因为一系列把我们从上帝交给精神,从精神交给自我意识,从自我意识交给一个通过在他者中发现自己而构建的自我同一性的解释,然后一个将这整个系列总结为由一个单一的自我意识把握和统一的最终解释,是不能解释这个中介的。"②这样,在哈贝马斯和托伊尼森看来,黑格尔其实有两个并不一致也无法一致的精神概念。一个是主体间性的精神概念,它导致自由共同体的形成。另一个则是斯宾诺莎和亚里士多德式的泛神论的神学精神概念,它导致主体间性的精神概念毁灭而成为实体形而上学。

遗憾的是,我国学者对于黑格尔承认的思想以及围绕这个思想展开的主体间性的精神概念没有给予足够的注意。相反,哈特曼"黑格尔的全部体系即宗教哲学"和罗森克朗茨的黑格尔的"逻辑学就是哲学的神学"的观念却深入人心。结果,一方面我们将黑格尔的形而上学视为前康德的旧形而上学,没有丝毫积极意义。另一方面,我们没有看到黑格尔的精神概念对传统主体概念的超越,以传统主体概念去理解黑格尔的精神概念,以为自由是主体的结果,而不知在黑格尔那里自由是主体间性的产物,它的前提不是传统意义上的主体(即

---

① Cf. Habermas,"Labour and interaction: Remarks on Hegel's Jena *Philosophy of Mind*", pp. 574—576.

② Michael Theunissen, *Hegels Lehre vom absoluten Geist als theologisch-politischer Traktat* (Berlin: Walter De Gruyter,1970),S. 58.

原子式个人和自我意识),而是社会共同体。正是那种对黑格尔形而上学的传统理解,使得我们实际上对黑格尔的精神概念缺乏深入的研究,"精神"在我们的心目中不是上帝的代名词就是"客观化的"人的主观意识和思维(即所谓"无人身的主体"),只有这样,黑格尔的哲学是认识论才讲得通。但黑格尔的精神首先是一个存在论的概念,可正如泰勒所说,在今天的世界上,说上帝创造世界还有人信,说宇宙是由精神创造或设定的没有一个人会相信。①

这种我们也不相信的黑格尔的本体论,从根本上影响了我们对他哲学其他方面的研究。既然黑格尔哲学是宗教的上帝创世说的哲学论证,那么作为认识论它又会有多少正面意义呢?除了谈主观能动性,谈事物总是变化发展的这些笼统的真理,我们对黑格尔认识论的研究远比不上对康德的认识论研究。面对一部分实证主义倾向的西方哲学家以自然科学的名义对黑格尔哲学的批评,只能保持沉默。这就解释了为什么对黑格尔认识论的研究就像对他的形而上学的研究一样,除了重复几十年说过的话之外,基本已经绝迹。至于黑格尔的辩证法,曾经是我们黑格尔研究的重点,也是黑格尔哲学中最为我们肯定的部分。我们试图通过所谓"体系与方法的矛盾"将辩证法作为一种正确的思维方法从黑格尔的体系中切割出来。可是,黑格尔与海德格尔一样,方法对他们来说不是主观的思维方式,而首先的事物本身的展开方式,是事物的本质。我们明明知道这一点,可因为已经全盘否定了他的存在论,我们不能不实际上将辩证法主要视为主观的思维方法,甚至提出:"对世界的本质观点只有立足于人自身的主体性立场才能真正得到理解和把握。"②另一方面,对黑格尔的辩证法的研究往往限于重复教科书总结的三大规律。面对丰富的世界,辩证法反而越来越显得机械和教条。黑格尔试图通过辩证法让我们看到世界的复杂性,可是,辩证法在变成主观思维方法的同时,

---

① Cf. Charles Taylor, *Hegel*, p. 538.
② 邓晓芒:《思辨的张力》,湖南教育出版社,1992年,第501页。

却失去了它在世界中的根据。这样,对黑格尔的辩证法的研究似乎也已走到了尽头。而这些现状,除了外部原因外,都与我们对黑格尔形而上学和存在论的理解有关。黑格尔是体系哲学家,他始终坚持真理是整体,对作为他哲学的核心的形而上学的理解不可能不影响对他哲学的整个研究。

"文革"以后的黑格尔研究有个明显的特点,就是强调黑格尔哲学的主体性,却没有很好地辨析,黑格尔的"主体"与康德或笛卡儿的"主体"有何区别。如果黑格尔哲学也是主体哲学的话,那么他的"客观唯心论"又"客观"在何处?如果黑格尔的确是用主体间性的精神概念来克服先验哲学的主体概念的话,那么这个精神概念与他唯心论的精神概念,即与上帝相等同的绝对精神的概念又是什么关系?它们是彼此排斥、截然不相容的吗?如果回答是肯定的,那么原来流行的对它神学创世说的理解就基本无大错。如果是否定的,那就牵涉到要对他整个形而上学重新作出评价。这是一个非同小可的任务,远非一两篇论文所能完成。

从目前国外的黑格尔研究来看,后一种回答的可能性是存在的。很难想像,作为一个辩证法大师,黑格尔会完全抛弃在对方中发现和认识自己的思想,会最终认定一个绝对同一、我=我式的绝对精神和上帝。黑格尔在《哲学全书》"绝对精神"这一部分关于绝对精神说过这样一段话:"绝对精神是永恒自在地存在着,同时又不断回归自己和回到自己的同一性;这一个作为精神的东西存在的普遍实体是自在又在一种知中的判断,它本身为这种知存在。宗教,正如这个最高领域的特点可以被一般描述的那样,既可以被看作是出于主体并处于主体,又可以被看作客观地出于绝对精神,绝对精神作为精神存在于它的共同体(Gemeinde)中。"①这段话开始对绝对精神的规定"自在存在着、不断回归自己和回到自己"似乎是一个我=我的唯心论规

---

① Hegel, *Enzyklopädie der philosophischen Wissenschaften* III, Werke 10 (Frankfurt am Main: Suhrkamp, 1986), S. 366.

定。可是,最后"存在于它的共同体中"似乎又回到了我就是我们的主体间性的规定。绝对精神存在于它的共同体或它的全体成员中,即使不能理解为存在于他者中,至少也不能说他者被取消了吧?关键是,绝对精神作为自我同一究竟是黑格尔批评过的谢林式的无差异的同一,还是黑格尔一贯主张的经过中介的充分同一或有差异的同一?如果答案是后者,那么还有一个进一步的问题,就是这种中介与作为社会—主体间性的基本模式的相互承认有无关系?我们的回答是肯定的。

在黑格尔的哲学中上帝与绝对精神常常可以互换使用。在《精神现象学》中,黑格尔就已经有神—人关系是一种承认,这个思想一直延续在《哲学全书》和《宗教哲学讲演录》中。在《精神哲学》中,他赞同地引证格舍尔关于上帝的如下说法:"上帝作为精神是什么,要在思想中正确明确地理解这点,需要透彻的思辨。它首先包括这样一些命题:上帝只是就其认识自己而言是上帝;它的自我认识进一步就是它在人那里的自我意识和人对于上帝的认识,它发展为人在上帝中的自我认识。"①这里上帝与人的关系不是基督教那种绝对的服从与被服从的不平等关系,而是主体间性的相互承认的关系。上帝只有在与人的关系中才存在,这在《宗教哲学讲演录》讨论上帝存在的证明时表述得最清楚:"如果事实上宗教得理解为从我们到上帝的关系,就不允许有上帝独立的存在;上帝只存在于宗教中,是我们设定、产生的东西。……但一种片面的关系根本不是关系。……在宗教关系中不仅意味着我们处在与上帝的关系中,而且也意味着上帝处在与我们的关系中。"②上帝要靠人中介,人也要靠上帝中介,这个中介,应该就是上面所说的那个 Gemeinde,上帝与人的关系。Gemeinde 不但可以译为"共同体",也可译为"团体"或"全体成员"。它

---

① Ibid. ,S. 374.
② Hegel,*Vorlesungen über die Philosophie der Religion* II, Werke 17 (Frankfurt am Main:Suhrkamp,1986),SS. 382ff.

实际上是一种主体间的关系,张颐对此有精辟的阐发:"夫团体(即Gemeinde)固具有完全统一性,团体与团员,固皆为精神的存在者;众团员之所以能团结,全团体之所以有统一,固因有一公共精神贯注于全体;然吾人于此,只能谓此公共精神在各团员之意识中,及各团员之精神为此公共精神之所挈摄,所弥纶;然不能谓各团员之精神,在此公共精神之意识中,尤不能谓各团员之精神在此公共精神所贯注之团体意识中。"①按照这个解释,那么绝对精神存在于它的共同体或团体中,也就是存在于社会—主体间性的关系中。另一方面,如果人本身不是黑格尔坚决反对的孤立的原子式的个人,那么上帝与人的关系甚至都不是如马丁·布伯这样的神学家理解的我—你对话关系,而是比对话关系更丰富的主体间关系。

四

现在的问题是,黑格尔哲学中的上帝,究竟是否就是基督教意义的上帝或一般宗教意义的上帝,还可以有别的理解。这对张君劢式的对黑格尔形而上学的上帝创世说式的理解能否成立至关重要。不仅如此,不仅黑格尔的上帝概念,更有黑格尔哲学与宗教的关系,是理解和评价黑格尔哲学的关键。黑格尔死后黑格尔左派和黑格尔右派对他的宗教观各执一端,在哲学史和思想史上产生的重大影响就足以证明这一点。在我国,张颐先生是第一个对此问题有比较深入研究的人,可惜他的研究成果似乎未得到应有的重视。

张颐承认,黑格尔哲学与宗教关系甚为密切,黑氏的全部哲学与宗教不能分离,上帝是他的哲学与宗教的共同对象,但这是否就等于

---

① 张颐:"黑格尔与宗教",载《资产阶级学术思想批判参考资料》,第9集,第338—339页。

他的哲学是宗教神学,则尚有疑问。① 虽然在黑格尔那里上帝与绝对互换为用,但黑格尔哲学中的上帝与宗教上神学上的上帝大有不同。不同在于,黑格尔的上帝就像他讲的绝对一样,没有"身"(person,一般译为位格),所以不是个别存在者。黑格尔的绝对既非有"身",则谓之上帝,即不合宜。此外,宗教所言上帝,无所不知;而绝对虽为理性,虽为智慧,一切知识皆从之出,却与宗教上讲的"上帝全知"有别。宗教的上帝无所不能,但绝对却不是这样。宗教的上帝可使崇拜者发生热烈情绪,绝对虽孕育万化,却冷酷无情。凡此种种都说明黑格尔的绝对与宗教上神学上所言之上帝之概念不合。所以,张颐的结论是:黑格尔所言的绝对,"决不得谓之谓上帝。而黑氏不言'绝对'时所引之上帝,又与'绝对'全同;故其结果,即黑氏哲学中无上帝"。② 这个结论相当大胆,因为在黑格尔一生的著作中,有关上帝的论述比比皆是,如果黑格尔哲学中无上帝或不必有上帝,那么如何来解释这个现象?张颐的回答是原因有二。一是当时宗教还有相当势力,黑格尔必须将上帝和宗教挂在嘴上,以免像康德和费希特那样因宗教问题贾祸。二是黑氏之与宗教,已视为与哲学难解难分,几无二致。它们都以绝对真理谓目标,但宗教的形象语言更容易为一般人理解,所以即使谈上帝与宗教也能帮助显明哲学道理。③

　　张颐的解释显然是想将黑格尔的上帝概念从根本上勾销,以间接证明将黑格尔哲学理解为哲学的上帝创世说为非。张颐的解释虽有一定道理,但不够周全,尤其是第一原因和第二原因略有抵牾。若黑格尔真认为宗教与哲学几无区别,谈宗教只是以比较直观的语言在谈哲学,那么也就无所谓迫于形势不得不然的说法。他有关宗教的言论应该是出于本心,而非出于权宜之计。由此可见,黑格尔与宗教的关系可能比张颐揭示的更为复杂一些。

---

① 参考张颐:"黑格尔与宗教",载《资产阶级学术思想批判参考资料》,第9集,第336—337页。
② 同上书,第339页。
③ 参看上书,第344—347页。

黑格尔从青年时代起,就对宗教有强烈的兴趣,他最早的一些著作,都是以宗教为对象的。他对宗教问题的关心一直保持到晚年,勒维特甚至因此称他为"最后一个基督教哲学家"。① 所以宗教问题在黑格尔那里不是一个如张颐的解释所暗示的那样附庸性问题。不过,张颐要人们在读黑格尔有关宗教的文字时"须善为解读,不能墨守其字面所陈之义耳"②,的确是一个重要的提醒,因为在宗教问题上我们可以在黑格尔那里发现彼此矛盾的说法,需要我们深入思考,而不是仅凭某些文字就得出最终的定论。

但这个提醒对无论什么观点,包括张颐自己的观点也有效。这就要求我们对黑格尔的任何文字不能持简单的态度,而要将它们放在与黑格尔自己与之对立的相反言论的矛盾中来考虑。例如,黑格尔在《精神现象学》的序言中说过这样的话:"如果人们避免使用上帝这样的名称,可能是有好处的,因为这个词汇并不同时也直接就是概念,而仅仅是个地道的名称。"③这似乎是证明了张颐的说法,黑格尔哲学中无上帝,黑格尔自己都建议最好不要用上帝这个名称,因为它仅仅是个名称,而不是概念。然而,黑格尔自己不但不避免使用这个名称,反而将它作为自己哲学的核心概念来使用。并且在《宗教哲学讲演录》中他明确表示:"宗教的对象和哲学的对象一样是在其客观性中的永恒真理本身,是上帝,只有上帝,以及对上帝的阐释。哲学不是世界的智慧,而是非世界的东西的知识,……是永恒的东西、上帝是什么和来自它本性的东西的知识。"④

如果是出于形势所迫而不得不虚与委蛇,也没有必要这么郑重其事地宣布上帝的哲学的对象,尤其是也已经宣布过哲学的对象是

---

① Karl Löwith, *From Hegel to Nietzsche*, trans. D. Green (Garden City, N. Y., 1964), p. 47.
② 张颐:《黑格尔与宗教》,第 347 页。
③ 黑格尔:《精神现象学》上册,第 45 页。
④ Hegel, *Vorlesungen über die Philospophie der Religion I*, Werke 16 (Frankfurt am Main: Suhrkamp, 1990), S. 28.

永恒真理和永恒理性。如果说这是因为在讲宗教哲学，那么为什么要在《逻辑学》中说理解的内容是"上帝的展示，展示出在永恒本质中的上帝在创造自然和一个有限的精神以前是怎样的"①。也许张颐会说："盖其原由于大多数人皆舍弃推理思想，而乐取外表存在之形。"②这种解释国外也有人提出过，但黑格尔的著作毕竟不是写给那些"舍弃推理思想"的人看的。此外，黑格尔认为，宗教与哲学内容相同，形式相异。它们的对象都是普遍的独立自存的理性，但哲学以概念思维的方式与它的对象相联系，而宗教则用形象思维的方式。③而这恰恰是宗教的缺点而不是宗教的优点，"那些属于单纯的表象形式而不属于概念的形式，像'堕落'以及'儿子'等名词，也同样把概念的环节倒过来降低为表象，或者把表象带进到思想领域。"④宗教表象由于这样将概念的因素降低到形象思维的水平而不能把握自己的内容。只有哲学的概念形式才适合它和哲学的共同内容。既然如此，黑格尔不太可能为了便于不擅推理思想的人容易理解而使用上帝这个概念。

从黑格尔对上帝的大量论述来看，他绝不是将它作为一个权宜之计、可有可无的名称来使用，而是将它作为自己哲学的核心概念。不过，黑格尔的上帝不等于基督教的上帝，这点张颐没说错。如果"黑格尔哲学中无上帝"的"上帝"是指基督教的上帝，那也可以成立。而要说这个"上帝"是指任何宗教意义的上帝，则恐未必。黑格尔的上帝概念也不能简单理解为就是理性主义意义上的"宇宙全体之基本原理"。因为在宗教问题上，黑格尔既不是一个绝对的唯理论者，也不是泛逻辑主义者。他的上帝概念也完全体现了他的这个立场。

---

① 黑格尔：《逻辑学》上册，第 31 页。
② 张颐：《黑格尔与宗教》，第 344 页。
③ 黑格尔：《哲学史讲演录》第一卷，贺麟、王太庆译，商务印书馆，1981年，第 64 页。
④ 黑格尔：《精神现象学》下册，贺麟、王玖兴译，商务印书馆，1983 年，第 246 页。

毫无疑问,上帝概念在黑格尔那里首先是一个哲学概念而不是宗教概念。既然已经有了绝对和绝对精神的概念,为什么还要有上帝的概念?这要看黑格尔哲学的任务是什么。如果它只关心给我们绝对的知识,那么根本就不需要上帝的概念。在《宗教哲学讲演录》中,黑格尔说信仰、认识和行动是基督教的拱心石,他的思辨哲学其实也是以这三种关心为动力。他也说知识和绝对知识,可他讲的知识不是知性认识意义上的旁观者的知识,而是存在的知识;不是近代那种处处分裂的局部知识,而是有机统一的整体知识。这样的知识是绝对,是无限,是客观。这意味着它不是任何人主观的产物,而是存在的客观条件。但它又以与人的关系为条件,它只有在人那里才能证明自己的存在或者说认识自己。绝对也好、精神也好,似乎难以天然就是这种关系。而根据基督教的教义,上帝必然与人发生关系。青年黑格尔在批判犹太教时就指出,在犹太教那里,上帝是统治者和发号施令者,而基督教通过耶稣使得上帝与人的关系成了父子关系,即由外在关系变成了内在关系。他一贯坚持上帝就是与人的关系和产生与人的关系;上帝不是与世界相分离的最高的本质,不是人的自我意识的彼岸,没有世界的上帝不是上帝;上帝是在人的认识中认识自己的自我意识,绝对精神就是神性和人性的统一,等等。当然,除了上帝与人的关系外,上帝与自然的关系也是顺理成章的事。

但是,这绝不等于说黑格尔真像勒维特说的那样是"最后一个基督教哲学家"。正如张颐指出的那样,他的上帝概念"绳以通常宗教上神学上之概念,不得谓之上帝"①。首先它不是一个人格神,倒是一个哲学概念。如前所述,宗教作为一种直接性思想根本不能掌握它的内容,"因此,作为宗教对象的上帝就被明确地限定于**抽象的上帝**,限定于没有规定的超感性事物,而宗教在其内容方面也被简化到了最小限度"②。所以黑格尔要对上帝概念进行哲学的改造,要证明

---

① 张颐:《黑格尔与宗教》,第 342 页。
② 黑格尔:《逻辑学》,梁志学译,第 146 页。

"最高意义的理念是上帝",必须将上帝概念化以使它决不会陷于有限而只能是具体的无限。这种具体的无限就是自己与自己相区别,自己成为对象,当作这区别中与自身同一。这也就是黑格尔哲学追求的有差异的同一。有差异的同一不是静止的状态,而是一种运动,"上帝本身就是这种运动,只是通过这种运动才是活生生的上帝。……上帝是向有限东西的运动并通过这种运动扬弃有限的东西成为自己。"①

但是,黑格尔承认,仅仅这样将上帝概念化还是不够的,这种上帝概念是"片面的",因为它对生活,对活生生的、实际信仰的内容"无动于衷"。上帝的概念不能只是一个与人无关的"客观真理",而必须具体化,即被人承认和掌握,是这个真理成为他们生活和行动的指南。② 就此而言,黑格尔的上帝概念与莱辛的《人类的教化》和康德的《纯粹理性范围内的宗教》的上帝概念有明显的区别,后者基本是一个唯理论的概念,而前者首先是一个实践哲学的概念。也正因为如此,它不是唯理论意义上的"宇宙全体之基本原理"或"知识"。

与康德不同,尽管黑格尔被许多人视为绝对的唯理论者,但他对启蒙主张的那种理性的世界图景是心存疑虑的,他看到生活并不只有理性(否则就是抽象),非理性的东西在生活和宇宙中同样起着重要的作用。克洛纳首先指出黑格尔第一次将非理性带入哲学的确是慧眼独具。黑格尔将上帝概念作为他哲学不可或缺的核心概念,就有这方面的考虑。人不仅仅有理性,而且还有意志和情感。上帝不但是知识的对象,也是崇拜的对象,它牵涉到虔诚和情感。上帝体现了人与绝对心灵上和情感上的统一。有了它,人与绝对就不再是冷冰冰的主体—客体的对立关系和异化关系。固然如查尔斯·泰勒所

---

① Hegel, *Vorlesungen über die Philospophie der Religion* I, Werke 16 (Frankfurt am Main: Suhrkamp, 1990), S. 192.
② Cf. Laurence Dickey, "Hegel on religion and philosophy", in *The Cambridge Companion to Hehel*, edited by Frederick C. Beiser (Cambridge: Cambridge University Press, 1993), pp. 316—317.

说"哲学中与绝对的和解以生活中的和解为先决条件",①但一个知情意统一的哲学概念不也可提醒我们生活应该统一而不是分裂吗?

回到黑格尔的上帝概念。用查尔斯·泰勒的话说,它是一种不同寻常的置换,它"保留"了基督教的"形象"(即教义),但抛弃了它的本质。它不是一个有神论(无论是一神论还是泛神论)的概念,但也不是一个无神论的概念。② 这意味着传统有神论和无神论的定义对黑格尔的上帝概念都是不合适的,因为归根到底它是一个哲学概念,而不是宗教概念,也不能是宗教概念。即便如此,我们仍然面临如何解释像"上帝在创造自然和一个有限的精神以前是怎样的"这种说法的任务。

透彻地分析这句话的意义,需要对黑格尔的上帝概念有系统而深入的研究,这远远超出了这篇论文的范围。这篇论文在这里所能做的,只是根据上述基本思想提出一些粗浅的尝试式的解释。首先,由于黑格尔断然拒绝宗教表象思维(形象思维)方式,一个如《创世纪》所写的那种创造世界的人格神,是他不可能接受的,因为那将意味着上帝是有限,而不是无限。也因此,他说的创造绝非宗教创世意义上的创造,而必须与他特有的上帝概念联系在一起才能得到正确的理解和解释。我们更须注意的是,那句话是出自《逻辑学》,黑格尔用它来规定他的逻辑学的内容,那么很显然,"上帝"在这里是一个逻辑概念,它意指的应该是世界(并非维特根斯坦意义上的逻辑世界)的逻辑根据和逻辑整体,而非发生学意义上的创造者。而这里的"创造"无非是指这个逻辑意义的上帝在逻辑地在自然和人类世界中展开。这种逻辑的展开用黑格尔比较好懂的话说,就是从抽象到具体。黑格尔在《小逻辑》的最后是这样来描写逻辑展开为自然或"外化"为自然的:"我们过去作为开端的东西是存在,是抽象的存在,我们现在则达到了作为**存在的理念**,但这种存在着的理念就是**自然**。"③作为

---

① Charles Taylor, *Hegel*, p. 486.
② Ibid., p. 494.
③ 黑格尔:《逻辑学》,梁志学译,第 379 页。

理念的自然是在思想中被把握的自然,而非与人毫无关系的自然。上帝作为存在的整体同时作为存在的逻辑条件是自然和认识自然的存在论前提。如果是这样的话,那么无论是从宗教神学还是从绝对唯理论的先验哲学去理解黑格尔的上帝概念,恐怕都会使我们失去对黑格尔哲学的正确理解。

关于"海洋文化的儒学"与"法政主体"的省思

台湾大学国家发展研究所 李明辉

当代新儒家有所谓的"儒学开出民主"说。此说明白见诸1958年由唐君毅、牟宗三、张君劢及徐复观四人联名发表的《为中国文化敬告世界人士宣言》①。在这篇宣言的第六节中,他们特别强调中国"心性之学"为"中国学术思想之核心",而其意义在于:

> 此心性之学中,自包含一形上学。然此形上学,乃近乎康德所谓〔道德〕的形上学,是为道德实践之基础,亦由道德实践而证实的形上学。而非一般先假定一究竟实在存于客观宇宙,而据一般的经验理性去推证之形上学。②

继而在第八节中,他们进一步强调:

> 我们说中国文化依其本身之要求,应当伸展出之文化理想,是要使中国人不仅由其心性之学,以自觉其自我之为一"道德实践的主体",同时当求在政治上,能自觉为一"政治的主体",在自

---

① 此宣言原刊于《民主评论》第9卷,第1期(1958年1月5日)及《再生》第1卷,第1期(1958年1月),后收入张君劢著、程文熙编:《中西印哲学文集》(台北:台湾学生书局,1981年),以及张君劢:《新儒家思想史》(台北:张君劢先生奖学金基金会,1980年);亦以《中国文化与世界》之名收入《唐君毅全集》(台北:台湾学生书局,1991年),第4卷。

② 《唐君毅全集》第4卷,《中国文化与世界》,第25页。"道德"二字据《民主评论》补。

然界,知识界成为"认识的主体"及"实用技术的活动之主体"。这亦就是说中国需要真正的民主建国,亦需要科学与实用技术,中国文化中须接受西方或世界之文化。①

这便是"儒学开出民主"说的基本构想。但为这项构想提出完整的哲学说明的,是牟宗三先生。笔者过去曾多次讨论过这个问题②,此处不再赘述。

面对这套"儒学开出民主"说,过去的学界大体有两种反应方式:第一种反应是否定由儒家的内圣之学可以开出民主政治。海峡两岸的大多数自由主义学者(如林毓生、包遵信)均属于此类。第二种反应则是基本上肯定此一思考方向,但试图对它加以补充或调整。蒋年丰属于此类。

蒋年丰对于这个问题的基本构想可概括于他所提出的"海洋文化的儒学"与"法政主体"两个概念。他有一篇论文便题为"海洋文化的儒学如何可能"③。他之所以提出"海洋文化的儒学",一方面是要响应1980年代大陆电视节目《河殇》扬弃以儒家传统为代表的"内陆文化"而走向"海洋文化"之呼吁,另一方面则是要响应杜维明先生所谓"儒学第三期发展"之说④。依蒋年丰之见,儒学未必不能与海洋文化相结合。他在这种结合中见到儒学重生的契机,并且认为这应当是"儒学第三期发展"的归趋。

在《海洋文化的儒学如何可能》一文中,蒋年丰将"内陆文化的儒

---

① 《唐君毅全集》,第4卷,《中国文化与世界》,第34页。
② 请特别参阅李明辉:"儒学如何开出民主与科学?"、"论所谓'儒家的泛道德主义'",均收入李明辉:《儒学与现代意识》(台北:文津出版社,1991年)。
③ 原刊于《中国文化月刊》,第124期(1990年2月),第47—59页;收入其身后编成的论文集《海洋儒学与法政主体》(台北:桂冠图书公司,2005年),第241—254页。
④ 所谓"儒学第三期发展"系相对于先秦、两汉的第一期发展与宋、明的第二期发展,指中西海通后的现代儒学而言。此说其实是牟宗三先生最早于《江西铅山鹅湖书院缘起暨章则》(1948年)(收入《牟宗三先生全集》第26册,《牟宗三先生未刊遗稿》)中提出,后经杜维明先生的大力阐扬而广为学界所知。

学"与"海洋文化的儒学"置于以下的对比之中:

一、"内陆文化的儒学"强调"圣贤"的概念,"海洋文化的儒学"则凸显"豪杰"的概念;

二、"内陆文化的儒学"强调道德教化,"海洋文化的儒学"则强调社会批判与公民意识;

三、"内陆文化的儒学"主张人性本善论,"海洋文化的儒学"则预设人性向善论。

以上的对比即显示出蒋年丰如何构想现代儒学转折的方向,最后归结为"如何开出法政主体"的问题。蒋年丰表示:

> 康德的形式主义的道德主体引牟先生去开出法政主体。这种思路是合理的,罗尔斯的思路也是如此。可惜牟先生并没有根据法治主体开出一套公道理论来完成儒家的外王规模。①

对于当代儒家应如何藉由康德哲学开出法政主体,蒋年丰在另一篇论文《法政主体与现代社会——当前儒家应该思考的问题》②中有进一步的讨论。在这篇论文中,他首先指出:"牟〔宗三〕先生之强调政治的主体自由是顺着黑格尔的义理而讲的。"③但他认为这条思路是有问题的,因为

> 〔……〕揆诸黑格尔的《法哲学》与《历史哲学》,黑格尔并不特别强调这种意味的法政主体性。也就是说,黑格尔所着重的政治的主体自由并未能凸显牟先生所期待的由道德主体辗转开出法政主体并与之并立的局面。这是因为黑格尔并不喜欢标举道德主体,这一点在他批评康德处可以很清楚地看出;而且法政

---

① 蒋年丰:《海洋儒学与法政主体》,第 252 页。

② 原刊于《中国文化月刊》,第 111 期(1989 年 1 月),第 57—74 页;后收入《海洋儒学与法政主体》,第 255—271 页。

③ 蒋年丰:《海洋儒学与法政主体》,第 257 页。

主体在黑格尔哲学中的地位也不显赫。①

首先要指出:蒋年丰认为牟先生的"儒学开出民主"说是顺着黑格尔的思路而说,其实是误解。这种误解一方面是为牟先生与黑格尔的表面关系所误导,另一方面也可能为陈忠信对牟先生的批判所误导。陈忠信在其《新儒家"民主开出论"的检讨——认识论层次的批判》一文中引述法国马克思主义哲学家阿图色(Louis Althusser, 1918—1990)对黑格尔历史哲学的批评,藉以批评牟先生的"儒学开出民主"说。这项批评策略预设了一个前提,即是:"牟氏之论证(或疏导),基本上是建立在黑格尔式之'精神的内在有机发展'这一唯心论观点之上。"②笔者曾撰文反驳此说,而强调:牟先生的"儒学开出民主"说所预设之义理架构与其说是"黑格尔式的",不如说是"康德式的"③。笔者提出的理由并非三言两语所能交代,为了避免离题过远,此处不再重述,请读者自行参阅。笔者在此所要强调的是:蒋年丰既然知道牟先生的"儒学开出民主"说在精神意味上与黑格尔的法政哲学与历史哲学相去甚远,那就没有理由坚持说牟先生是"顺着黑格尔的义理而讲"。

蒋年丰一方面认为黑格尔的思路行不通,另一方面便转向康德的思路。他的基本构想如下:

> 我认为法政主体虽然不是从固有的中国文化中开发出来的。儒家的原始思想中也的确没有这个精神侧面在。儒家虽然没有开出这个精神侧面,但它却以道德主体为法政主体预定了位子。〔……〕我的论证之一是康德的道德形上学所凸显出来的

---

① 蒋年丰:《海洋儒学与法政主体》,第257页。
② 陈忠信:《新儒家"民主开出论"的检讨——认识论层次的批判》,《台湾社会研究》第1卷,第4期(1988年冬季号),第118页。
③ 参阅李明辉:"历史与目的",收入李明辉:《儒学与现代意识》(台北:文津出版社,1991年),第135—156页。

形式主义性格的道德主体可以辗转转化成法政主体,而与真实的道德主体并立。就在这样的意义之下,我们可以说儒家的道德主体为法政主体预定了位子。①

基于这项构想,他批评牟先生未能善用康德哲学的资源:

> 牟先生的成就在于将康德道德形上学中形式意义极强的道德主体拿来彰显孟子、象山与阳明这个传统的义理模式。牟先生似乎不知道康德在法律哲学与政治哲学上也有相当重要的地位。牟先生极度关切民主政治的精神基础——法政主体,却不知道康德哲学在此正是一大观念资源,而竟然引进精神上不大相应的黑格尔哲学来证成之,宁非尚未穷尽康德哲学之义蕴?②

笔者基本上支持蒋年丰的上述构想,也同意他对牟先生的批评,但仍要为牟先生说几句话。牟先生忽略了康德的历史哲学、政治哲学与法哲学③,与其说是他本人的局限,不如说是他那个时代的局限。在20世纪,中国知识界所认识的历史哲学,主要是黑格尔与马克思的历史哲学。尽管康德哲学很早便传入中国,但是很少人了解他的历史哲学。即使在西方,康德的历史哲学也往往被视为一套未成熟的理论,只是过渡到黑格尔,乃至马克思的历史哲学的桥梁,终究要被后者所扬弃。

在二次大战后西方有关民主理论的讨论中,塔尔蒙(Jacob Leib Talmon,1916—1980)区分"极权民主"(totalitarian democracy)与"自由民主"(liberal democracy)两个民主传统:前者肇端于卢梭(Jean Jacques Rousseau,1712—1778),经法国思想家之鼓吹而导致法国大革命,其后由德国理念论(尤其是黑格尔)加以继承,再发展为

---

① 蒋年丰:《海洋儒学与法政主体》,第 257—258 页。
② 同上书,第 258 页。
③ 在康德哲学中,这三者相互交织在一起,无法分开讨论。

马克思、恩格斯的共产主义；后者则肇端于洛克(John Locke, 1632—1704)，经由英国自由主义思想家与美国开国诸元老之鼓吹，而奠定了英、美两国之民主宪政①。哈耶克(Friedrich A. von Hayek, 1899—1992)也在其《自由的宪章》一书中区分自由理论的两个传统，即经验的、非系统的"英国传统"和思辨的、理性主义的"法国传统"：前者主要由一些英国思想家——如休谟(David Hume, 1711—1776)、斯密斯(Adam Smith, 1723—1790)、弗格森(Adam Ferguson, 1723—1816)、塔克(Josiah Tucker, 1712—1799)、伯克(Edmund Burke, 1729—1797)、培利(William Paley, 1743—1805)——所形成，后者则深受法国哲学家笛卡儿(René Decartes, 1596—1650)的理性主义所影响，而以法国的百科全书派、重农学派、卢梭、孔多塞(Marquis de Condorcet, 1743—1794)等为代表②。在这两种区分当中，康德哲学的位置均不明确，但由于若干表面的类似性与思想渊源，它很容易被归入"极权民主"与"法国传统"的系谱之中。

其次，波普尔(Karl R. Popper, 1902—1994)在其名著《历史主义的贫困》(The Poverty of Historicism, 1957)批判"历史预定论"。他所谓的"历史预定论"是指对于社会科学的一种特殊看法，即是认为：社会科学的主要目标在于历史预测，而社会科学家可以借着发现历史发展的节奏、类型、法则或趋势来达到这项目标。尽管他的批判对象主要是马克思与施本格勒(Oswald Spengler, 1880—1936)的历史哲学，但由于康德的历史哲学具有目的论与整体论的特征，不少学者往往未加深究便将它归于此类。此外，伯林(Isaiah Berlin, 1909—1997)在其《自由四论》中一方面探讨"历史必然性"(historical inevitability)的概念，藉以批判黑格尔、马克思等人的历史目的论，

---

① 塔尔蒙写了两部名著，探讨第一个民主传统，分别为 The Origins of Totalitarian Democracy (London: Secker & Warburg 1952) 和 Political Messianism: The Romantic Phase (London: Secker & Warburg, 1960)。

② F. A. von Hayek: The Constitution of Liberty (London: Routledge & Kegan Paul, 1960), pp. 55f.

另一方面提出"积极自由"(positive liberty)与"消极自由"(negative liberty)之区分①,并且以"消极自由"的概念来反对"积极自由"的概念。就这两点而言,康德的历史哲学和法政哲学与黑格尔、马克思等人的观点也仿佛有依稀之处。

塔尔蒙、哈耶克、波普尔、伯林等英美思想家对欧陆传统的批判是在东西冷战的时代背景下出现的,故不免采取过度简化的二分法。他们的批判主要是针对黑格尔与马克思;或许由于康德的历史哲学被视为未成熟的型态,它反而得以免于直接的批判。其实,尽管康德的历史哲学也预设一套目的论,但它与黑格尔、马克思的历史哲学并不属于同一型态,故黑格尔、马克思之历史哲学所受到的批评未必适用于康德的历史哲学②。然而在1950年代新儒家与台湾自由主义者关于"中国传统文化与民主政治"的论战中,自由主义者(尤其是殷海光)却未经深思就将康德哲学直接视为极权主义的思想渊源之一,而无法想像康德哲学与自由主义的可能关联。

在当代西方政治思想当中,藉由重新诠释与评价康德哲学而将它视为自由主义的思想资源者,首推罗尔斯(John Rawls, 1921—2002)。其《正义论》(A Theory of Justice)一书于1971年出版,而蒋年丰之所以重拾"从康德到罗尔斯"的思想线索,正是由于罗尔斯的启发。由于冷战思维所造成的时代局限,牟先生并未特别注意到康德的历史哲学与法政哲学。但是牟先生在其所谓的"外王三书"(即《历史哲学》、《政道与治道》、《道德的理想主义》)中一再强调自由主义须以道德理想主义为基础,却暗合于"从康德到罗尔斯"的思想线索。或许可以说,罗尔斯为牟先生证成了康德哲学与自由主义之间的理论关联。在这个意义下,或许也可以说,蒋年丰关于"海洋文

---

① Isaiah Berlin: "Historical Inevitability" and "Two Concepts of Liberty" in idem, *Four Essays on Liberty* (Oxford: Oxford University Press, 1969), pp. 41—172.

② 参阅李明辉译:《康德历史哲学论文集》(台北:联经出版公司,2002年),《导论:康德的"历史"概念及其历史哲学》。

化的儒学"与"法政主体"之构想可以顺成牟先生的思想方向。

　　蒋年丰的上述构想除了见于上文提过的"海洋文化的儒学如何可能"与"法政主体与现代社会——当前儒家应该思考的问题"两篇文章之外，还可参考其另一篇论文《康德与罗尔斯：公道感与现代社会》①。在这篇二十几页的论文中，他不但讨论了康德的法政哲学与罗尔斯的《正义论》，也对两者提出若干批评。但依笔者之见，在这篇论文中，蒋年丰自己对康德与罗尔斯的误解也不少。我无意全面检讨蒋年丰对康德与罗尔斯的理解，而仅指出其中的三项误解。

　　为了说明康德如何基于自由意志的道德哲学而建立其政治哲学中的"法政主体"，蒋年丰两度引述了康德《道德底形上学》(*Metaphysik der Sitten*)第一部《法权论底形上学基础》(*Metaphysische Anfangsgründe der Rechtslehre*)中的一段话。由于牵涉到翻译问题，我们有必要先将原文引述于下：

> Vom dem Willen gehen die Gesetze aus; von der Willkür die Maximen. Die letztere ist im Menschen eine freie Willkür; der Wille, der auf nichts anderes, als bloß auf Gesetze geht, kann weder frei noch unfrei genannt werden, weil er nicht auf Handlungen, sondern unmittelbar auf die Gesetzgebung für die Maxime der Handlungen (also die parktische Vernunft selbst) geht, daher auch schlechterdings notwendig und selbst keiner Nötigung fähig ist. Nur die Willkür also kann frei genannt werden.②

---

　　① 本文的前身是《康德与罗尔斯》，刊于《鹅湖月刊》，第148期（1987年10月），第41—47页；后经扩充、修改为本文，收入其身后编成的论文集《文本与实践（二）：西方解释学观点》（台北：桂冠图书公司，2000年），第33—58页。

　　② *Metaphysik der Sitten*, in: *Kants Gesammelte Schriften* (Akademieausgabe, 以下简称 *KGS*), Bd. 6, S. 226.

蒋年丰在《康德与罗尔斯：公道感与现代社会》一文中将这段文字翻译如下：

> 法则源于共同意志；格律源于个殊意志。在人身上，个殊意志是自由的。共同意志只关涉法则，所以不能以自由或不自由名之。共同意志关涉的不是行为，而是行为格律上的立法……因而它是绝对必要的，也不能受到限制。所以，只有个殊意志才可以"自由"称谓之。①

先前在其"法政主体与现代社会——当前儒家应该思考的问题"一文中，他也引述了这段话。其译文大同小异，最主要的差别是将Gesetze译为"法律"，而非"法则"②。蒋年丰对这段文字的翻译大有问题。笔者将自己的翻译附在底下，以供对照：

> 法则出自意志；格律出自意念。在人之中，后者是一种自由的意念。意志所涉及的无非只是法则，既无法被称为自由的，亦无法被称为不自由的。因为意志不涉及行为，而是直接涉及对于行为底格律的立法（因而涉及实践理性本身），所以也是绝对必然的，而且甚至不能受到强制。因此，唯有意念才能被称为自由的。

纯就翻译而言，撇开枝节问题（例如，Nötigung应译为"强制"，而非"限制"）不谈，蒋年丰的翻译有两个重大问题：一是Gesetze一词的翻译，二是Wille与Willkür这组概念的翻译。蒋年丰最初将Gesetze误译为"法律"，后来改译为"法则"，是正确的。因为这段文字属于道德哲学的脉络，并未直接涉及法哲学。它出现于《法权论底

---

① 蒋年丰：《文本与实践（二）：西方解释学观点》，第37页。
② 蒋年丰：《海洋儒学与法政主体》，第266—267页。

形上学基础》之《导论》第四节,其标题为《道德底形上学之初步概念（一般实践哲学）》("Vorbegriffe zur Metaphysik der Sitten (Philosophia practica universalis)"),当时康德尚未开始讨论法哲学的问题。但奇怪的是,蒋年丰在翻译 Wille 与 Willkür 这组概念时,却又将这段文字置于法哲学的脉络中,并且将这组概念作了卢梭式的解读,而分别译为"共同意志"与"个殊意志"。但这根本是张冠李戴。笔者根据康德自己的说明,将它们分别译为"意志"与"意念"。

康德在其《道德底形上学》一书的初稿中,对"意志"与"意念"这组概念有更详细的说明。① 根据这些说明,我们可以补充两点：第一,意志与意念的关系对应于"理体"（Noumenon）与"事相"（Phänomenon）的关系；第二,"意念的自由"是指意念依道德法则而抉择行动的能力,"意志的自由"则是指意志的道德立法能力。② 换言之,"意志"是指先验的道德主体本身,即"实践理性本身"；"意念"则是指"意志"在现象界中的表现,或者说,现实化的"意志"。总而言之,在康德哲学中,"意志"与"意念"的关系并非"普遍"与"特殊"的关系（如蒋年丰所理解的）,而是"理体"与"事相"（或"物自身"与"现象"）的关系。

蒋年丰要说明康德的道德哲学与法政哲学之间的关联,实不宜引述这段不相干的文字,而应当引述康德所谓的"法权底普遍法则"："外在行为要如此,亦即你的意念之自由运用能与每个人底自由根据一项普遍法则而并存。"③康德将这项法权原则视为一切公民宪法之最高原则。它与道德法则相同之处在于：两者均出于纯粹实践理性之要求,故同为"定言令式"（kategorischer Imperativ）。但是两者之间却存在一项根本差异,此即：道德法则要求存心之纯粹性,法权原

---

① *Vorarbeiten zu Die Metaphysik der Sitten. Erster Teil Metaphysische Anfangsgründe der Rechtslehre*, in: KGS, Bd. 23, S. 249&378.
② 参阅李明辉：《儒家与康德》（台北：联经出版公司,1990 年）,第 113—116 页。
③ *Metaphysik der Sitten*, in: KGS, Bd. 6, S. 231.

则却仅规范人的外在行为,而不论其存心;换言之,道德法则要求存心之"道德性"(Moralität),法权原则仅要求行为之"合法性"(Legalität)。总之,在同样作为定言令式的道德法则与法权原则之间,既有联系,又有区别,故笔者曾以"不离不杂"来说明这种关系。①

由于对道德法则与法权原则在康德哲学中的关系有所误解,蒋年丰亦未能正确理解道德哲学与政治哲学在康德哲学中的关系。针对这个问题,蒋年丰对康德提出了三点批判:

> 第一,康德的政治哲学只是道德哲学的延伸,政治主体只是道德主体的衍派。这意味着,康德的政治哲学只不过是道德哲学的附庸,政治主体也只不过是道德主体的附庸。这个缺失使得康德的政治哲学并非独立不倚。第二,康德的道德哲学是形式主义的,强调在实践中道德主体立下断言令式作为行为上最普遍的形式法则。由这种形式主义性格极强的道德主体所衍派的政治主体也只是形式主义的。形式主义性格极强的政治主体无法真正落实为个别具体的社会存在者。这样的理论必然缺乏心理实在性与社会实在性。第三,康德所立的道德主体与政治主体都是物自身的存在,而非经验现象。但物自身在康德哲学中乃是可思而不可知者。这种概念性格的存在如何落实在社会体制中,里面有很大难题存在。②

关于第一点,蒋年丰的理解实失之片面。如上所述,康德的政治哲学绝不仅是其道德哲学之延伸或附庸,两者的关系当是既有联系,又有区别,或者说,"不离不杂"。这正如笔者在《性善说与民主政治》中所指出:"康德的政治哲学具有明显的现代性格,因为他承认政治

---

① 参阅李明辉:"性善说与民主政治",收入李明辉著:《儒家视野下的政治思想》(台北:台湾大学出版中心,2005 年),第 59—63 页;简体字版(北京:北京大学出版社 2005 年),第 39—42 页。

② 蒋年丰:《文本与实践(二):西方解释学观点》,第 39—40 页。

是一个独立的领域,有其自身的运作逻辑。他一方面反对马基雅维利式的政治哲学,强调政治不应违反道德。(……)但另一方面,他对政治与道德的分际也有清楚的说明。"①至于所谓"政治主体也只不过是道德主体的附庸"之说也是有问题的。这可以在讨论第三点时一并讨论。

关于第二点,蒋年丰说"康德的道德哲学是形式主义的",这没问题,因为康德确实主张:道德法则(定言令式)必然是形式原则。但问题是:蒋年丰如何理解这句话?笔者有理由相信:他是依照黑格尔的说法来理解这句话,因而为黑格尔对康德伦理学的批判所误导。黑格尔将康德伦理学视为一种"空洞的形式主义"而加以批判,其实是基于误解。他错误地将康德的"定言令式"和逻辑中的"矛盾律"相提并论,认为前者如同后者一样,只是"套套逻辑"(Tautologie),不能决定任何具体的内容。其实,康德将定言令式视为一项形式原则,并非意谓:它与具体性之间全无关联,而只是意谓:它不预设任何特定的内容或目的。事实上,康德所说的"定言令式"可以为意志决定有具体内容的义务。黑格尔对康德伦理学的误解已有不少学者指出②,此处毋庸赘述。至于蒋年丰说"形式主义性格极强的政治主体无法真正落实为个别具体的社会存在者"也是有问题的。这也可以在讨论第三点时一并讨论。

现在我们便可以讨论第三点,亦即最关键的一点。蒋年丰说:"康德所立的道德主体与政治主体都是物自身的存在,而非经验现象。"无论"道德主体"还是"政治主体",都不是康德使用的语汇。在康德的《道德底形上学》一书中有一个词汇 Subjekt der Sittlichkeit,

---

① 李明辉:《儒家视野下的政治思想》,第 61—62 页(简体字版,第 41 页)。
② 参阅 Marcus G. Singer: *Generalization in Ethics*(New York: Atheneum,1979,pp. 251ff. ;Günther Patzig 著、李明辉译:"当前伦理学讨论中的定言令式",载康德著、李明辉译:《道德底形上学之基础》(台北:联经出版公司,1990 年),第 103—106 页。亦参阅李明辉:《独白的伦理学抑或对话的伦理学?——论哈贝马斯对康德伦理学的重建》,收入李明辉:《儒学与现代意识》(台北:文津出版社,1991 年),第 160—163 页。

在字面与意涵上都相当于"道德主体"一词,因为康德将它理解为"理体人"(homo noumenon)①。故在康德哲学中,"道德主体"当是指严格意义的"意志"(有别于"意念"),亦即作为"目的自身"(Zweck an sich selbst)的"人格"(Person)。因此,蒋年丰说"康德所立的道德主体是物自身的存在,而非经验现象",是有根据的。

然而,康德并无"政治主体"(或"法政主体")的说法,也无相近的说法。若说"政治主体"是指权利的主体,则它预设一个"道德人格",而无异于"道德主体"。若说它是指政治活动中的主体,则它并非指物自身,而是指现象界中的人。康德的历史哲学与法政哲学所涉及的主要便是这种意义的"主体"。康德的《在世界公民底观点下的普遍历史之理念》一文可视为其历史哲学的提纲。在这篇论文中,康德开宗明义便表示:历史的对象是"意志底现象",亦即"人类意志底自由之活动"②。由于他的历史哲学与法政哲学是重叠的,故他的法政哲学所涉及的主要也是这种意义的主体。再者,既然如上文所述,康德的"法权原则"仅规范人的外在行为,其法政哲学自然也只能以"现象人"(homo phaenomenon)为主要对象。康德的《论永久和平》中有一段重要的文字:

> 建国底问题不论听起来是多么艰难,甚至对于一个魔鬼底民族(只要他们有理智)也是可解决的。这个问题是:"要安排一群有理性者(他们为了其生存,均要求共通的法律,但每个人却暗自想要豁免于这些法律),并且建立其宪法,使他们虽然在个人的存心中彼此对抗,但却相互抑制其存心,致使在其公开的举止中,其结果仿佛是他们并无这种邪恶的存心。"这样的一个问题必然是可以解决的。因为这项课题并不要求知道人类在道德

---

① *Metaphysik der Sitten*, in: KGS, Bd. 6, S. 423.
② "Idee zu einer allgemeinen Geschichte in weltbürgerlicher Absicht", in: KGS, Bd. 8, S. 17;李明辉译:《康德历史哲学论文集》,第 5 页。

上的改善,而只要求知道:我们如何能利用自然在人类中的机械作用,以便调整在一个民族中人类不和谐的存心之冲突,使得这些存心必然互相强迫对方去服从强制性法律,且因此产生和平状态(在这种状态中,法律有效力)。①

这段文字足以显示:在康德所设想依共和制宪法而成立的国家之中,其主体是一群具有七情六欲的人——并非作为物自身,而是作为现象的人。因此,蒋年丰说"康德所立的政治主体是物自身的存在,而非经验现象",是没有根据的。

蒋年丰对康德的这种误解也导致他对罗尔斯的误解。罗尔斯在《正义论》第 40 节《康德式的诠释》中强调:他所假设的"原初状态"(original position)是"在一个经验理论的框架中对于康德的'自律'概念与定言令式之一种程序性的诠释"②。蒋年丰对罗尔斯此说提出如下的批评:

> 第一,罗尔斯曲解了康德的原意。依康德,物自身的自我乃是超感官经验的存在,而罗尔斯原初地位中的人们只是经验的存在。第二,康德主张意志是自律的而非他律的,在决定一个实践原则时,物质上的需要与欲求是不可斤斤计较的。但罗尔斯原初地位中的自由且平等的理性存在者在选定社会公道原则时,其动机皆是为了自我利益。这两点是康德与罗尔斯之间严重的差距,也是罗尔斯"康德式的解释"难以自圆其说的地方。③

如果上文所言不虚,在康德所设想的宪政秩序中作为主体的并非作

---

① *Zum ewigen Frieden*, in: KGS, Bd. 8, S. 366;李明辉译:《康德历史哲学论文集》,第 201 页。

② John Rawls, *A Theory of Justice* (Cambridge/Mass.: The Belknap Press of Harvard University Press, 1999, revised edition), p. 226.

③ 蒋年丰:《文本与实践(二):西方解释学观点》,第 44 页。

为物自身,而是作为现象的人,则蒋年丰对罗尔斯的第一点批评便成了无的放矢。

至于蒋年丰的第二点批评,则需要进一步的讨论。首先要指出:康德的"自律"原则涵蕴"目的王国"(Reich der Zwecke)的概念。康德将"目的王国"说明如下:

> 〔……〕我所谓"一个王国",是指不同的有理性者藉共同法则所形成的有秩序的结合。现在,由于法则依照目的底普遍有效性决定目的,则如果我们舍去有理性者底个别差异,以及其个人目的底一切内容,我们将能设想一切目的(不但包括作为目的自身的有理性者,而且包括每个有理性者可能为自己设定的个人目的)依秩序结合成的一个整体,亦即一个目的底王国。依据前面的各项原则,这个王国是可能的。①

这里所说的"共同法则"是指道德法则。由于"目的王国"是根据道德法则而建立的,因此它是一个道德理想。在这段说明中特别值得注意的是:"目的王国"的理想并不排除"每个有理性者可能为自己设定的个人目的",亦即每个成员的主观目的。换言之,在"目的王国"中,每个成员除了要遵守道德法则外,依然可以追求个人的利益。

康德接下来的说明进一步凸显出"目的王国"的成员所怀抱的这种自利的动机:

> 因为有理性者均依从这项法则:每个有理性者应当将自己及其他一切有理性者决不仅当作工具,而是始终同时当作目的自身来对待。但由此便产生有理性者藉共同的客观法则所形成的一个有秩序的结合,亦即一个王国——由于这些法则正是以

---

① *Grundlegung zur Metaphysik der Sitten*, in: KGS, Bd. 4, S. 433;李明辉译:《道德底形上学之基础》,第58页。

这些存有者间互为目的和工具的关系为目标,这个王国可称为一个目的底王国(当然只是一个理想)。①

在这段文字中,我们不可忽略"不仅"(niemals bloß)与"同时"(zugleich)二词。康德说一切有理性者都是"目的自身",系意谓:他们具有绝对的价值(即尊严),故不能被化约为纯然的工具(如奴隶)。但这并不排除他们可以在互利的关系中"互为目的和工具"。因此,"目的王国"中的成员并非不食人间烟火的"理体人",而是各自追求其利益的"现象人"。这和罗尔斯所描述的置身于"原初状态"中的人并无二致。就这点而言,罗尔斯并未曲解康德的意思。

走笔至此,笔者无意继续检讨蒋年丰的相关论述,而只想藉此机会指出:蒋年丰在回应"儒学开出民主"说时,能掌握"由康德到罗尔斯"的思想线索,较诸否定由儒家的内圣之学开出民主政治之可能性者(大多数的自由派学者),以及宣称牟先生"走完了这个现代新儒学的圆圈全程"者(李泽厚)②,的确更具卓识。可惜天不假年,他并无机会从容涵泳,潜心力学,扎实梳理这条思想线索,实为台湾哲学界的重大遗憾!

---

① *Grundlegung zur Metaphysik der Sitten*, in: KGS, Bd. 4, S. 433;李明辉译:《道德底形上学之基础》,第 58 页。
② 李泽厚:《中国现代思想史论》(台北:三民书局,1996 年),第 333 页。

新儒学的《宣言》与德性伦理学的复兴

布法罗纽约州立大学哲学系　余纪元

1958年，张君劢、牟宗三、唐君毅和徐复观共同发表了《为中国文化敬告世界人士宣言》(以下简称为《宣言》)。① 该宣言批判西方文化的缺陷，并通过探索中国文化对世界人类问题的贡献而倡导中国文化的复兴。该宣言影响深远，被认为是"现代新儒学第二阶段发展历程中最重大的事件"。②

同样在1958年，英国学者安思康(Elizabeth Anscombe)发表了《近代道德哲学》。③ 文章旨在阐明三个命题：第一，在现阶段研究道德哲学没有多大益处，应将之搁在一边，而首先了解心理哲学；第二，道德职责、道德义务、道德上的对与错、道德意义上的"应当"概念等都可以被抛弃；第三，从西奇威克(Sidgwick)到今天的英国伦理学家之间的种种不同没有太多意义，因他们都是错的。相对照之下，古希腊柏拉图、亚里士多德的以德性为中心的伦理学显得更为合理。安思康的文章是现代西方伦理学史上的分水岭，"被广泛认为是开始

---

① 其中文稿同时于1958年1月发表于香港《民主评论》和台湾《再生》杂志，并收录于张君劢：《新儒学思想史》，弘文馆出版社，1986年，第621—674页。本文所引页码依据后者。该宣言的英文标题为 A Manifesto for a Re-appraisal of Sinology and Re-construction of Chinese Culture.

② 方克立：《现代新儒学的发展历程》，载《现代新儒学学案》代序，中国社会科学出版社，1995年，上卷，第24页。

③ "Modern Moral Philosophy", *Philosophy*, 1958(33); 收录于 Roger Crisp and Michael Slote, eds, *Virtue Ethics* (Oxford University Press, 1977), 26—44(Oxford University Press, 1977), 26—44. 本文的引文页码出自后者。

了当今德性伦理学的复兴"。①

这两篇历史性文献没有互相提及。表面看来,安思康的文章是纯学术的,而《宣言》的范围及目的远远超出了专业哲学问题的讨论。《宣言》以复兴中华民族文化大业为己任,力图阐明中国文化不仅可以回答西方科学与民主所提出的问题,而且具有无限的内在生命力,能够提供普遍永恒的智慧去解决西方文化的根本缺陷。尽管如此,这两篇文献具有以下两大共同特性:(1)它们的矛头都指向西方的问题;(2)它们所指出的新方向具有高度相似性。安思康认为德性伦理学是伦理学发展的未来和希望所在。《宣言》的作者们虽然以中国文化复兴为目的,可他们认定中国文化之根是哲学,尤其是儒学的心性之学。因此,中国文化复兴归根到底是儒学的复兴。在笔者看来,儒学心性之学也正是一种德性伦理学。

尽管这两篇文献所指出的方向相似,可是新儒学《宣言》对亚里士多德德性伦理学不置一言,《近代道德哲学》也似乎丝毫不提儒学。由他们所分别推动的新儒学复兴与德性伦理学复兴这两大运动之间也缺少对话和交流。这实在是世界学术史上的怪事。从西学东渐的角度看,《宣言》在倡导复兴儒学以解决西方问题时却忽视了西方自身所具有的相似的理智道德传统更是十分令人遗憾的现象。

本文的目的是要通过比较这两篇同年发表的历史性文献,对这一现象作一说明和分析。首先我要考察这两篇文献对西方的批评,然后说明为什么它们所指出的发展方向是相似的,最后简单勾画新儒学与亚里士多德德性伦理学的发展。希望这一讨论有助于以后的中西哲学对话。

一、对西方的批判

《宣言》认为,西方文化来源众多,不像中国文化"有一脉相承之

---

① Crisp and Slote,eds,*Virtue Ethics*,Introduction,3.

统绪"。尽管如此,《宣言》还是把"西方文化"当作一个统一的解释客体进行评述,着眼于其共同特征及缺陷。批判西方文化的文章总是罗列一堆西方社会中的弊病,如种族歧视、宗教冲突、劳资矛盾、科学发展与核武器之间的紧张、环境污染、毒品泛滥、家庭破裂,等等。《宣言》的作者远为深刻。他们一方面平实地肯定"由近代西方文化进步所带来之问题,亦多由西方人自身所逐渐解决"(第661页),另一方面又力图深入一步,"但是按照我们的看法,这许多问题虽已解决,但其问题之根源于西方文化本身之缺陷者,则今日依然存在"(第661页)。

那么,什么是这些根源性的缺陷呢?"真正的西方人之精神之缺陷,乃在其膨胀扩张其文化势力于世界的途程中,他只是运用一往的理性,而想把其理想中之观念,直下普遍化于世界,而忽略其他民族文化的特殊性"(第662页)。这段话似乎只是讲西方文化在处理与其他民族文化关系时的问题。可在《宣言》的作者看来,这种理性绝对化、普遍化的倾向源自希腊理性传统,希伯来宗教文化传统,再加上近代之使用技术的精神。它其实反映了西方文化内在的缺陷。具体而言,问题表现在以下一些方面:(1)向外作无限追求,但不向内收敛,故在现实生活中精神相当空虚(第664页);(2)重抽象理智,轻具体的情感人生。"以概念累积之多少,定人生内容之丰富与否",忽略人之交往中的生命之"直相照射"(第664页);(3)重普遍的概念原理,忽视事物的特殊性与个性(第665—666页);(4)重道德规则与行为,而忽略德性的影响。总之,西方文化及伦理的中心问题是把自然社会及人类历史仅仅作为客观的对象加以理智研究,而忽视人类主体状态之改进。

现在让我们转到安思康的《近代道德哲学》。她先是作了一个看似相当极端的论断:"近代最著名的伦理学家,从巴特勒(Butler)到密尔(Mill),都在伦理学这一主题思考中有严重缺陷,因此,要从他们那里获取对伦理学问题的识见是不可能的"(第27页)。这是因为,根据近代道德哲学,无论是康德的义务论,还是英国以功利主义为代表的效用主义,都认为道德基于普遍的理性法则,而理性在于遵从这一法则。这是一种以法律为模型的伦理学,根源于基督教伦理学。法概念的伦理学是以上帝是立法者作为前提的。"义务"、"责任"、"应该"、道德上的"对与错"这些概念之所以有意义,乃是由于基督教。然而经过启蒙运动与宗教改革,基督教在近代社会中已不再占主导地位,对神作为立法者的信仰已经减弱,于是这些概念也就失去了根据。如同当人们废除刑事法庭和刑法之后,"刑事"这一概念便不知所云了。

伦理学家曾作过多次努力,希望保持一种没有神圣立法者的法概念伦理学。于是他们便寻求新的立法源泉。康德的"自我立法"影响最大。可安思康说,"自我立法"是一个荒唐的概念。一个人为自己做什么,"或许是值得敬佩的,但却不能是立法"(第 39 页)。其它的行为规范源泉包括"社会传统规范"与"自然法"。可二者自身的定义都不清楚。还有一条出路是诉诸于"契约论",可是一方面什么是契约并不清楚,另一方面契约只是对签约方才有约束力。

英语世界的道德哲学更有一个共同的问题,即它们都无法坚持在这个世界中总有一些事情,如杀害无辜,是不应该做的。效用主义以行为的后果来确定一个行为的对与错。一个可以产生最佳结果的行为在道德上便是正确的。据此,如果杀害无辜能取得更大更好的后果,就可以得到道德上的许可。安思康断定,这种道德哲学肯定有问题,因为总有一些事情不管结果是什么,都应是禁止做的。

比较这两篇文章中的批判,我们不难发现,二者有许多共同点。首先,二者都指出批判对象只重视建立行为指导及道德规则。安思康以"法概念的伦理学"来描绘西方近代伦理学的基本特征。这一类型的伦理学的基本特征便是建立一条或少数几条普遍适用的原则和规范去指导,约束人们的道德行为。在当今西方伦理学中一般都认为,以康德义务论及以功利主义为代表的西方伦理学与德性伦理学最基本的差别就在于:(1)近代伦理学以行为为中心,而德性伦理学以德性为关注对象;(2)近代伦理学以建立行为规范为主要任务,而德性伦理学则以"德性"为首要伦理概念。《宣言》的作者们亦很准确地把握住了这些基本差别。他们说:"在西方伦理学上谈道德,多谈道德规则,道德行为,道德之社会价值及宗教价值,但很少有人特别着重道德之彻底变化,我们自然生命存在之气质,以及此自然的身体之态度气象,都表现我们之德性,同时使德性能润泽此身之价值"(第644页)。

其次,两文都指出批判对象重抽象普遍,忽略了特殊性与个性。根据《宣言》,"要曲尽事物的特殊性,必须我们之智慧成为随具体事物之特殊单独的变化,而与之婉转俱流之智慧"(第666页)。安思康同样指出,法一样的普遍伦理规则不能解决问题。虽然我们需要一些一般性的指导,需要划一些界限,可对特殊情况作决定则主要应根据在当下情况下什么是合理的。遵循安思康的思路,威廉姆斯(Williams)在其《伦理学与哲学的界限》一书中声称,近代伦理理论的一个中心特征是"欲求把一切伦理考虑都归结为一个模式"。[①] 阐明什么是着重特殊性的实践智慧已是现代德性伦理学的中心话题之一。

其三,《宣言》批判西方文化的理智主义,指斥其忽略具体的情感人身。当安思康强调要抛弃"职责"、"义务"等概念,而着重心理哲学,研究"意向性"、"快乐"、"欲求"等问题时(第40页),她显然也在指出同样的问题。沿着安思康的思路,迈克尔·斯托克(Michael Stocker)在其著名的《近代伦理理论的精神分裂症》一文中表明,近代伦理学只关注理性和价值,却忽略了伦理生活的动机与情感结构。伦理主体必须去履行其职责与义务,不管他是否有动机,或者动机是什么。近代伦理学几乎不考虑价值与动机的和谐问题。[②]

当然,这两种批判的差别亦是显然的。第一,《宣言》虽然说西方文化无道统,可依然把西方文化当作一整体对待,这一整体包括希腊

---

① Bernard Williams, *Ethics and the Limit of Philosophy* (London: Fontana/Collins, 1985), 16—17.

② Michael Stocker, "The Schizophrenia of Modern Ethical Theories," *Journal of Philosophy*, 1973 (76), 453—66.

理性哲学、基督教传统、近代科学精神等。《宣言》批判的对象是作为一个整体的西方。与此相对照,安思康根本没有把西方传统作为一个整体对待的意识。其文章的一个主要之点是说明西方古代伦理学与西方近代伦理学之间的差别。"每个读过亚里士多德的《伦理学》,并且也读过近代道德哲学的人一定会强烈感受到它们之间的显著对比"(第26页)。近代哲学中占主导地位的概念在亚里士多德那里要么完全缺乏,要么只是背景性的。同样,近代哲学已不能明白亚里士多德伦理学的诸多理论。究其原因,安思康认为,在亚里士多德和近代伦理学之间有基督教,正是基督教影响了法概念的伦理学。遵循安思康的思路,探索古代伦理学与近代伦理学的差异已成为现代伦理学的中心议题之一。威廉姆斯坚持把"伦理学"(ethics)与"道德"(morality)相区别。虽然这两个概念的原义相同,都与"风俗"相联,只是希腊文与拉丁文间的不同而已。可威廉姆斯断定,古代伦理学接近"伦理学"的原义,而近代道德理论已经不再与"风俗"、"品性"等相联,而变成了以建立原则为核心任务。① 在他看来,近代道德理论有不如无。②

与此相联系,麦金泰尔(A. McIntyre)也指出,现今的道德语言充满争议,处于"严重无序的状态"③,不同道德理论的前提有各自的历史根源。它们互不相容,不可公度,没有什么理性的途径去取得道德上的一致。而这一切是由于启蒙运动造成的。启蒙运动随着近代科学理论的发展,排斥了亚里士多德的目的论,转而以理性为标准批判道德,而独立的理性本身则产生了种种不同的道德原则。

非常清楚,当《宣言》认为希腊、基督教及近代科学造就了西方文化时,西方哲学家们自己却认为这些传统导致了截然不同的伦理倾向。当《宣言》的批判指向西方文化整体时,安思康及受她影响的德性伦理学家则把相似的批判只局限于西方近代伦理学。这便彰显

---

① Williams, *Ethics and the Limits of Philosophy*, 6.
② Ibid., 175.
③ Alasdair MacIntyre, *After Virtue* (London: Duckworth, 1985), 2.

出,《宣言》的批判对象过宽。而这在很大程度上归咎于它那种把中国文化看作是整个西方文化的对立面的立场。

第二,《宣言》在批判西方时,所指向的不仅是西方整体,而且是西方文化。"文化"是相当广泛的概念。相比之下,安思康的批判不仅只涉及近代西方,而且只是近代西方的伦理学。结果,这两种批判虽然有相似性,其论证方式却很不相同。《宣言》只是泛泛而谈,很少提及西方具体的思想家及其著作,几乎不涉及具体理论。安思康的批判则立足于对近代西方伦理学家的主要概念、命题以及它们的发展。

这里体现出两种做哲学的方式。《宣言》的作者们相当清楚其间的差别。他们指出,西方哲学著作"其界说严,论证多,而析理亦甚繁。故凡以西洋哲学之眼光去看中国哲人之著作,则无不觉其粗疏简陋,此亦世界之研究中国学术文化者,不愿对中国哲学思想中多所致力的原因之一"(第632页)。不过,《宣言》亦力图为中国哲学的研究方式辩护,认为中国哲人的著作以"要言不繁为理想",源自中国传统中哲学、科学、政治、法律、宗教、伦理等同为一源之故。"虽极简陋,而其所涵之精神意义、文化意义、历史意义,则正可极丰富而极精深"(第632页)。这些论断自有其道理。在一定意义上,《宣言》与安思康的文章正反映了这两种风格。

但是,从西学东渐的角度看,重要的不是为中国传统的哲学研究方式辩护,而是应该反思自己的不足,着眼于别人的优点。毕竟,以西方之长克服自己之短,应该是"西学东渐"的题目之义。中国传统中哲学、科学、政治、法律、宗教等不分,可这并不意味着当我们面临西方具有明确界限的各学科时,仍然一味要以笼统对精细。儒学固然不是一种纯哲学,但也不意味着我们在做理论研究时不可以把它的哲学与其它方面作相对独立的抽象分析。"要言不繁"是理智美德,可是"立言有据,推断有理,论证翔实"也是理智美德。儒家哲学传统要复兴,应当融合和吸纳现代西方哲学的论证方式,从而建立其现代理论形态。

二、指向德性

《宣言》与安思康都认定西方文化或伦理具有如此缺陷,那么新的方向在哪里?由于《宣言》将西方文化整体与中国文化相对立,其得出的结论是:应当向中国文化学习。"如西方要改正其向外作无限追求的精神,便需学习中国文化中'当下即是'、'知进进退'的生活智慧(第 664 页);要改正其以概念累积定人生内容的倾向,则应当体会与欣赏中国文化中无执着及虚无之智慧(第 665 页);要改正其重视普遍原理,忽略特殊性的思维方式,则应学习中国文化中不执着于普遍,却绕具体内容事物之中心旋转,于物婉转之活泼周运之圆而神的智慧(第 666 页)"。此外,西方还应该向中国学习"一种温润而恒则或悲悯之情"(第 667 页),"如何使文化悠久的智慧"(第 668 页),"天下一家之情怀"(第 669 页)。

以上种种中国文化智慧,皆根源于中国文化,尤其是儒学的"心性之学"。在《宣言》的作者们看来,心性之学是"中华民族之客观的精神生命之核心"(第 630 页),"为中国学术文化的本原或神髓"(第 641 页),"不了解中国之心性之学,即不了解中国文化也"(第 641 页)。这种心性之学,按照《宣言》,在宋明时大盛,可在先秦之儒道中已成为"思想核心"(第 637 页),其大致要点是:人有受赋予天的内在心性,这一心性是义理之本源,具有客观要求的道德实践基础,它随着人的道德实践生活之深入而加深觉悟。人生之一切道德实践行为皆依赖于此心性,其最后发展是上通于天,与天地为一体。"人能尽心知性则知天"(第 641 页)。

我们在上一节指出,《宣言》批判西方伦理学只讲道德原则,忽视德性。与此相对立,"中国之儒学传统思想中则自来即重视此点"(第 644 页),而中国儒学之所以能发展德性伦理,"其本原乃在我们之心性,而此性同时即是天理,以心亦通于天心,此心此性,天心天理,乃我们德性的生生之原"(第644页)。

由此可见,西方真正应该向中国学习的是儒学的以心性之学为特征的德性伦理学。心性之学并不一直都是显而易见的,不仅西方人未识,连近代中国人自己亦多忽视。据《宣言》的分析,自清末之百年来,重考证训诂,继则又羡慕西方之船炮科学,法制及民主,随后又批唯心论。这一过程使得传统心性之学遗失。结果,中国伦理学被认为只是一些外表的行为规范的条文,只重道德的社会效用而缺乏"内心之精神生活的依据"(第633页)。故此,《宣言》倡导复兴儒学心性之学,即德性伦理传统,既为重彰中国文化之精华,又为了纠正西方文化的内在缺陷。

现在让我们转向安思康的答案。她在其文章的开头便提到了亚里士多德德性伦理学与近代伦理学间的重大差别。而其结论正是要发展古代德性伦理学的思路。根据安思康,我们应当抛弃道德意义上的"应该"和"错误"这样的概念,而代之以"公正","不公正"这样的德性概念。"道德上错误"意味着主体有义务不做某事,而"义务"这个概念只是在法的语境中才有意义。与此相对立,"公正"这样一种美德,不是由后果决定的,行为的好坏不是取决于后果,而是取决于行为所依据的品行。安思康认为,这正是柏拉图和亚里士多德看问题的方式。他们的立场是,公正是德性,不公正是邪性。德性是道德主体通过长期从事有德的行为而习得的。公正这一德性使一个人成为好人,而做一个好人使得一个人的人生成功兴旺。安思康基本肯定这一模式,相信伦理学的基础应基于"德性"概念,"德性"概念比"职责"、"义务"等概念更为根本,品德应成为伦理学的主要关涉对象,而德性则是兴旺人生的一个关键部分。但她也指出,这一模式或世界观虽然基本正确,在哲学上却需做进一步完善。我们需要补充一个有关人性、人的行为、美德是什么样的一种特性,以及什么是人生的兴旺(幸福)等方面的论述。这一工作的出发点则是研究心理学,阐明"行为"、"意向"、"快乐"、"欲求"等概念,"最终我们或可能进而考虑德性的概念,从那里,我相信,我们应该可以做某种伦理研究了"(第40页)。

从上述可见,面临西方近代伦理学的困境,《宣言》的处方是儒学,而安思康的处方是让伦理学以法概念为基础转型为以亚里士多德主义德性伦理学为基础。安思康没有提及儒学。而《宣言》不仅一字不提亚里士多德,而且似乎否认西方有德性伦理传统。"西方之哲学,宗教,道德之分离,缺少中国心性之学,亦可能是西方文化中之一缺点"(第647页)。

表面上看来,这两个给西方文化开的处方并不相近。《宣言》强调中国文化涵有宗教性之超越感情,极力推崇"天人合一"之思想。"中国文化能使天人交贯,一方使天由上彻下以内在于人,一方亦使人由下升上而上通于天。这亦不是只用西方思想来直接类比,便能得一决定之了解的"(第636页)。而安思康对以自然和自然法则为基础的伦理学颇有微词。她说:"前苏格拉底哲学以为公正可与事物运行的平衡和谐相比拟。这种情感距我们已经很遥远了"(第39页)。

尽管如此,透过这两篇文献的不同表达方式,它们的处方在实质上是相似的。这是因为安思康的方案是一种需改进的亚里士多德式研究方式,而亚里士多德伦理学模式与《宣言》所力倡的孔子儒学伦理学模式,在我看来,在基本趋向和结构上有着惊人的相似性。首先,亚里士多德的伦理学力图回答"什么是幸福(人生兴旺)",这里"幸福"是指主观的满意感觉,而是人之为人的充分发展,实现人生的潜能或应有之义。简而言之,即是做人的正道。一个幸福的人即是一个好人,一个实现了人生目的的人。与此相应,孔子儒学的中心问题是寻找"什么是(人生和社会)道?",而得道之人即是君子。这样,亚里士多德伦理学和孔子儒学都关注"人怎么成为一个好人"这一问题。

其次,亚里士多德认为幸福生活在于履行有德性的活动。于是他的伦理学便以阐明什么是德性,以及如何获得德性为中心内容。德性这种品质乃是人之所以能幸福,能兴旺的关键因素。与此相应,孔子认为要得道，必须修德，德是道在个体中的体现。而人之德则为"仁"，"仁"在英文中被译为"benevolence"或"humanity"。可自詹姆士·理亚各(1815—1897年)始，也一直被称作是"virtue"(德)。对于孔子来说，最大的关注便是什么是"仁"，和"如何获得仁"。只有通过修炼，"仁"这一品行，人才能成为君子，才能体现天道。这样，亚里士多德与孔子不仅共同以"如何成为一个好人"作为伦理学的中心问题，而且采用共同的研究方式来回答这一问题，即注重于德性的培育。而重主体不重行为，重德性不重规则正是德性伦理学两大最显著的特征。

除了在伦理学的基本趋向上基本一致之外，亚里士多德伦理学与孔子儒学在诸多具体问题上皆持相似的立场。虽然论述的角度和侧重点不尽一致，这里当然不可能详细说明他们之间的一致和差异，但我希望罗列下面一些相似点足以显现他们的伦理世界的相似。①

1、对亚里士多德来说，德性是通过习性(habituation)获得的，习性基于社会风俗与习惯(ethos)。② 对孔子来说，"克己复礼为仁"③，礼教(ritualization)形成人的品格。习性与礼教皆是把社会价值内在化为德性的过程。

2、亚里士多德宣称"人是政治的(或社会的)动物"④，而孔子儒家强调人是互相联系的。"仁"字是由"二"和"人"合成。

3、亚里士多德和孔子都断定伦理学与政治学是不可分的。亚里士多德宣称其伦理学只是其政治学的一部分。宪制的好坏依据其是否以培育公民的德性为中心的任务而定。⑤ 而孔子则

---

① 有关他们的系统比较研究可参阅余纪元 The Ethics of Confucius and Aristotle: Mirrors of Virtue (London: Routledge, 2007).
② Aristotle, *Nicomachean Ethics* (NE), II. 1—2.
③ 孔子:《论语》,12:1.
④ Aristotle, NE, 1097b8—11, 1162a17—19, 1169b16—20; *Politics*, 1253a4, 1278b20.
⑤ Aristotle, NE, X. 9.

曰:"政者,正也"。①

4、亚里士多德与孔子都认定家庭教育在德性修炼中的作用。重视家庭一向被认为是儒学的特征。其实亚里士多德也强调家庭在道德教育中的作用。②

5、亚里士多德定义德性为"中庸"(mean),③而夫子亦曰:"中庸之为德也,其至矣乎"。④

6、二者都以为德性概念至少包括以下三个方面:a)社会价值;b)道德情感;c)道德智慧。

7、亚里士多德伦理学的最高境界(第一幸福)是思辨,乃是人与神合一,而儒学的最高境界("诚")乃是"天人合一"。

由于亚里士多德伦理学与儒学伦理之间的惊人的相似性,我们正在讨论的两篇文献分别指向这两种伦理学,却又各自对另一种伦理学闭口不提,便令人非常惊奇。如果说安思康不提及孔子乃是出于西方学者对东方学术思想不屑于了解的傲慢和偏见,《宣言》对亚里士多德只字不提则发人深省。因为《宣言》的任务正是要比较西方文化与中国文化,并说明中国文化有其内在价值使西方人需向其学习。《宣言》的作者们皆一代学术大师,对西方哲学有着精深的了解,故而不可能是他们对亚里士多德不了解。我想,其忽略亚里士多德最可能是由于以下两方面的原因。

第一,《宣言》以中国文化与西方文化为对立的二方,过于强调西方文化作为一个整体以至于完全忽视了安思康所强调的西方古代伦理学与近代伦理学的重大差异,错误地把对西方某些方面的批判当作是对西方整体的批判。

第二,《宣言》在作学术思考时具有强烈的民族情结。其作者们

---

① 孔子:《论语》,12:17。
② Aristotle, *NE*, X. 9.
③ Aristotle, *NE*, II, 5—6.
④ 孔子:《论语》,6.29。

明确指出,"真正的智慧是生于忧患"(第 623 页)。他们忧虑中国文化在欧美民主科技文明冲击下的生存危机,急于确立中国传统思想具有其独特的重要性。他们的目标是要证明尽管西方在科技文明上高于中国,可中国在道德文化上却远高于西方。这种研究所体现的民族情怀可敬可叹,为我所共鸣。可仅就学术讨论而言,则容易忽视西方文化具有重要的相似性成分,而导致偏颇的结论。

三、两种复兴运动的发展

安思康的文章中的每一个论点几乎在以后几十年中都引起了激烈的争论与探索。它在相当程度上决定了 20 世纪后半叶西方伦理学的方向。经过 Philippa Foot、Iris Murduch、Bernard Williams、Alasdair MacIntyre、John McDowell、Michael Slote、Martha Nussbaum、Rosalind Hursthouse 等学者的努力,德性伦理学已经成功地打破了康德义务论与功利主义二分天下的局面,而成为与这两大传统伦理学派系抗衡的第三种流派。为近代伦理学所忽略的一系列重大问题,如动机、道德品性、个性、道德教育、情感、幸福、友谊等重新成为伦理学思考的主题。"如何做一个好人"成为伦理学的中心问题。

在现代德性伦理学发展中,亚里士多德一直是占主导地位的模式。他的伦理学被看成是迄今为止德性理论的最好的代表。其《尼各马可伦理学》被奉为德性伦理学的圣经。更有甚者,现代德性伦理学被广泛称为"新亚里士多德主义"。这里的"新"是指德性伦理学所讨论的诸多问题或者是直接基于亚里士多德的伦理著作,或者是从亚里士多德的思路来考察,虽然学者们普遍排斥亚里士多德伦理学的时代性局限,如他对女性及奴隶的看法等。结果,《尼各马可伦理学》大概是 20 世纪下半叶被最密集地研究和讨论的伦理学经典。

"新亚里士多德主义"由于学者们对亚里士多德论点的理解角度

不同,又具有许多不同的形态。在我们中国广有影响的麦金泰尔即是一名新亚里士多德者。他在其名著《德性之后》中承认安思康对他的影响,但他力图超越安思康,以建立一种正面的亚里士多德主义理论来纠正在他看来是由启蒙运动造成的近代伦理世界的无序状态。麦金泰尔坚信:"如果我们能以某种方式重新阐述亚里士多德传统,那么我们应该可以恢复对我们道德和社会态度所承诺的可理解性和理性"。① 他的《德性之后》正是想提供这样一种阐述。在他看来,亚里士多德伦理学的中心问题是"我应当变成什么样的人?"在这一问题中,德性占据首要地位。为了复兴德性伦理学,他的作法是以一种新的目的论——"社会目的论"——去取代亚里士多德的形而上学生物学目的论。社会目的论依赖于从社会传统中形成的人生统一体。以此为基础,麦金泰尔的新亚里士多德主义德性伦理学包括三个相继的理论部分:关于实践的概念,关于人生的叙述顺序,以及关于道德传统之构成。

德性伦理学的发展对传统伦理学理论提出的挑战也刺激了这些伦理学自身的发展。康德研究者现在强调,对康德伦理学的理解不能局限于《道德形而上学基础》,而必须包括其后期的注重德性的伦理学讲义。即使是对《道德形而上学基础》的阅读,也不能过分着重"绝对命令",而必须着眼于其"善良意志"。同样,功利主义研究者也力图展示德性问题在功利主义框架之中也可以纳入。

与此同时,不同伦理理论之间的攻防也迫使德性伦理学回应种种批评,力图对近代德性伦理学的中心问题作出自己的回答,努力克服德性的历史相对性及在指导具体道德行为上的不足。这使得许多学者不再局限于亚里士多德主义模式,而努力以多元视角来丰富德性理论的探究。结果,有关德性伦理学究竟应采取什么形式的讨论更为激烈。在不久前出版的《论德性伦理学》一书中,R. 赫斯特豪斯(Hursthouse)一方面承认她的理论仍是一种"新亚里士多德主义",

---

① 麦金泰尔:《德性之后》,第 259 页。

另一方面也认为,德性伦理学、康德义务论与功利主义这三种伦理学间的界限由于最近的发展而变得有些模糊,但赫斯特豪斯中肯地指出,让德性伦理学惟我独尊不是她的目的。"其实,我更希望未来的,在所有这三种流派中培养出来的道德哲学家们,能够不再感兴趣把他们自己分类列属于这一流派或是另一流派。那样的话,三种标签便只具有历史上的兴趣了"。① 无疑,德性伦理学的发展使伦理学成为 20 世纪后半期最令人激动的哲学领域。

现在让我们转向新儒学的发展。新儒学的《宣言》所倡导的复兴儒家以心性之学为特征的德性伦理学在方向上与西方伦理学相一致。按理,我们应当见到一场有关儒学德性理论相当热烈的争论和系统的探索,可以期待许多有关儒学德性化如何克服康德义务论与功利主义的理论缺陷的讨论,并迫使西方伦理学回应儒学的挑战。

可是,继《宣言》之后的新儒学却没有沿着这一方向发展。唐君毅、徐复观、牟宗三等先生在随后的大量著作中进一步阐发了《宣言》的基本论点,但未能与西方德性伦理学对话。新儒学第三代领袖杜维明先生在 1995 年发表的《为儒学发展不懈陈辞》②中提出有关儒学第三期发展的设想,包括以下五个步骤:1)"究竟儒学发展的前景如何,儒学有没有第三期发展的可能,儒学应否发展之类的设问是属于哪一种形态的课题?";2)"具体考察作为文化资源的儒家传统在儒教文化圈,特别是工业东亚社会中运动的实际情况";3)"设法了解儒家传统在大陆的存在条件,特别是经过"文革"破除四旧之后,还有什么再生的契机";4)"探讨儒学研究对欧美知识界可能提供思想挑战的线索";5)"儒学若有第三期发展的可能,它不仅是中国和东亚的,也应该是世界的精神资源"。杜先生说,在 80 年代初期,这五个步骤已成为"五条同时并进的长河"。

---

① Hursthouse, *On Virtue Ethics* (Oxford: Oxford University Press, 1999), 5.

② 《读书》,1995 年,第 10 期,第 34—43 页。

杜先生为复兴儒学作出了巨大的努力,取得了不朽的业绩,深为我辈敬仰。可是我想指出杜先生的事业亦有美中不足之处。那就是他忽略了儒家伦理学与当代新亚里士多德主义德性伦理学的相似性,并基本上不提及后者。本来,德性伦理学可以归入他的第四个步骤,可杜先生在解释那个步骤时根本没有提及新亚里士多德主义的德性伦理学。在《通向第三期儒学人文主义》一文中,他认为唐君毅、徐复观、牟宗三等先生已经深刻地认识到应该让儒学成为新的哲学人类学,能够帮助解决人类共同面临的问题。他指出儒学须将其关注的问题普遍化,扩展到人类的福祉,要有全球的视角。要达到这一目的,儒学应于世界各地的精神传统进行对话。"儒学能获益于与犹太、基督和伊斯兰神学家,与佛教徒,与马克思主义者,与弗洛伊德及后弗洛伊德心理学家的对话。以康德哲学与黑格尔哲学的范畴来分析,儒学观点的努力已经取得了相当注目的结果。可这种努力必须扩展去容纳 20 世纪的新的哲学洞见"。① 我们注意到,虽然这段文字中提到的对话伙伴是开放的,可毕竟没有明确提及亚里士多德与德性伦理学。

这一不足已经为新的发展所补充。大致从 90 年代初起,西方一批儒学研究者开始把儒学与德性伦理学相联系。他们大致上受德性伦理学发展的启发,应用其概念、问题、视角及框架来考察儒学学说,并力图展示儒学对这一发展也能提供新的思路。② 一批从祖国大陆

---

① Tu Weiming, "Toward the 'Third Epoch' of Confucian Humanism", collected in his *Way*, *Learning*, and *Politics* (Albany: State University of New York Press, 1993), 159.

② 这一研究思路的一些先驱性著作包括 David Wong, *Moral Relativity* (Berkeley: University of California Press, 1984); Lee H. Yearley, *Mencius and Aquinas: Theories of Virtue and Conception of Courage* (Albany: SUNY Press, 1990); Philip Ivanhoe, *Confucian Moral Self-cultivation* (New York: Peter Lang, 1993); Joel Kupperman's essays that are late colleted in his *Learning from Asian Philosophy* (Oxford: Oxford University Press, 1999), and Kwong-loi Shun, Mencius and Early Chinese Thought (Stanford: Stanford University Press, 1997). The list, of course, can be much longer.

出去留学又留美教哲学的学人,包括笔者在内,也加入了这一阵营。① 仅就哲学范围内而言,以德性伦理学模式研读儒学乃是现下儒学哲学研究的占主导地位的模式。由于这一新的发展,可以说,儒学与德性伦理学的对话已经蓬勃展开。亚里士多德与孔夫子的异同也引起了伦理学界的重视。

显而易见,儒学伦理学的重要问题,如人性及其实现、传统教育的作用、自我修养、人际间关爱、家庭价值、仁政、道德情感、道德理性等等正是新亚里士多德主义德性理论认为被近代伦理学边缘化而需重新变成伦理学主题的。儒学与西方近代伦理学的对立不是东方与西方的对立,而是以主体为中心的伦理学与以行为为中心的伦理学之间的对立。从新儒学的《宣言》到杜维明先生都强调第三代儒学人文主义能否成功的关键在于它能否将儒学的关注普遍化,超越东亚成为人类共同的学说。我以为,从哲学理论角度来说,从德性伦理学的角度把儒学加以系统明晰的阐发,发展儒学传统中对德性伦理学问题的独特视角和灼见,从而把它融入现代德性理论的讨论中,成为亚里士多德系统之外的另一宏大理智资源,正是使儒家哲学普遍化融入世界体系的最佳途径。

每种哲学都有其社会文化土壤,都带有其时代特征。但真正的哲学是关于人类共性的智慧,虽产生于某种文化却不为该种文化所限。文化只是造就了它对人类共性思考时的特殊角度。尽管西方社会几经变迁,现在已截然不同于希腊城邦社会,亚里士多德思想却在西方一再复兴。同样,儒学尽管在诸多时代猛遭抨击,却经久不衰,这种顽强的生命力应该是其哲学确实把握了人类共性真理的表现。把亚里士多德和孔夫子结合起来,一定可以为人类提供一种更全面更有益的伦理学。

回顾两种复兴运动的历史,我们为新儒学发展中的哲学理论部

---

① . 这方面的努力可参见收集于姜新艳编 The Examined Life: Chinese Perspectives (Binghamton: Global Publications, 2002) 中的论文。

分,即《宣言》所指出的以心性之学为特性的德性理论,终于与西方德性复兴运动走到一起而感到兴奋。与此同时,我们也为新儒学1958年的《宣言》未能如安思康的文章一样,对20世纪60年代至80年代西方德性伦理学的形成与发展发生原创性的影响,从而成为与安思康文章并列的现代德性伦理学的共同宣言而感到遗憾。现在西方学界总觉得儒学的德性伦理学性质只是由于通过援引西方理论才得到认识。而根据《宣言》所包括的智慧,它完全可以成为西方德性伦理发展的开创性文献。

试论梁漱溟早期对柏格森哲学中两个核心概念的"误读"与创化

汕头大学高教所 庞守兴

尽管梁漱溟对以柏格森为首的西方生命派哲学的推崇及吸纳成为公论,而他也自认说:"中国儒家、西洋生命派哲学和医学三者,是我思想所从来之根柢。"① 但仔细剖析与比较他对柏格森生命哲学中两个核心概念——生命与直觉——的认同与扬弃,人们不难看出,实际上在其哲学体系构建早期,他并未完全理解和套用柏格森的这两个核心概念,而是有意识地加以发挥和创造,从而转化为自身的哲学基础。因此,仔细梳理他对这两个概念的有意"误读"与创化,将为我们全面理解梁漱溟哲学思想的形成提供助益。

一、关于"生命"概念的"误读"与创化

生命哲学家对世界的最核心观点就是,世界是永恒的变化、生成与流动。柏格森认为这就是生命本身的形态,不仅是个人的生命或者有机体的生命,而且是宇宙内在的生命。柏格森认为,有一种神秘的力量,也就是生命冲动,是宇宙万物的创造者。一切事物都是这种力量所产生的。生命冲动有两种不同的倾向,一种是生命的自然运动,即生命冲动的向上喷发,它产生一切生命形式;另一种是生命冲

---

① 梁漱溟:《朝话》,见《梁漱溟全集》第二卷,山东人民出版社,1990年,第126页。

动的逆转,即向下堕落,它产生物质。这种倾向相互对立,相互抑制。① 宇宙的本体不是固定的静体,是生命、是绵延,宇宙现象则在生活中体现为感觉与理念所认取而有似静体的存在。生命冲动向上的倾向总是企图克服这一阻碍才能获得自由,而只有人的生命才能做到这一点。进而言之,生命的变化一方面是连续的,绝不会停止;另方面是异质的,就是它在变化中不断改变自己,不是量的变化,而是实在本身的、质的变化。这是真正的多样性,而不是有限几种类型的重复。既然生命或说世界是永恒的生成,是连续性和异质性的统一,那我们怎么把握它?柏格森认为把握生命有两种方式,一种是空间化的方式,把活生生的流动的生命变成外部空间对象,让它固定、静止;另一种是时间化的方式,就是从生命本身来把握它,不掺杂任何空间要素。柏格森认为真正的生命就是时间,就是既永远流动又永远在变化着的"绵延"。柏格森就像尼采一样,认为世界是永恒的生成,但为了生活的方便,我们要用理智的方式把生成的某一部分暂时固定,科学、语言、传统哲学的概念这类东西的作用就像一个城市的地图,给我们一些参照物,不会在城市里迷路,但地图不可能复原城市真正的面貌,后者是极其复杂、不断变化的,不可分析、不可定义。但人们也知道,为了生活的便利,人们不得不对生命的片断进行截取,就像电影胶片一样,尽管不是生命本身,但却对认识生命有相当大的帮助。

由此可见,柏格森的生命哲学中的"生命"概念,根本不是指现实世界的生命,它被当作一种宇宙本体的意志。柏格森说:"意识,或毋宁说超意识,是生命之源","意识仿佛是由大脑产生的,意识活动的多样性仿佛决定于大脑活动的多样性。其实,意识并不是由大脑产生的。"②因此,不论是意识还是生命,在柏格森的哲学中,已完全脱

---

① 刘放桐编著:《新编现代西方哲学》,人民出版社,2000年,第139—140页。

② 柏格森:《创造进化论》,载黄颂杰:《二十世纪哲学经典文本》,复旦大学出版社,1999年,第115页。

离了客观物质世界的基础,变成了一种处于现实世界的具体的人以外的神秘力量。他的这种"生命"概念超越了人类生命中的本能、心理甚至精神的性质,达到形而上学意义上的宇宙生命之流的高度,成为宇宙的本体。梁漱溟接受了柏格森的生命哲学,以"生命"、"意欲"作为决定事实世界和人类社会产生发展变化的源泉。而且进一步论证说:"宇宙的本体不是固定的静体,是'生命'、是'绵延',宇宙现象则在生活中之所现,为感觉与理智所认取而有似静体的,要认识本体非感觉理智所能办,必方生活的直觉才行,直觉时即生活时,浑融为一个,没有主客观的,可以称绝对。"①

可见,梁漱溟接受了柏格森生命冲动派生一切及世界分为生命和它所派生的物质二部分等观点,认为世界是由所谓"意欲"或"此前的我"和"现在的我"所创造和构成的。而生命就是哲学要追寻的根本,是宇宙、人生、社会等等所有概念的哲学层面的最高概括。但他对生命这一概念作了有意的发挥和扩充,实质上是一种曲解和误读。在梁漱溟看来,宇宙是由"生活"组成,而"生活就是没有尽的意欲(will)——此所谓意欲与叔本华所谓意欲略相近,——和那不断的满足与不满足罢了"②。这就是说,作为物质世界而存在的"前此的我"和"已成的我"是由生命意欲的冲动所产生出来的;进化就是生命意志的奋斗,不断地克服它自身所造成的物质世界的障碍。换言之,梁漱溟理解的生命与柏格森的理解已大不相同,而且有意地把这一概念引向了他所要建立的文化哲学。

梁漱溟虽然借助柏格森生命哲学建立起他的生命本体论哲学体系,但实际上他本人并不认为这种生命本体具有终极的宇宙本体的意义。在这里他有意误读了柏格森对生命、宇宙、绵延等概念的理解,并对这些概念进行了创造性转化,加入了中国传统儒学和佛学的

---

① 梁漱溟:《东西文化及其哲学》,陈来编:《梁漱溟选集》,吉林人民出版社,2005年,第61页。
② 同上书,第20页。

内容,完成了自身哲学体系的构建。尽管梁漱溟在论述他的本体论思想时常使用"宇宙"一词,但他的宇宙概念并非指客观的宇宙,而是指自己主观的精神所派生出来的个人主观世界。他解释"宇宙"一词说:"盖各自有各自的宇宙——我宇宙与他宇宙非一。抑此宇宙即是他——他与宇宙非二"。① 梁漱溟认为,每个人都有自己的宇宙,即自己的主观世界。但这种主观世界并不包括自己以外的客观世界,也不包括他人的主观世界。我们的生命只在这个主观世界中具有本源的性质,并不是整个宇宙的本体。换句话说,梁漱溟的生命哲学同柏格森的生命哲学存在着一个根本不同之处:柏格森哲学本质上是一种宇宙论,而梁漱溟的生命与意欲哲学是人生观。在梁漱溟那里,他把柏格森所谓生命本体,简化为人的一种道德情感和艺术情感,而这种道德或艺术的情感完全是主观的感受,不具有实在的性质。梁漱溟根本不是去深究外在的宇宙实体到底是怎样的,而是要解决在外边的世界面前,人类如何解决自身的问题,特别是人生最重要的生命意义问题。梁漱溟将中国哲学与西方哲学所作的划分,即是使用这一个标准,用他的话来说即是,一个向内,另一个向外。因此,梁漱溟借用柏格森哲学中"生命"或"绵延"概念所建立起来的"中国形而上学",便与柏格森哲学具有根本的不同。② 而且更有趣味的是,在梁漱溟的哲学本体论中,他对宇宙本体的解释与他对道德本体的解释截然不同。其中最为关键的一个解释就是关于柏格森"绵延"的概念与唯识宗"相续"概念的混淆。这两个概念表面看上去十分相似,都是在表明世界的变动不居与现象界的不实。但其中存在着一个根本的不同,即柏格森的生命哲学之所以要论证客观世界的虚幻不实,是为了证明"生命"为一实在的本体;而梁漱溟引用佛学在论证了现象界的虚幻之后,必然证明所谓宇宙本体即是空是寂是虚幻。因而,

---

① 梁漱溟:《东西文化及其哲学》,陈来编:《梁漱溟选集》,吉林人民出版社,2005年,第38页。
② 曹跃明:《梁漱溟思想研究》,天津人民出版社,1995年,第160页。

对宇宙本体论的理解,不是梁漱溟所要思考的内容。相反,在这种生命哲学的引导下,梁漱溟重新阐释孔子儒学,确立了在生命本体基础上的儒学核心,从而生命化了儒学。他说:"孔家没有别的,就是要顺着自然之道路,顶活泼顶流畅的去生发。他以为宇宙总是向前生发的,万物欲升,就使其升,不加造作必能与宇宙契合,使全宇宙充满了生意春气。"① 从而为儒学在新的时代背景下完成了现代转承与创化,为儒学的发展寻得新的根基。

从生命本体论出发,梁漱溟的结论是:生命是文化的归宿和原点,文化只不过是生命作用于世界的创造物,只是生命的表现形式而已。文化的变迁只是其核心思想——人生哲学人生态度的变迁。按照梁漱溟的意思,"人类文化有三步骤,人类两眼视线所集而致其研究者也有三层次:先着眼研究者在外界物质,其所用的是理智;次则着眼研究者在内界生命,其所用的是直觉;再其次则着眼研究者将在无生本体,其所用的是现量,初指古代的西洋及在近世之复兴,次指古代的中国及其将在最近未来之复兴,再次指古代的印度及其将在较远未来之复兴"。② 从文化对生命精神的关注看人类文化发展的三阶段,依次表现为对较低的生命精神的创造物——外界物质的关注,对生命精神的载体——人自身及人际关系和谐的关注,对生命精神的超越——生命自身超越与出世的关注,它们依次代表着文化的过去、现在和未来。而文化发展的终极目标,或说文化是否向最好的方向去发展,惟一的标准就是看它能否增强人的生命活动,弘扬人的生命精神,使文化与生命得到统一。通过这种有意的误读与创造性转换,梁漱溟完成了自己文化哲学的形上基础,并为世界不同文化发展的路向的三分法廓清了障碍。

---

① 梁漱溟:《东西文化及其哲学》,载陈来编:《梁漱溟选集》,吉林人民出版社,2005年,第93页。
② 梁漱溟:《东西文化及其哲学》,载《梁漱溟全集》第一卷,山东人民出版社,1989年,第504页。

二、关于"直觉"概念的"误读"与创化

梁漱溟的直觉主义认识论思想在相当程度上受到柏格森哲学的影响,他在吸收和利用柏格森哲学的直觉主义时,特别汲取了柏格森的"直观"中反理智主义特征。然而,把梁漱溟与柏格森的直觉主义作一个比较,我们便会发现,他们既有相通之处,又有根本的区别。从二者的差别上可以看出,梁漱溟早期尽管竭力运用直觉的概念,并且一再声明是从柏格森那里借用来的,但他对直觉的解释却与柏格森有着实质性的差异,而且这种差异恰恰是中国儒家哲学与西方非理性主义哲学的根本区别所在。

直觉就是直接意识到,就是不通过理智的分析或逻辑的推演而直接觉悟到事物的内在关系及其知识,它是一种同理性认识形式不相容的认识形式。众所周知,由于世界的复杂性、广袤性和多变性,世界的本源问题根本不能完全依靠理性来认识,只能通过直觉去把握。尽管直觉观念在西方哲学中早为人所用,但在19世纪的欧洲最充分强调和论证这一概念的当属柏格森。柏格森认为真正的实在是生命之流,是理性和科学无法把握的,而只有把直觉与生命紧密结合,才能得到生命的本真与体认。他进而认为直觉不是神秘之物也非天才特有,而是生命个体与生俱来的一种认知力量,只要有生命就有直觉意识。由此柏格森强调直觉需要意志的努力,只有使人的心灵从理性思维的习惯方向扭转过来,超出感性经验、理性思维的范围,抛弃一切概念、判断、推理等逻辑思维形式,甚至不用任何语言符号,才能达到真正的实在的直觉。实际上,在柏格森的哲学中,"直觉"一词有两个不同的涵义,一为本能,或者称为"机体的同情";一为直观,或者称为"理智的同情"。[①] 机体的同情含有很浓厚的生物学

---

① 详细讨论可参见,贺麟的《现代西方哲学讲演集》,上海人民出版社,1984年,第10—21页。

的意味,它是指有机体对目前环境的适应,那是非常完美的当下就产生行为的一种适应;理智的同情就是没有固定观点的求知方式方法,它要求求知时与物合为一体或与物共变,也就是必须深入物内,认知主体要向认知对象表同情,置身于对象之中,与对象合而为一;要从里面体验而不能徒作外部观察,要从事物本身的观点观察事物,而且不能永远站在同一观点上面,要随不同的事物而采取各种不同的角度去理会它们。这种直观的方法当然与科学方法大相径庭,但却是了解人格、了解历史、了解生命、了解艺术的最好甚至最重要的方法。假如把这种理智同情的直观方法移回来作自我的内省,向自己表同情,那就成为认识真我的方法。

由此观之,在西方哲学中,直觉是以对客观外在事物的一种认识形式而产生和发展的,而且强调它在近代与某些重大的科学发现的密切关系。柏格森的直觉也沿用了西方哲学的这一观点,肯定了直觉与科学的关系。柏格森指出:"一种真正直觉的哲学必能实现科学和哲学这种渴望已久的统一。"他还认为:"直觉是发明的根源……我们往往把科学的逻辑工具当作科学自身,却忘记了作为其余一切发生根源的形而上学的直觉。"[①]"直觉虽未获得严格意义上的、只属于纯理智的知识,却使我们能把握科学不能提供给我们的东西,并且指出了补充科学的方法。"[②]"乍一看,直觉似乎优于理智甚多,因为在直觉中生命和意识都保留在自身中。但是看一看生物的进化我们就知道,直觉不能行之久远。"[③]由此可见,柏格森的直觉主义认识方法,实际上也就成为一种认识科学的方法,甚至仅仅是对科学认识方法的一种补充。

梁漱溟却把"直觉"这一西方生命哲学中的核心概念与中国传统哲学中的诸如体认、体道、顿悟等与其相似的概念混为一谈。他认

---

① 柏格森:《形而上学导论》,商务印书馆,1962年,第33页。
② 柏格森:《创造进化论》,载黄颂杰:《二十世纪哲学经典文本》,复旦大学出版社,1999年,第96页。
③ 同上书,第99页。

为,直觉既是认识生命的惟一方法,又是一种体验精神文化生活的实践方法。这两方面的内涵在梁漱溟的思想中是统一的,并且以对后者的追求为其思想一以贯之的核心内容。与柏格森以"使人们置身于对象之内"的直觉认识不同,梁漱溟认为直觉是一种"本能的得到"。他在批评柏格森的直觉主义时说,"西方无论哪一家哲学"都是带有科学性质的哲学,"纯乎哲学性格的罗素固然是,即反科学的柏格森也的的确确从科学来,不能说他不是因科学而成的哲学。"① 同时,尽管两人都以生命为直觉的认识对象,但由于各自对生命的理解却大相径庭,在柏格森的哲学中,生命是现象背后的本体和本源;在梁漱溟看来,生命既非宇宙本体,也不是现象,生命只是一种主观的感受。因此,柏格森的直觉要"进入"世界的本体,去认识物质世界背后的本原;梁漱溟则要"得到"一种主观的感受与意味。为此,他在批评柏格森的直觉主义对宇宙本体的认识时说:"然我们对他(柏格森。——引者注)实难承认,因为他的方法可疑。直觉是主观的、情感的,绝不是无私的,离却主观的,如果能得真呢?"②

梁漱溟进而对直觉的特点进行了考察。他认为,"凡直觉所认识的只是一种意味、精神、趋势或倾向。"③他认为直觉的结果是"难以语人"的,也就是无法以普通的语言概念加以表达。换句话说,直觉是以无法言传的"意味"为内容,这种"意味"仅仅存在于直觉形成的刹那之间,它永远无法为普遍的理智形式所凝固。从这些分析中可以看出,梁漱溟完全忽略了直觉作为一种认识形式,并非游离于理性活动之外,而是在长期理性思维过程的前提下,凝结为理想的概念和判断,而这种"豁然开朗"只有通过逻辑思维的论证,才能转化为本来意义上的认识成果。

梁漱溟认为,直觉不仅是一种认识方法,更是一种生活态度,一

---

① 梁漱溟:《东西文化及其哲学》,载《梁漱溟全集》第一卷,山东人民出版社,1989年,第361页。
② 同上书,第406页。
③ 同上书,第400页。

种随感而生的心理本能。在他看来,儒家哲学的一个深刻洞见,就是主张直觉为达到生命真实的惟一途径,是一种一切听任心理本然,凡事不操心不打算的生活态度。因此,他所说的直觉,只是儒家常说的一种自然向善的本能。对此,梁漱溟解释说:"孟子所说的不虑而知的良知,不学而能的良能,在今日我们谓之直觉。这种求对求善的本能、直觉,是人人都有的……并且原非常敏锐,除非有了杂染习惯的时节。你怎么能复他本然敏锐,他就可以活动自如,不失规矩。"① 梁漱溟强调直觉所认识者不得显现为理智的形式,实质上即把直觉归为与普遍理性相隔绝的纯个体的感受与态度,从而为把中国传统文化中的良知规定为直觉铺平道路。

显然,梁漱溟对柏格森哲学中的这一概念是经过改造后才加以利用的。他将道德人本主义的概念塞入柏格森的自然人本主义的生命哲学之中,将柏格森强调非理性冲动的生命概念赋予了道德主体的涵义,从而从根本上同西方非理性主义哲学区分开来。这一点从梁漱溟对人的道德主体"情"和"本能"的解释和对其从柏格森那里引入的非理性主义的"直觉"认识方法的具体阐释中便可以看出。在柏格森那里,直觉的认识对象有两个,经验的直觉的对象是科学研究的对象;理智的直觉的对象则为宇宙本体——生命之流或叫"绵延"。而梁漱溟对柏格森之直觉的这两项功能则持根本怀疑态度。梁漱溟认为直觉所能得到的,只是主观的感受,而柏格森的直觉所关注的对象,都是客观的本体。②

为此,梁漱溟的早期思想中特别强调了理智与直觉的区别,尽管他的这种区别有模仿和套用柏格森理智与直觉区别的嫌疑,但两者却有着本质的不同。在梁漱溟看来,理智的认知方法同直觉的认识方法是完全不同的方法。首先,两者的认识对象不同。梁漱溟认为,

---

① 梁漱溟:《东西文化及其哲学》,载《梁漱溟全集》第一卷,山东人民出版社,1989年,第452页。

② 更详细讨论可参阅曹跃明:《梁漱溟思想研究》,天津人民出版社,1995年,第52—53页。

理智的认识对象是客观存在的外在世界,是外在世界中的具体事物。虽然理智认识最后所得到的是一种抽象的概念——共相,但它是从对具体的客观事物的认识开始的。直觉与理智不同,它所认识的对象是善与美的本质,而非事物之真。在梁漱溟看来,直觉的认识对象,一方面是人的道德本性,另一方面是事物的美感,这两者的共同特性即是它们的皆非事物的客观性质。他举例说,所谓音乐之妙、绘画之美和食物之好吃,皆为认识主体所"妄添",并非直觉认识的对象本身所具有的。因此,他认为直觉认识得到的,必然包含着主体的意味、感觉、价值判断等具有非客观因素的内容。同时,梁漱溟还赋予人的道德本性以主观的性质。他说:"人类所有的一切道德,本无不出自此直觉,即无不出自孔子所谓'仁',所以一个'仁'就将种种美德都代表了",而"'仁'就是本能、情感、直觉"。① 其次,两者认识的方法不同,梁漱溟认为,理智的认识方法,其特点之一便是将认识的对象与认识的主体对立起来,认定认识的主体是独立于认识对象之外来进行客观观察的,并且这种认识方法只适合于对现象的认识,不可能达到生命的本体,因为生命是一个"活动的形势"。而直觉是认识上的一种顿悟和飞跃,这种方法不需要对认识结果进行积累和分析,不需要一个过程,而只是一种"不虑而知"的良知和"不学而能"的良能的认识形式,是一种当下的觉悟。第三,两者的功能不同。梁漱溟认为,理智和直觉还具有不同的功能。理智所具有的是完全的认知功能,它所担负的任务就是对具体零散的事物进行区别和归类、分析与综合,在殊相中得出共相来。在他看来,西方文化的特点恰好表现为理智发达这种倾向,其具体表现为:征服自然、科学方法和民主。前两者体现为人与自然的关系;后者则体现为理智在人类社会中的应用。理智功能的这些表现虽然在不同的领域有所不同,但它们却有一个共同的特点,这就是理智总是将认识的对象打碎来进行分析

---

① 梁漱溟:《东西文化及其哲学》,载《梁漱溟全集》第一卷,山东人民出版社,1989年,第454—455页。

和观察,是一种"想前面下手克服对面的东西的态度"。他认为,这种
态度在对自然界的认识中是合理的,但是,如果将这种态度运用到对
人和人类社会的认识中,便会出现不良后果。而直觉这一认识方法
的功能,在梁漱溟看来,具有两种:一种是认知的功能;一种是道德实
践的功能。前一种功能主要表现在对艺术的美感认识上。而后一种
功能,也是最重要的功能,表现在道德实践的功能上。因此我们可以
看到,在直觉与生命本体的关系上,梁漱溟没有将重点放在对直觉是
如何认识生命本体的论述上,而是反复地说明只有沿着直觉的路去
做,才是最符合生命本性的生活。他多次强调,与理智不同,直觉是
一种不用理智去"打量"、"比较"的认识,这种认识对人来说,"自然会
走对的路,原不须你操心打量的"。而所谓"私心"、"私欲",在梁漱溟
看来,就是出自理智的计算和考虑。直觉的这种不计算、不考虑,才
是"人所本有"的求对求善的本能。可见,梁漱溟注重直觉在道德修
养功夫上的意义,要超过作为一种认识形式的意义。所以,有论者①
认为,把现代新儒学归属于非理性主义的范畴是一种误解。如果说
西方现代的人本主义思潮通过对理性主义和唯智主义的怀疑和批判
导致了对人的非理性主义因素的重视和强调,那么现代新儒家则由
此导致了对道德理性的主导地位和优先地位的肯定和确立。所以就
基本倾向而言,新儒家所主张的是一种道德的理性主义。

从梁漱溟对柏格森的直觉概念所作的分析与比较以及对柏格森
的直觉主义认识论的批评中,我们可以看到,梁漱溟强调直觉的认识
方法只能是哲学的方法,而不是柏格森哲学的科学方法。他之所以
借用柏格森的直觉主义,其最终目的是为了实现对儒家人生价值理
想的追求。

综上所述,梁漱溟对柏格森的哲学概念进行了"为我所用"式的
误读和创造性吸收与转化,通过这种以生命哲学诠释儒学,以直观认
识论重塑儒学"良知良能"的内在价值,直揭儒家内里生命,从中抉发

---

① 郑家栋:《现代新儒家概论》,广西人民出版社,1990年,第52页。

出具有不为特定的历史时期和社会形态限定的普世意义的文化,使之成为人类社会未来发展的价值源泉,从而使在当时所谓"儒门淡薄,收拾不住"的境况窘迫的情势下处于惶惑中的中国人,重新保持对儒学存活于现在并活跃于未来世界文化中的信心①,也为梁漱溟在中国哲学史上开创新儒家创化了新的理论来源。当然,这里讨论的是梁漱溟早期哲学思想,在其后来的思想构建中,他有意识地将"理性"代替"直觉",转而关注社会而非人生,与柏格森哲学更是渐行渐远了。

---

① 熊吕茂:"梁漱溟与柏格森的生命哲学",载《常德师范学院学报(社会科学版)》,2000年,第2期,第34—39页。

容闳:西学东渐中最早的"香蕉人"

华南师范大学政治与行政学院 周炽成

提起西学东渐,人们经常会联想到容闳(1828—1912年)。他用英文写的自传性作品"*My Life in China and America*"被汉译为《西学东渐记》。从字面上看,这一译法似乎与原作差异太大,但是,从实际内容上看,这样译很传神。在西学东渐史上,容闳是一位杰出的先驱。作为最早的留学生、最早的留学事件的发起者和组织者,容闳的贡献早已得到公认。笔者也深深地佩服他的异常的毅力和勇气,并为他的非凡的经历所打动。不过,本文想从另一个未被人们重视的方面来评价他。我想更为强调他因缺乏中国文化素养而带来的先天不足,这种不足使他的幼童留美计划有很多缺陷,这些缺陷是导致留美幼童被提早撤回的重要原因。

"香蕉人"(粤语为"香蕉仔")一词,最早出自北美华人。香蕉是黄皮而白心的,"香蕉人"也同样如此:他们的皮肤像黄种人,但内心却像白人。北美华人以该词来说那些在那边土生土长的、有中国人之外表而无中国人之内心的孩子,他们只懂得西方文化而基本上不懂得中国文化。笔者以为,用该词来说容闳也是完全可以的。当然,北美华人所用的这个词带贬义,而我在本文中基本上是在中性的意义上用该词来说容闳的。

容闳出生于中国,并且在他1847年留美之前已在中国生活了19年。既然如此,为什么还要说他是"香蕉人"呢?要回答这个问题,还得从他早年所受的教育说起。他出身于广东珠海(当时属于香山县)一个贫穷的家庭。他的父母在供了他的长兄读中国私塾后,已无力再供他读私塾。但是,在离容闳家很近的澳门,有西方人开设的学校,它们不仅不收中国学生的学费,而且还免费供应食宿。当时的中国父母(尤其是那些体面的父母)并不乐意送孩子进西校读书,但容闳家贫,他不得已而在1835年进西校。后来,该西校停办,容闳辍学在家。但是,到了1841年,他又进了澳门另一西校(马礼逊学校)读书。次年,该校迁往香港,容亦随往。在那里,他接受了多年的教育,一直到他留学美国。

1847年,容闳得到数名西方人的资助前往美国留学。他先读中学(孟松学校),然后进耶鲁大学,于1854年毕业,成为第一位毕业于西方大学的中国人。在容闳留美之前,他在中国起码已接受了六七年以上的西方教育;留美以后,他又接受了七年的西方教育。吴义雄认为,容闳留美前所上的马礼逊学校是实行中英文双语教育的,容闳"学中文的时间,前后有八到九年,不可谓短"。但是,吴也承认,容闳对"中文可能不太重视。……虽然中文教育在马礼逊学校占有一席之地,但该校的重点是英文教育。"①无论如何,马礼逊学校毕竟是西方人所办的西式学校。说容闳在出国前没有接受过正规的中国教育,这应该是不成问题的。在中国人的外表下,容闳早已有"西心",说他早已是黄皮白心的"香蕉仔",实不为过。

容闳在留美期间入美籍,成为美国公民。但是,这位在中国出生的黄皮肤青年却始终未忘故国。他居美七年,对母国之爱一直未曾衰减。1855年,他带着"使中国日趋于文明富强之境"的宏愿回国。容闳指出,"余之一身既受此文明之教育,则当使后余之人,亦享此同等之利益,以西方之学术,灌输于中国,使中国日趋于文明富强之境。"②这样看来,他的心似乎没有完全"白"。但是,除了这种宏愿和对母国的爱以外,他的思维方式、观念取向、处事态度、行为模式等等,又有多少中国的成分呢?他的中学素养有多高呢?根据他所受

---

① 吴义雄:"马礼逊学校与容闳留美前所受的教育",载《广东社会科学》1999年第3期。
② 容闳:《西学东渐记》,岳麓书社,1985年,第62页。

的教育,这些问题并不难回答。

可能会有论者不同意容闳是"香蕉人"的说法。例如,章开沅先生就强调容闳不仅在西学东渐方面作出了卓越的贡献,而且他在中学西渐方面也做了不容忽视的工作。章先生说:"我们不宜把青年容闳看成一张可供任意涂抹西方油画的白纸,实际上他已具有中国传统文化基因。"①章先生查阅过耶鲁大学馆藏容闳档案,发现容闳"不仅对'四书'和若干中国史书、诗歌有所了解,而且还利用这些典籍中的名言佳句为1854级众多美国级友赠别。"②这些名言佳句包括"大人者,不失其赤子之心"、"礼之用,和为贵"、"有志者事竟成"等。章先生发现这些材料,对我们全面研究容闳很有帮助。这些材料表明:容闳确实不是完全不懂中学。但是,章开沅先生可能夸大了容闳的中学素养。如果不是通过遗传,他身上的"中国传统文化基因"是怎样得来的?从他所上的马礼逊学校吗?尽管该校有中文教育,但正如前面指出的,这方面的教育不会占很重要的比例。从他的家里?这应该是他接受中国文化的最主要的途径。但是,他出生于贫穷的农家,他在家里最多只能接受俗文化,而难以接受精英文化。容闳没有接受过正规的中国教育这一事实,决定了他不可能有高的中学素养。上述章开沅先生所列的证据似乎不足以从根本上否定容闳总体上是一个"香蕉人"的说法。另一个研究者李喜所对容闳的中学素养的评价似乎较为客观,但事实上还是高估了这种素养。他说:"实事求是地讲,说容闳有深厚的中国文化底蕴,未免过誉;说容闳中国文化水平很低,也不符合事实。应该说,容闳具备中国文化的基本素养,中美文化兼通,他的中文水平服务于其中美文化沟通事业绰绰有余。"③没有接受过正规的中国文化教育的容闳,他的中国文化水平能有多高呢?

当容闳重返故土时,他对它的第一印象是:母国反倒像异乡。此

---

① 章开沅:"西学东渐与东学西渐",载《浙江社会科学》,1999年第1期。
② 章开沅:"对容闳的新认识",载《华中师范大学学报》,1999年第3期。
③ 李喜所:"容闳与中美文化沟通",载《河北学刊》,2005年第1期。

时,他"为中国人而不能作中国语"①,故赶紧补习之。但是,他又不能请中国老师来教,因为,他们不懂英语。要教这位长期在英语环境中成长的"香蕉仔",必须用英语来讲解中文。在这种情况下,容闳只好找既懂英文又懂中文的西方传教士。一个中国人学中文,还得由外国人来教,这确实有点别扭。而且,跟传教士学来的中文,很难是原汁原味的中文。但是,容闳没有别的办法,他只能请他们来教。尽管容闳慢慢能讲汉语了,但似乎终生都未能用汉语来写作,以至于他后来要在中国官场写各种公文时,不得不找人来"操刀"。李鸿章认为容闳"汉文未深,又不识大体,亦是一病"②。

面对这个黄皮白心的"香蕉仔",中国人一开始也不太把他作为自己人,而是当作外人。因此,心怀宏愿回国的容闳,内心异常苦闷。他是为了中国而回来的,但中国似乎并不欢迎他。从小就接受西式教育的容闳,自己要作回中国人和让周围的人把他看成中国人,都是很不容易的事。作为一个在精神上西化了的中国人,容闳在19世纪五六十年代的中国确实太独特了!他是一位孤独的先行者!

在当时的中国,容闳是独一无二的。他在那时比其他任何中国人都更能深入西学的堂奥,这是他的幸运,但是,不谙中学,这又是他的不幸。对容闳因缺乏中学素养而有的局限性,有些论者已有所见。例如,称容闳为"边际人"的罗福惠指出,"具体到容闳其人,他作为边际人的第一层意思是对祖国固有文化已相当隔膜。……可以说,容闳对辉煌灿烂、博大精深的中国文化,实在未稍窥堂奥,所以他既不能认识固有文化优在何处、劣在何处,更不能设想中国人当如何对待、处置固有文化。崇仰西学或与他经历类似的人称其学识优长,但稍为守旧者则视其不谙中学为一病。客观地说,不能兼通中西文化

---

① 容闳:《西学东渐记》,岳麓书社,1985年,第66页。
② 李鸿章:《复郭筠仙星使》,《李文忠公全书·朋僚函稿》,上海商务印书馆,民国十年影印光绪三十四年金陵刻本,第18页。

确实难有作为,尤其难对改造固有文化和建设新文化作出大的贡献。"①与罗福惠称容闳为"边际人"相似,李细珠和石霓称容闳为"边缘人"。② 无论称他为"边际人",还是称他为"边缘人",均意味着他在两国(中国和美国)都不能进入中心,在两边都难以发挥影响,并且似乎还意味着他在文化取向上两头都不深入。但是,本文称他为"香蕉人",则强调他在中、西文化上的不均衡:西强而中弱。西方文化已深深地扎根于容闳的内心,因此,虽然他生活于西方社会的边缘(容闳除了留美7年以外,他后来又在美国生活了30多年),但是,在容闳的精神世界中,西方文化却不处于边缘。另一方面,中国文化在他的精神世界中却真的是属于边缘地带。"边际人"或"边缘人"的概念用于描述现实生活中的容闳,是合适的,但用于描述精神生活中的容闳,似乎不那么合适。

容闳回国经过多年的不如意遭遇以后,其命运终于发生了转变。1863年,他受到曾国藩的赏识,被派往美国购买机器,用以建立西式的工厂,是为后来的江南制造局。尔后对容闳命运更有影响的是:曾国藩接受了他关于派学生去美国留学的建议。曾上奏清廷,并很快获得了批准。由容闳设计的留学方案是这样的:选拔年龄在12至14岁的孩子赴美国留学,留学年限为15年;在试行期内先送120名,每年30人,四年送完;以后发现第一、第二批学生留洋成绩显著,则"永定为例,每年派出此数"③。这个方案基本上被清廷允准,但开始留学的年龄改为12至16岁。

1872年,首批30名儿童赴美。此后几年,每年都有同样多的儿童到美国,一直至1875年止。容闳和另外的一名官员(先是陈兰彬,

---

① 罗福惠:"边际人的报国心——容闳的思想和行为特征新论",载《华中师范大学学报》,1999年第2期。
② 李细珠:"'边缘人'的角色尴尬——容闳在晚清社会中的人生境遇",载《学术论坛》,2000年第3期;石霓:《观念与悲剧——晚清留美幼童命运剖析》,上海人民出版社,2000年(该书第二章标题为"中国留学生之父——一个孤独的边缘人")。
③ 容闳:《西学东渐记》,岳麓书社,1985年,第122页。

后是区谔良,再后是吴子登)去美国作为这些孩子的"监督"。他为这些孩子的教育奔波劳累,费尽心思。促成并带领幼童留美,确实是他对中国的一大贡献。接受了长期西方教育的容闳,回国后一直都有让更多的中国人接受西方教育的强烈愿望。回顾一百多年来留学和留学生对中国的文化、教育、科学、技术、经济、政治等方面的巨大影响,我们不能不佩服这位杰出的先驱的眼光。在从19世纪最后几年开始一直延续至今的汹涌澎湃的留学潮(大体上可以概括为留日潮、留欧美潮、留苏潮、留世界多国潮这四潮①)中,无数中国学子都在沿着这位先驱的足迹往前走。正如以研究中国近代留学史而有名的舒新城所说的:"无容闳,虽不能一定说中国无留学生,即有也不会如斯之早,而且派遣方式也许是另一个样子。故欲述留学之渊源,不可不先知容闳。"②在近代中国,作为最早毕业于国外大学的第一人和发起、组织最早留学事业的第一人,容闳这位不太会用汉字写作而又深深地热爱母国的"香蕉人",值得中国人永远怀念。

但是,令容闳意想不到的是,这一百多个留学生被清廷在1881年提前撤回。这对他绝对是一个沉重的打击,是他一生所遭到的最大挫折。为什么会被撤回呢?对此,很多论者都作了有益的探讨。从外部的原因看,当时美国掀起排斥华工的浪潮,并且容闳让部分学生进美国陆海军学校学习的请求遭到美国政府的拒绝,这促使国内的一些人坚持以撤回留学生作为对美方的报复。而内部的原因则非常复杂。一般学者都会认为,顽固派的力量太强大是最为重要的内部原因。他们一开始就极力反对儿童出国留学,既已成行后,又以个别学生出入教堂、剪掉辫子、沾染不良习惯等为由,不断奏请清廷撤回。另外,容闳和陈、区、吴这几名朝廷派去的官员的不和,也是不容忽视的内部原因。后三人在作"监督"之前从未出过国门,是典型的中

---

① 参见周炽成:《少年留学,三思而行——一个大留学生对小留学生的忠告》,广东教育出版社,2002年,第100—103页。
② 舒新城:《近代中国留学史》,上海文化出版社,1989年(影印本),第1—2页。

国传统士人,而容闳是接受了十三四年以上的西方教育但从未接受过正规的中国教育的"香蕉人"。因此,他和这三人在价值观念、思维方式、处事态度等方面的冲突,难以避免。这些冲突,正是中西文化碰撞的直接反映。李喜所等指出,"留美幼童的撤回有许多偶然因素,如容闳与陈兰彬、吴子登的私人矛盾,但从根本上讲,它是中学和西学在风俗习惯、行为方式、价值观念上发生冲突之后,统治者运用手中权力捍卫封建传统文化,抵制资产阶级文化的必然结果。……中国传统的封建文化,对西方资本主义文化有本能的抵制作用,它不允许用美国文化去'化'中国的下一代。"①这种说法部分是对的,部分则有问题。容闳与陈兰彬、吴子登等人的"私人矛盾",正体现了中学和西学的冲突,而不仅仅是"偶然因素"。而且,正如后面就要说到的,把中国文化等同于"封建文化",把西方文化等同于"资本主义文化",这是很难说得过去的。最近二三十年研究留美儿童事件的国内学者,一般都忽视了中国文化与中国人的高度相关性。其实,不仅中国传统文化不允许用美国文化去"化"中国的下一代,而且所有中国人都不允许这样做。

关注留美幼童事件的学者,大都同情容闳,而责备各种各样的顽固派,认为此事的夭折是顽固派的过错。尽管笔者也同情容闳,但我却想从一个新的角度反思之。拙意以为,顽固派固然要受到谴责,但是,容闳的留学设计本身也有很多问题。它有几大先天的不足:

第一,留学生出国时的年龄太小。容闳原计划在 12 岁至 14 岁的孩子中选拔留学生,后来清廷把高限放宽到 16 岁。到最后,由于报名不踊跃,容闳又把年龄低限降至 10 岁。这样,这些中国学生是在中学功底甚浅,甚至是在没有中学功底的情况下出国的。

第二,留学年限 15 年,时间太长。纵观整个中国近现代留学史,除这些留美幼童以外,似乎还没有谁准备留学那么长时间的。如此长的留学时间,经济上肯定不划算,并还会有如下面第三点所说的麻烦。

---

① 李喜所、刘集林等:《近代中国的留美教育》,天津古籍出版社,2000 年,第 46—47 页。

第三,没有认真考虑到要把这些留学生培养成中国人而不是美国人的问题。这一点是非常要害的。对此,不仅中国的"统治者"有忧虑,"被统治者"也同样会有忧虑,全体中国人都会有忧虑的。

作为近代中国最早的留学生,容闳自己是在19岁时去美国的,并且他也只在美国呆了七年。既然如此,他为什么为这些后来者设计那么小的开始留学的岁数和那么长的留学年限呢?也许,他觉得,岁数越小,孩子去美后越容易适应;时间越长,他们越能学到更多的东西。这种愿望不能说不好。但是,容闳为什么不从另一个方面想一想:如按他的计划去做,学生会不会成为美国人,而不是中国人?学生留洋15年以后回国会不会因不熟悉中国国情,不懂得中国文化而不适应在国内做事?作为一个最早的"香蕉人",容闳在中国办事以及在美国为中国办事时多次碰壁,就跟他不熟悉中国文化有很大的关系。当然,他自己恐怕无法意识到这一点。

设想一下:假如这一百多个中国孩子不提早撤回,而是按计划在美国留学15年,他们会不会成为跟容闳一样的"香蕉人"呢?"香蕉人"先辈不断培养"香蕉人"后辈,这种循环当然难以被中国人认可。在留美儿童刚撤回之时,有人这样评论道,"夫以中国幼年子弟送往外洋,遂自变且初服,是直为外国增丁口之数而于中国无补,又焉用之?且学徒自幼出洋在外国成四五年成七八年成十出年,少年性情最易变易,即使安分学习别无劣迹,而回华之后,言笑动作皆与外国人无异,甚至并其家世而忘之。殷有父母俱无,无人管束,则更无所顾忌。问以中国之所谓孝悌忠信礼义廉耻,皆惘惘然,一无所知,反成自恃精于西学,曾经沧海,视天下皆蔑如睥睨,一切旁若无人,此者往往而有。然则中朝不惜经费送之出洋,以望其成材者,反因此而无所取材,其有不贻旁观之窃笑者乎!"①这样的评论,尽管有些夸张,

---

① 1881年9月29日《申报》(光绪辛巳闰七月二十九)第3015号,转引自石霓:《观念与悲剧——晚清留美幼童命运剖析》,上海人民出版社,2000年,第170页。

但确有所见。如果我们把这样的批评仅仅看作反面的材料,是否太简单了呢?

对于坚持要撤回留美幼童的顽固派,我们除了谴责之外,是不是应该看到,他们担心这些小留学生越来越美国化而不成其为中国人是有一定的道理的呢?我们对顽固派的评价是不是过于简单了呢?

研究中国近代史的论者已经习惯于将中国文化称之为"封建主义文化",而把西方文化称之为"资本主义文化"。他们相信,"资本主义文化"优于"封建主义文化"。按照这种思路,容闳没有接受中国"封建主义文化"的教育是一件好事情,因为,他身上没有中国"封建士大夫"的沉重包袱,可以接受原汁原味的先进的"资本主义文化"。这种思路没有看到中国文化与中国人的高度相关性,对中国文化作了极为简单的处理。顺着这种思路,全盘西化就会是一个合理的选择。但是,令我们感到惊奇的是,这些论者们又都是极力反对全盘西化的。既然全盘西化是不可行的,这种思路肯定有问题。作为容闳的后继者,笔者在 20 世纪 90 年代留洋多年之后更深深地感到中国文化与中国人的高度相关性,感到中国留学生只通西的一头所带来的问题。

如果我们把容闳和另一个更出名的留学生严复相比,更容易发现作为"香蕉人"的前者的不足。严复是在容闳毕业于耶鲁大学的前一年(1853 年)出生的,他出洋留学比容闳晚了 20 多年。跟容闳留美不同,严复留英。当然,两人最大的差别在于:严复在出国留学之前接受了多年的、系统的中学教育,从而有了深厚的中学功底,但容闳却不然。严复学成回国后翻译了大量西方的政治、法律、经济、哲学等方面的经典,被称为中国"西学第一人",成为近代伟大的思想家。严复用非常典雅的中国文言文来翻译西方经典,大大地缩窄了中西文化之间的巨大鸿沟,使西学更容易为中国人所接受。虽然容闳也很杰出,但相比之下,他的历史影响却远不如严复的大。我们不妨这样设想一下:假如容不是一个"香蕉人",而有严一样的中学功底,跟严一样谙熟中国文化,那么,中国"西学第一人"的桂冠就有可能落到容闳的头上了。无论如何,我们不难承认:假如容闳有好的中学功底,他会为沟通中西文化,为中国进步作出更大的贡献。回顾过去一百多年的中国留学史,很容易看到:大多数成功的留学生都不是只通西学,而是中西兼通的。在这方面,不仅学人文与社会科学的中国留学生是如此,学自然科学与技术的中国留学生也是如此。就中西兼通而言,过去百年留学潮中从20世纪初到20世纪中的第二潮(留欧美潮)的留学生是最为成功的。该潮留学生、最早取得诺贝尔奖的中国人杨振宁就反复强调他是两种文化(中国文化和西方文化)的产儿。把西方数学和中国数学打通的中国首届"国家最高科学技术奖"获得者吴文俊也是此潮中的留学生。

严复是由福建船政局送出去留学的。从1875年到1886年,该局派了七八十名学生往欧洲留学。他们都能按计划完成学业,如期归国,没有中途撤回之事发生。跟容闳发动的不如愿的儿童留学相比,这次福建船政局发起的留学是成功的。其成功的原因包括:

第一,留学生年龄较大,他们在出国时的平均年龄为20多岁。如果说,留美儿童大多数属于小留学生,那么,现在留欧的则是名副其实的大留学生,他们身心均已成熟。

第二,他们在出国前已有了较好的中国文化的根底,不会被人担心因留洋而完全洋化,从而不成其为中国人。

第三,他们在国内已有了较好的外语基础,不像留美幼童那样到了国外再花大量的时间学外语。

第四,留学年限较短,一般为三年,个别为六年,这比容闳设计的留学年限短得多了。

福建船政局设计的欧洲留学计划,在很大程度上克服了容闳设计的美国留学计划的不足。正如有论者指出的,"留欧海军学生的派遣和管理,可反映出清政府和洋务官僚在一定程度上总结了派遣留美幼童的经验,其留欧政策得到了进一步完善,不仅留学见效快,而且还可以避免学生'西化'。因而,留欧学生与留美幼童相比,不仅年龄大,留学时间短,专业针对性强,而且其'西化'程度也轻,……没有落下'有害于社会'和'无益于国家'等罪名。"①容闳的留学计划是非常大胆的,也是风险度很高的,而福建船政局设计的欧洲留学计划则要平稳得多。

令容闳这位接受了多年的西式教育的"香蕉人"意想不到的是:在他去世半个多世纪之后,中国大地上自产"香蕉人"!他们没有留过洋,但却操译体汉语(由译西文而产生的汉语);他们用中文写作,但观念全来自西方;他们外表上看起来比容闳更像中国人,但内心深处却比西方人还西化。这可能就是历史的"进步"吧!

---

① 石霓:《观念与悲剧——晚清留美幼童命运剖析》,上海人民出版社,2000年,第176页。

《孟子微》与康有为对中西政治思想的调融

天津市工会管理干部学院图书馆　陈寒鸣

尽管晚明清初的早期启蒙思潮的出现已经启动了中国思想文化近代化的进程,但完整意义上的中国近代启蒙思想史是从康有为开始的。正是敢于"荟东西诸哲之心肝而酣饫之",并因之而最早富于近代精神的大思想家康有为在真正意义上开启了中国近代思想文化的历史闸门。论康有为思想者多注重其《孔子改制考》、《新学伪经考》和《大同书》,这当然是十分必要的,但笔者认为如从调融中西思想以创生出自己的思想理论体系,从而实现了中国思想文化近代化过程中由早期启蒙向近代启蒙的转化,并使中国思想文化史从此进入了真正意义上的近代时期角度来论究,更具代表性的乃是其《孟子微》一书。《孟子微》之所以具有这种代表性的重要意义,乃是因其呼应了近代中国的时代精神及西学化经学思潮[①]的基本特征。

综观康有为一生主要著述,皆以阐扬光大儒学传统为宗旨,使儒学或者更宏阔上说是以儒学为核心的中国文化在中西思潮日益急剧激荡的时代中获得新的意义与价值。《孟子微》[②]一书即为其重要代表作品之一。

康有为对儒家思想的研究大体经历了三个阶段:自幼年发蒙至1883年左右为第一阶段,其主要特点是其儒学旨趣由传统学术转入

---

① 关于近代中国西学化的经学思潮,我已有专文作综论性的简要评述。请参阅陈寒鸣:《略论中国近代西学化的经学思潮》,载任平主编:《东吴哲学》,2004年卷,香港国际学术文化资讯出版公司,2005年4月,第一版。

② 康有为《孟子微》,台北,台湾商务印书馆,1970年,第二版。

"汉学";约自 1888 至 1891 年为第二阶段,其儒学旨趣从古文学派转移至今文学派,并以《春秋》公羊学为其研究焦点;1892 或 1893 年至 1902 年左右为第三阶段,其以《春秋》三世之说及《礼运》"大同"之旨为基础建立起了独具个性的思想理论体系,同时也展开其对儒学经典做重新诠释的工作,主要著作为《礼运注》(1901—1902 年)、《中庸注》(1901 年)、《孟子微》(1901 年)、《大学注》(1902 年)和《论语注》(1902 年);这五部著作既反映了在中西思潮激荡背景下康有为对重建儒学所作的努力,也在相当程度上反映了他戊戌变法失败后亡命海外、浪迹异邦的生活经验,更彰显其以儒学为基础综罗佛学与西学而自成一家之说的胸襟。正是有了这五部著作,康有为才通过对先秦儒学经典的诠释成为一位"南海圣人";也正是有了这五部著作,康氏思想才成为了现代新儒学的先驱。

从康氏"自序"看,《孟子微》是为了阐释孔、孟思想之"真义"于"微言大义"不明的时代而作的:

> 孔子不可知,欲知孔子者,莫若假途于孟子。盖孟子之言孔道,如寻水之有支派脉络也……吾以信孟子者知孔子,惜乎数千年注者虽多,未有以发明之。不揣愚谬,探原分条,引而伸之,表其微言大义。

他认为,历代《孟子》注释皆未能探得孟学真义,故其毅然着手撰写斯书以"表其微言大义",光大"孟子大道之全、孔学之要"①。这表明了康氏的绝大自信。

值得关注的是康有为是在中华民族日趋深重的时代背景下撰著这部"表其微言大义"、光大"孟子大道之全,孔学之要"的《孟子微》的。康氏撰著此书时,已因戊戌变法失败而亡命国外,而此时之中国则因八国联军入侵、辛丑条约的签订成为了一个"次殖民地",已经完

---

① 《孟子微》,卷一《总论》。

全沦落到"人为鱼肉,我为刀俎"的危亡境地。这种危急存亡之秋的时代背景使得康氏此书绝不会是宋明儒所做的那种袖手空谈心性之作,而必然会成为其在危机时代中契会先秦儒学原典精神而以血泪铸成之作品,故其书中处处充满了强烈的经世乃至救世的思想。如痛惜清政失修曰:"顷者万国交逼,而我犹修海军、铁路之费以筑颐和园,则台湾、旅顺先失矣。日本之小,改纪其政,则大国畏之。有天命而不力配之,有多福而不求之,驯至分危。是自作孽,不可活也。某于十年之前,上书言及,今变法为未雨绸缪,仅可为之,过是不及,卒至大祸。每读是篇,不能不掩面流涕也。夫桓、灵早戒,何至有黄巾之乱?徽、钦早备,何至有金人之祸?后之视今,犹今之视昔。念我邦族,哀我种人,何为不可活若是乎?"又为中国国力羸弱而痛致慨叹:"如今万国争于自存,德、俄且穷国力为之,举国为兵,刻日可备;而我闻警,乃募老弱乞丐充之,岂能幸胜?徒丧师失地,自戕其民而已。此所谓殃民者乎!"①他还时时作中西现状之比较以加强国人对时代危机的认识,如在说明《孟子》中所见贡法时列举欧、美诸国的贡法以与中国比较,指出惟中国之税极薄,"不足以立国、养兵、兴学、劝业、修道、卫生、恤贫"②。如此等等,难以尽举。

深重的时代危机决定了康有为基本上站在政治、社会、经济的立场而非侧重于道德论角度诠释孟子。先秦儒学本有"内圣"与"外王"两面;就孟子而言,他所关怀的基本问题虽发端于道德自我之建立,但其终极关怀却落实于现实的文化世界与政治世界之中,这就使他的理想世界包括内、外两面:内而根于仁心,外而发为仁政,"仁义礼智根于心"③,故其所谓性一贯是指性善而言,主政者基于本善之性,推此仁心于天下,乃为仁政。因此,"仁心"、"仁政"并不是截然不相联属之抗体,而实为一物之两面。如果说"仁心"是孟子理想世界之本根,那末,"仁政"就是孟子理想世界的枝叶。本根不存则枝叶无所

---

① 《孟子微》,卷三。
② 同上书,卷四。
③ 《孟子·尽心上》。

附丽,而枝叶繁茂正所以显其本根之固。可见,孟子是很善言"内圣外王"精义的。惜乎历代思想家或注疏家在疏通孟学时,或侧重于"外王"一面,多就孟子政治、经济思想予以发挥,以彰显其时代意义,如汉之赵歧、唐之林慎思、宋之王安石等均是如此;或侧重于"内圣"一面,多就孟子知论仁政论、心性论予以发挥,以彰显其内在超越性,如宋之朱熹、明之王阳明、清初之黄宗羲等均是如此。康有为撰著《孟子微》亦未能从全体大用处发挥孟学,他重视孟学思想体系的"外在领域"远超过其"内在领域"。所以如此,重要原因之一就是时代对他的刺激。《孟子微》成书于中国危机日深之时,"南海圣人"心意尽系于经世济民,冥思玄想非其所重。在国势塞迫之际,康有为要通过这书来阐扬孟学的现代意义,达到其拯生民于既溺之中的目的,他自然要特重孟学的外在面了。①

康有为在对孟子的诠释过程中,极力以其所了解到的近代西方重要思潮来重新解释儒家经典,既力图使先秦孟学中固有的许多久已隐而不彰的观念光豁出来,又试图通过调和中西之学以赋予中国传统儒学以新的意义。他通过《孟子微》使先秦孟学精义获得了20世纪的新意义,从而使儒学在中、西思潮激荡过程中不致造成传统与现代绝然地断为两截,儒学传统得与现代生活融为一体。

细绎《孟子微》,康有为主要是在政治和经济两个范围内调融中、西之学的。本文仅从政治思想方面予以阐析。要而言之,在政治思想方面,康有为特取孟子"民本"论及其相关思想以与近代西方的民主、自由、平等诸观念互相阐发,显其隐微。

儒家"祖述尧舜"、"宪章文武",对上古文化传统和古代圣哲有着特殊的情结。而他们富有历史感的叙述,又充分展露了他们自己的思想。或者说,儒家思想以上古文化传统为"历史基因"与内在理据,

---

① 《孟子微》之所以着重从"外在领域"诠释孟学,当然远与康有为对人性的看法同孟子所持的"性善"论大异其趣有很大关系,笔者对之拟另文论析,兹不详述。

从而使之同传统紧密相连。这两方面在儒家学派开创者孔子那里都有充分展露。就前者言之,孔子称尧颂舜,寄寓着他希望在现世实行有如上古那样的仁德之政,以实现"老者安之,朋友信之,少者怀之"①的社会理想。而以后者来论,孔子在中国思想文化史上首倡"仁者爱人"②,却又以"爱亲"为"仁"之本③,这显然是呼应着上古文化传统,并符合古代社会生活实际的。保留着原始氏族血缘纽带而由野蛮时代迈入古代文明门槛的中国,④以家族和宗族为 国家的内涵,实是一种家族城邦。作为国家的象征,一曰宗庙,二曰社稷。国人即邦人,不仅仅是居于国中之人,而且是属于族邦之人。这使得聚落城邦内部的人际关系具有紧密性、长期性特点:紧密性主要指基于血缘关系的强烈感色彩,长期性则指个体的社会化及其生老病死、婚丧嫁娶均在族群内部完成;这二者决定了个体与个体间、个体与群体间利益关系的高度一致。在这样的共同体中,秩序(权力、规则等)只能是在符合最多数人之相对最大利益的原则下,随着族群内部需要的出现而自生自发地产生出来。这自生自发,既表现为其不具有强迫性,因为它具有自然正义的基础(满足生存发展需要),人们接受"大人物"——用孔子的话说就是"君子"——作为"委托代理人"的地位,旨在分工合作以获取更高的效率;又表现为它与当时的社会状况密切相关而被深深打上历史的烙印,即其必然与当时情境中人们的风俗习惯、心理情感相协调。而家长制体制的放大与完善,正是此"自生自产"的主要内容。这里的所谓放大,是指将这种关系由家庭之内扩展至家庭与家庭之间,所谓完善则是将家长权力定位在"义"与"慈"的基础上。从较广阔的历史背景看,"父权"与"君权"的贯通,

---

① 《论语·公冶长》。
② 《论语·颜渊》。
③ 《论语·学而》记有若之言:"君子务本,本立而道生。孝悌也者,其为人之本与?"比较准确地反映了乃师孔子的思想。参阅李泽厚:"孔子再评价"一文(见李泽厚:《中国古代思想史论》,人民出版社,1985年)。
④ 参阅侯外庐:《中国古代社会史论》,人民出版社,1955年。

表明君权获得了合法性支撑,而父权的价值理念也被继承了下来。①如此这般的历史传统和现实实际交织地反映到孔子的思维世界,遂使其言"礼"论"仁",更纳"仁"入"礼",把"礼""仪""从外在的规范约束解说成人心的内在要求,把原来的僵硬的强制规定,提升为生活的自觉理念,把一种宗教性神秘性的东西变而为人情日用之常,从而使伦理规范与心理欲求融为一体";并且,孔子由"亲"及人,由亲亲而仁民,既肯认既存的等级秩序,又强调某种"博爱"的人道关系,这使其思想具有一定的原始人道主义意义。②

上古文化传统对原始儒学的影响确实十分深巨。《礼记·哀公问》记孔子之言"古之为政,爱人为大。所以治爱人,礼为大。所以治礼,敢为大。……是故君子兴敬为亲,舍敬是遗亲也。弗爱不亲,弗敬不正。爱与敬,其正之本与!"近年出土的郭店楚简有《唐虞之道》一篇,其言曰:

> 尧舜之行,爱亲尊贤。爱亲,故孝;尊贤,故让。孝之方,爱天下之民。让之口(缺字),世无隐德。孝,仁之冕也;让,义之至也。六帝兴于古,咸由此也。
>
> 爱亲忘贤,仁而未义也;尊贤遗亲,义而未仁也。……爱亲尊贤,虞舜其人也。

"亲"和"贤"本是当时社会生活中分属两个不同角色序列的人物,前者指血缘关系上的人物;作为自然人,表现为家族内部的父母兄弟等等。后者则指有德有才之人。"亲亲"是自然情感,"尊贤"是从"爱人"出发的理智考量,即须选择"德行道艺逾人者"负责公共事务。唯有"尊贤",即由贤者为社会提供服务,才能把"爱"落到实处,否则徒

---

① 参阅陈明:"'唐虞之道'与早期儒家的社会理念",载《中国哲学》,第二十辑,辽宁教育出版社,1999年。
② 参阅李泽厚:《孔子再评价》一文。

谈"仁爱",空而无用。在这里,"道"由"情"生,表现了人类进入文明门槛之初自然与人文的内在连接,尧、舜等古圣先贤"爱亲"而"尊贤",堪称楷模。孔子把"爱与敬"即既"亲亲"又"尊贤"作为"正(政)之本",《唐虞之道》的作者则指出六帝之兴"咸由此也",这不仅是上古遗风在他们思想中的反映,而且也表现了某种类似于今日制度经济学的深刻洞见。

从这种思想出发,儒家学者通过对三代社会理想化的追慕,阐发其"天下为公,选贤与能"的社会主张。《礼记·礼运》记孔子之言曰:

> 大道之行也,天下为公,选贤与能,讲信修睦,故人不独亲其亲、不独子其子,使老有所终、壮有所用、幼有所长,鳏寡孤独废疾者皆有所养;男有分、妇有作;货物存于地矣,不必尽藏于己;力恶其不出于身也,不必为己。是故谋闭而不兴,盗贼而不作,故外户而不闭,是谓大同。

"天下非一人之天下,天下之天下也"①、"立天子以为天下,非立天下以为天子也"②,故而必须"天下为公,选贤与能"。所以,孟子否认"尧以天下与舜"的说法,认为三代禅让制度并非出于天子个人的意志,因为"天子不能以天下与人";"天子能荐人于天,不能使天与之天下;……昔者尧荐舜于天,而天受之;暴之于民,而民受之。故曰天不言,以行与事示之而已矣。"③可见,"天"意联系并体现或反映着"民"意,故而"天下"又是与"民"和"公"直接同一的,此即《尚书·泰誓》所谓"天视自我民视,天听自我民听",亦即孟子所谓"得天下有道,得其民,斯得天下矣。"④董仲舒《春秋繁露》依据《公羊》之义指出:"王者,天之所予也。其所伐,天之所夺也。……故夏无道而殷伐之、殷无道

---

① 《吕氏春秋·贵公》。
② 同上书,《威德》。
③ 《孟子·万章上》。
④ 同上,《离娄上》。

而周伐之、周无道而秦伐之、秦无道而汉伐之,有道伐无道,此天理也,所从来久矣。"又说:"君也者,掌令者也。令行而禁止也。今桀、纣令天下而不行,禁天下而不止,安在其能臣天下也?果其不臣天下,何谓汤、武弑?"可见其也认为"汤武革命"合乎天道、顺乎民意。"民之所欲,天必从之"①,儒家的这种思想同法家完全站在专制君主立场上,以天下为某种有待被掠夺、瓜分、享用的客体对象,甚至将天下视为专制君主一人一姓之私产的论调,如《韩非子·外储说上》"能独断者可以为天下王"之类,显然是截然不同的。

尽管孔子以"三月无君则吊"的心态讲"忠"论"信",但其后学却不受之拘限,而能够发扬上古文化中的民主精神,对"忠"、"信"作出新解。如郭店楚简《忠信之道》不仅将忠信视为仁义的实质和目标规范:"忠,仁之实也;信,义之期也",不仅高度强调忠信的意义:"忠之为道也,百工不楛,而人养皆足;信之为道也,群物皆成,而百善皆立",而且将之作为执政者或当权者必须尊奉的最基本的政治伦理原则:"忠积则可亲也,信积则可信也。忠信积而民弗亲信者,未之有也。"《尊德义》、《六德》同样也要求统治者必须忠信。这与《论语·八佾》"君使臣以礼,臣使君以忠"的观念显然有别。试看《鲁穆公问子思》之言"恒称其君之恶者,可谓忠臣矣",便可明了《语丛一》的作者敢于说:

君臣,朋友其择者也!

不是把君臣关系看作绝对的尊卑、服从——有如后世所谓"忠臣不事二主"——的关系,而是当作朋友之间相互选择的平等关系:"友,君臣之道也",并认为"父,有亲有尊。……友、君臣,无亲也,尊而不亲",父子关系高于君臣关系(《六德》谓:"为父绝君,不为君绝父")。

正是在这样的意义上,我们才能理解楚简《语丛三》作者提出的

---

① 《左传·襄公三十年》。

臣之于君,"不悦,可去也;不义而加诸己,弗受也";也才能真正理解儒家何以会盛赞"汤、武革命"。《孟子·梁惠王下》记载道:

> 齐宣王问曰:"汤放桀、武王伐纣,有诸?"对曰:"于传有之。"曰:"臣弑其君,可乎?"曰:"贼仁者谓之贼,贼义者谓之残。贼贼之人,谓之一夫。闻诛一夫纣矣,未闻弑君也。"

孟子还说:"桀、纣之失天下也,失其民也;失其民者,失其心也。"①荀子的看法与之相类,他说:"世俗之为说者曰:'桀、纣之有天下也,汤、武篡而夺之。'是不然。……汤、武非取天下也,修其道、行其义,兴天下之同利、除天下之同害,而天下归之也。桀、纣非失天下也,反禹、汤之德,乱礼仪之分,积其凶、全其恶,而天下去之也。天下归之之谓王,天下去之之谓亡。……汤、武者,民之父母也;桀、纣者,民之怨贼也!"②

近人宋恕谓:"儒家宗旨有二:尊尧舜以明君之宜公举也;称汤、武以明臣之可废君也。三代以下,二者之意不明,而在下者遂不胜其苦矣。"③渊源于上古文化传统的先秦原始儒学,确实具有着非常显明的民主精神气息,与中古封建之世现实社会政治生活中的王权专制主义判然有别。而如众所周知的那样,在先秦原始儒学中,孟子思想的民主精神气息最为浓烈;孟子堪称为具有古典民主意味的先秦儒学"民本"传统的集大成者。

历史上也有很多儒者在注孟释孟时,针对其所处时代中的秕政或虐政,重申孟子贵民重民主张并赋予一定新义,但要皆摆脱不开与现实的王权专制政治扯不清道不明的关联,故而既不可能真正彰显先秦孟学的民主精义,也不可能促成儒学"民本"传统向近代民主思

---

① 《孟子·离娄上》。
② 《荀子·正论》。
③ 引自孙宝瑄:《忘山庐日记·丁酉九月九日》,上海古籍出版,1983年。

想的转化。① 而康有为释孟,以西方近代民主政治观念阐发孟子"民本"精义,既特重民主政治实践上的时空性,又着重引入近代西方政治文化中的平等观念,从而使其所述之孟学具有了 20 世纪的新时代气息,这无疑对促成儒学"民本"传统向近代民主思想的转化大有裨益。

康有为在《孟子微》中多处以近代西方民主政治观念显扬孟学民主精神。如其释《孟子》"所谓有故国者非谓有乔木之谓也"章之含义时说:

> 此孟子特明升平、授民权、开议院之制。盖今之立宪体,君民共主法也。今英、德、奥、意、葡、比、荷、日本皆行之。左右者,行政官及元老顾问者也;诸大夫,上议院也。一切政法以下议院为与民共之,以国者国人公共之物,当与民公任之也。孔子之为《洪范》曰:"谋及卿士,谋及庶人"是也。尧之师锡众曰:"盘庚之命,众至庭。"皆是民权共政之体,孔子创立,而孟子述之。②

按:"国人"一词不见于殷商甲骨,成王、宣王时代的周金铭文里有派遣"国人"、"邦人"出去征战的记载。西周的信史如《周颂》里没有提到"国人"或"邦人",可见,在中国古代氏族贵族社会里,尽管有类似于古希腊城邦的自由民的"国人"存在,但数量并不多,且更未像有些论者所说构成中国古代社会的中坚,在贵族政治上占有举足轻重的比重。"希腊社会的自由民是氏族贵族制崩坏以后的市民,后来被显族经济所侵吞。中国的自由民却是在显族难产的过程中,逐渐取得历史地位。"侯外庐先生在《中国古代社会史论》中的这一论断从产生的时代背景上点出了中国古代的"国人"与古希腊城邦市民的差异,

---

① 请详参阅陈寒鸣:《儒家"民本"传统及其历史命运》,见吴光主编:《当代儒学的发展走向》(汉语大词典出版社,2005 年 6 月,第一版)。

② 《孟子微》,卷一。

但二者又有其相似的一面,如中国古代"国人"在西周末年的"谤言"就颇类于古希腊罗马自由民的议政,表现出了古代社会的民主主义,故而侯先生在《中国古代社会史论》中又说:"没有自由民,便不会产生希腊的悲剧艺术,同样地,没有'国人',便不会产生西周末春秋初巾同的古代悲剧诗歌(变风变雅)。原因就是有了相对的民主。"到春秋战国时代,"国人"在社会政治生活中的地位更显重要,以致郑国子产当政"作封洫,立谤政,制参辟,著刑书"①,很重视"国人"的舆论,不仅"不毁乡校",而且更把"国人"看得和诸侯一样:"为嗣大夫承命以使,周于诸侯。国人所尊,诸侯所知,立于朝而祀于家……"②不过,中国古代"国人"参政议政既不像希腊古代那样严整,更没有类于近代民主政治的制度。而康有为把《孟子》中有关体现出古代民主精神的"国人"议政的论述说成是"孟子特明升平、授民权、开议院之制",又说此制乃"孔子创立,而孟子述之",这当然是不符合史实的,但康氏撰述《孟子微》之意乃在于透过对《孟子》经文的诠释来汲取他和他的时代所需要的民主政治的精神,这使其经学颇涉主观而于客观性并不重视。

康有为把"社会契约"作为其所谓"授民权、开议会"之民主政治成立的基础。他认为统治者之合法性(legitimacy)乃基于被统治者之委任,故统治者与被统治者之间存在着一种类似契约的关系。他释《孟子》"民为贵,社稷次之,君为轻"章道:

> 此孟子立民主之制,太平法也。盖国之为国,聚民而成之,天生民而利乐之,民聚则谋公共安全之事,故一切礼乐政法皆以为民也。但民事众多,不能人人自为公共之事,必公举人任之。所谓君者,代众民任此公共保全安乐之事,为众民之所公举,即为众民之所公用。民者,如店肆之东人;君者,乃聘雇之司理人

---

① 《左传·昭公六年》。
② 同上书,"昭公十六年"。

耳。民为主而君为客,民为主而君为仆,故民贵而君贱,易明也。众民所归,乃举为民主,如美、法之总统。然总统得任群官,群官得任庶僚,所谓"得乎丘民为天子,得乎天子为诸侯,得乎诸侯为大夫"也。今法、美、瑞士及南美各国皆行之,近于大同之世,天下为公、选贤与能也。孟子已早发明之。①

此说与洛克(John Locke,1632—1704)解释人类政治社会起源时所持的社会契约(social contract)说颇有相似之处。孟子政治思想中原无"社会契约"观念,但康有为取此近代西方观念来诠释孟学,使孟子"得乎丘民而为天子"一句获得新义,这确使传统儒学别开生面。刘师培的《中国民约精义》以西方卢梭的思想来诠释孟学,赋予孟子政治思想以近代意义,如谓:

《孟子》一书,于君主、政府、人民三级,晰之最精。政府者,乃国家执政大臣,介于君、民之间,而为君、民交接之枢纽者也。(《民约论》卷三第一章云:"君主、政府、人民三者,相系之差如比例然。以君主、人民为两端之率,而以政府为中率。如君主欲自有立法之权,而人民又不愿遵奉法律,则志力之效终绝,国乱政靡胥踵其后。是盖两端之率之间,不可无中率以为之介,犹君主、人民之间不可无政府以为之枢纽也")《民约论》云:"人民虽有统治之权,然不能举通国人民统治之,于是乎有政府;政府之中不可无人长之,于是乎有君主。是则政府者,受人民之直接监督者也;君主者,受人民之间接监督者也。"故孟子立法厥有二说:一与人民有选举政府之权,一与政府以改易君主之权。其与人民以选举政府之权者,则以用舍之权与国人是也。(即"左右皆曰"两节意)卢氏谓官吏之权皆由国民委任,故黜陟官吏之柄不可不储之国民。(《民约论》卷四第十八章)吾谓选举出于国

---

① 《孟子微》,卷一。

人,则所用者必为国人所是,所舍者必为国人所非。是非决于众人,则君主之权可削。其制君权者,一也。其与政府以改易君主之权者,则与贵戚之卿易君位是也。孟子之时,贵族之权犹未尽削,孟子非以贵族为尽善也,不过欲利用贵族以抑制暴君耳。其制君权者,二也。吾观泰西民主之国,选举议会之权操于国民,弹劾总统之权操于上议院。孟子之立法,殆即此意也。夫然欲行此法,不得不重削君主之权;欲重削君主之权,不得不重与君主之责。其所谓君主之责者,一曰从法,即孟子答陶应所问是也;(孟子言舜不得禁皋陶执瞽叟,由于皋陶之法有所受。所以明法为一国共守之法,虽天子亦不能违,即司法权独立意也。)一曰爱民,即孟子答齐、梁诸君所问是也。(如"乐民之乐"数节是。)然爱民、从法仅属空文,不能必君主之实行。孟子知其然也,故复以倾覆政府之权与民庶,所谓"残贼之人谓之一夫"、"少助之至,天下畔之"也。其限抑君权,岂诸子所能及?要而论之,孟子非以君主为神圣不可侵犯者,不过视君为统治之机关耳。处民于主观之地位,处君于客观之地位,岂后世创为名分尊卑者所可托哉!

由此看来,调融中、西之思想以从传统儒学,尤其是先秦儒学原典中汲取现时代所需要的精义,乃是时人之共识。

康有为对"社会契约"说信之甚笃,屡次加以强调,如其释《孟子》"残贼之人谓之一夫"章云:"民者,天所生也;国者,民共立也。民各营其私也,必当有人代执其公事,如一公司之有千万分,不能不举一司理人以代理焉。君者,国民之代理人也。"①统观《孟子微》,康有为对"社会契约"说持论前后一贯,成为他以近代西方民主思想重新解释、发挥孟子"民本"论的重要基础。

民主政治的理想如何转化成为实践?康有为在释孟过程中对此

---

① 《孟子微》,卷四。

问题作出了回答。他指出民主政治理想的实现绝非一蹴可及,民主政治之实践有其阶段性的进展,亦即有其时空性,"程度未至而超越为之,犹小儿未能行而学逾墙飞瓦也"①。这使他极端提倡渐进的民主:"苟非其时而妄行之,享钟鼓于爰居,被冕绣于猿狖,则悲忧眩视,亦未见其可也。"②康有为在释《孟子》"国人皆曰可杀"章时说:"此孟子特明升平、授民权、开议院之制";又释"民为贵,社稷次之,君为轻"章云:"此孟子立民主之制太平法也。"③他总是以"升平"、"太平"之阶段进化来说明民主进展的不可躐等。康有为为什么要这样来阐释孟学呢?这固然与其始终坚持的"渐进的改良主义"政治立场有重大关联,但从学术思想自身内在理路来分析,这又是由其对先秦儒学传承的看法所决定的。康有为学说思想的核心是《春秋》公羊家"三世"之说。他以此说为孔学总纲,其传承顺序是自孔子而子游,再由子游而子思而孟子,他说:

> 《春秋》本仁,上本天心、下贱人事,故兼据乱、升平、太平三世之制。子游受孔子大同之道,传之子思,而孟子受业于子思之门,深得孔子《春秋》之学而神明之。

他推许孟子为"孔门之龙树、保罗",并认为"欲知孔子者,莫若假途于孟子。……通乎孟子,其于孔子之道得门而入,可次第而升堂矣"。④但孟子所传究为何物?康有为一再强调孟子所传乃《春秋》公羊学⑤,他释《孟子》"禹稷当平世"章道:

> 《春秋》要旨分三科:据乱世、升平世、太平世,以为进化,公

---

① 《康南海文集》,卷二《国会叹》,台北,文海出版社,1973年,重印本。
② 《孟子微·自序》。
③ 同上书,卷一。
④ 同上书,"自序"。
⑤ 同上书,卷一、卷三。

羊最明。孟子传《春秋》公羊学,故有平世、乱世之义,又能知平世、乱世之道各异。然圣贤处之,各因其时,各有其宜,实无可如何。盖乱世各亲其亲、各私其国,只同闭关自守;平世四海兄弟、万物同体,故宜饥溺为怀。大概乱世主于刑,平世主于同;乱世近于私,平世近于公;乱世近于塞,平世近于通:此其大别也。孔子岂不欲即至平世哉?而时有未可,治难躐级也。如父母之待婴儿,方当保抱携持,不能遽待以成人之礼;如师长之训童蒙,方用夏楚收威,不能遽待以成学之规。故独立自由之风、平等自主之义、立宪民主之法,孔子怀之,待之平世,而未能遽为乱世发也。以乱世民智未开,必当代君主治之、家长育之,否则团体不固、民生难成。未至平世之时,而遽欲去君主,是争乱相寻,至国种夷灭而已。犹婴儿无慈母,则弃掷难以成人;蒙学无严师,则游戏不能成学。故君主之权、纲统之役、男女之别、名分之限,皆为乱世法而言之;至于平世,则人人平等有权、人人饥溺救世,岂复有闭门、思不出位之防哉!若孔子生当平世,文明大进,民智日开,则不必立纲纪、限名分,必令人人平等独立,人人有权自主,人人饥溺救人,去其塞、除其私、放其别,而用通、同、公三者,所谓易地则皆然。

他并强调指出这里所说的政治制度演化的时空性正是"孔子第一大义,'六经'皆当以此通之"。① 可见,《春秋》公羊三世进化之说乃是康有为以"渐进的民主"来诠释孟子"民本"思想及其相关观念的理论基础。而在康氏看来,《春秋》公羊三世进化之说又正与他刚接受到的近代西方演化论(evolutionism)正相吻合。梁启超《与严又陵书》②尝谓康有为曾因他的缘故而获读严复(又陵,1854—1921)所译

---

① 《孟子微·自序》,卷一。
② 此信见《饮冰室文集》第 1 册,第 106—111 页,引文见第 110 页,台北,中华书局,1960 年,第 1 版。

赫胥黎的《天演论》，故对"生存竞争"、"优胜劣汰"的说法知之甚详。
这种来源于西方的进化论与儒学传统中的《春秋》么羊三世说相结合
成为一种历史进化论，而此一历史进化论贯穿在康有为所有的经史
著作及疏传、政论和《大同书》等著作之中。这种历史进化论当然也
成为康有为撰述《孟子微》对《孟子》作新释的基本立场。正是从这种
立场出发，他认为："舜为太平世民主之圣，文王为拨乱世君三之圣，
皆推不忍之性以为仁政，得人道之至，以为人矩者。……后世有华盛
顿，其人虽生不必中国，而苟合符舜、文，固圣人所心许也。"①他将
舜、文王与华盛顿相提并论，阐释孟子所谓"不忍人之政"，这当然不
合史实，却正见其融合中、西政治思想的苦心。

康有为又通过重释孟学将"平等"这一近代西方政治观念引入中
国政治思想之中，从而赋予孟学以新的思想生命力。

孟子以恻隐、是非、羞恶、辞让等四"善端"为人性之所同然，以
仁、义、礼、智为人心之所固有，故而认为人皆可以为尧、舜："舜何人
也？予何人也？有为者亦若是。"②这显然隐寓着平等主义的含义。
但受王权专制主义的制约与局限，孟子的平等主义始终只能停留在
道德观念层面上，并未落实到政治思想领域，更没有能在实际的政治
制度上开花结果。而在历代注疏家的疏解中，孟子的平等主义精神
亦郁而未发、隐而不彰。直到1892年前后，中国思想界方才开始热
烈讨论政治平等问题，樊锥、皮锡瑞等都有所论析。康有为撰述《孟
子微》，更借西学大畅孟子平等之义，遂使孟学固有的平等主义精义
显豁于世，这乃是"南海圣人"在孟学诠释史上的一大贡献。

康有为释孟，屡次指出"平等"是孟子思想中的重要观念，如谓：
"人人可为尧舜，乃孟子特义，令人人自立平等，乃太平大同之义，纳
人人于太平世者也。"③明确以平等为太平世之境界。又释《孟子》
"与民同乐"章云：

---

① 《孟子微》卷一。
② 《孟子·滕文公上》。
③ 《孟子微》卷一。

独乐不如与人乐,少乐不如众乐,实是人情。故非地球太平大同,人人独立平等,民智大开,尽除人患而致人乐,不能致众乐也。孟子一通仁说,推波助澜,逢源左右,触处融碎。今泰西茶会动至数千人,赛会燃灯至数百万人,其余一切会皆千数百人,皆得众乐之义。孟子为平等大同之学,人己平等,各得其乐,固不肯如暴君民贼,凌虐天下,以奉一己之体,而但纵一人之欲;亦不肯为佛氏之绝欲、墨子之尚俭,至生不歌、死无服,裘葛以为衣,跌矫以为限,使民忧、使民悲也。①

这里,他引述其浪迹异国所见社会习俗为例,为孟子"与民同乐"说加上了新义。如把他的这一疏解同唐代林慎思《续孟子》所述作比较,则尤能体现出康氏在近代社会新的时代背景下创发孟学新义之所在。按:林慎思生活于晚唐懿宗、僖宗之衰世,目睹其时祸乱相因、民不聊生之现实,故论政以存养百姓,除烦去苛为宗旨。他发挥孟学亦特重"仁政",以均徭役阐明孟子"与民同乐"之义:"吾所谓与民同者,均役于民,使民力不乏;均赋于民,使民用常足。然后君有余而宴乐,民有余而歌咏。夫若此,岂不谓与民同邪?"②可见他释孟之时关注的焦点乃在晚唐人民税赋之沉重问题上。这当然也有意义,但并未超脱传统儒学"仁政"学说的范围。而康有为生活于晚清中西思潮激荡、中国传统受到亘古未有严重挑战之时,他释孟子"与民同乐"之义时特引近代西方政治思想中的平等观念加以阐发,这一方面使先秦孟学所蕴涵却沉埋了两千余年的平等主义精神一朝得以重见天日,另方面又以西方新知诠释先秦吾儒旧学,使孟子学说获得新意义,使孟学平等之说获得与新时代需求相符应的思想生命力,并将传统儒学中伦理道德层次上的"平等"观念转化为近代政治文化层次上的平等思想。康氏如此调融中西以释经,充分显露出其经学思想返本开

---

① 《孟子微》,卷四。
② 《续孟子·乐正子三》,"知不足斋丛书"本。

新的特质。这在儒家经学思想史上是很有意义的。众所周知,儒家经典反映了中国先民对人类所关心的重大问题如自然、社会、人生等的思考,具有多方面的原创性,后世许多思想都可以从中找到最初的原型,由此而形成中华民族独特的认识世界和把握世界的思维方式。这也就是说,儒家"六经"是中国思想文化的轴心,两千余年来的中国思想文化虽然异彩纷呈,但都是围绕着这个轴心旋转的;当然,这并不意味着这种旋转没有偏离轴心乃至错位的时候。事实上,从经学思想史角度来看,每一次新思潮的出现都是以回归原典为表现形式而对前次思潮的一次矫正,并从而对儒家经学思想有创新性的发展,此即"返本开新"之谓也。两汉、魏晋、隋唐、宋明、晚明清初、清乾嘉之世所出现的各种经学思潮无不如此,近代西学化的经学思潮也是这样。不过,传统社会中所出现的各种经学思潮,就儒者而言,往往回归原典的主观愿望是真诚的,但所返之"本"未必是真本,而所开之"新"更无论在表现形式、或者在内容本质上都很有限。这样,真正意义上的回归原典、返本开新便只可能在近代才会出现。为什么呢?因为儒学原典最具意义的精神是民主主义,而传统社会农业——宗法经济基础和文化观念、生活习尚,尤其是社会中居于统治地位的王权专制主义的存在,决定了儒者们不可能真正回向儒学原典的民主主义精神传统,而至多只能说一些不会对农业——宗法型社会、特别是专制王权构成挑战乃至威胁的"民本"主义话语,而这些话语又每每能够在儒学原典中找到理论依据,至于汉儒所谓"屈民以伸君"、宋明儒所谓"存理去欲"则更是对儒学原典精神的背离和歪曲。连返本都受到局限而难以真正做到,又遑论从原典中汲取民主主义精神的源头活水而开出以经学思想为灵魂的儒学发展新路!唐君毅、牟宗三等现代新儒家以为儒学可以自发地一线转出近代民主,无异痴人说梦,毫无历史依据。[①] 而近代的情况则发生了根本变化:就内部言

---

① 请参阅陈寒鸣:"儒学与现代民主",载《天津社会科学》,1998年,第1期。

之,农业——宗法型社会结构日益解体,专制君主的威权亦越来越遭受到人们的普遍怀疑,并且,新的社会经济因素不断成长、有着自身利益诉求和对社会发展前景期望的新的社会阶级阶层也已出现并已跃登历史舞台开始发挥其社会作用;就外部言之,在撞击与刺激中,异质异型的近代西方真实地展现在中国人的面前,不接受其影响以谋求发展新路,而完全照着先前的样子思想、生活,就难以避免亡国灭种的厄运。这样一些内、外双重因素的作用,使真正意义上的回归原典、返本开新成为了可能。康有为在释孟过程对儒家经学所做的返本开新工作,不仅契合着近代社会的时代需求,而且为以经学思想为灵魂的儒学开出了发展新路;从后一方面来看,我们完全有理由将康氏视为现代新儒学的先驱。

需要指出,康有为没有从社会结构、经济活动或政治制度方面来论证平等的必然性,而是从人性上寻找平等必然性的根据。他释《孟子》"万物皆备于我"章道:

> 人之灵明,包含万有;山河大地,同显现于法身;世界微尘,皆生灭于性海。广大无量,圆融无碍,作圣作神,生天生地。但常人不识自性,不能自信自证自得,舍却自家无尽藏,沿门托钵效贫儿耳。如信得自信,毫无疑惑,则一念证圣,不假修行,自在受用,活泼泼地。程子《识仁篇》所谓"识得此理,浑然存之,不劳防检,不劳披索"也。《记》曰:"清明在躬,志气如神。"人之精爽神明,有此境界。此固人人同之,不问何教。禅者养其灵魂,秘为自得,后儒不知,斥为异氏之说。岂知孟子特发秘密之藏、神明之妙,以告天下学子;后世儒者何大愚,割此天府腴壤于人而不认哉?今特发明之,以恢复旧地,与天下有性善种者,共证此乐焉。至于推行为太平道,则推己及人,莫如强恕,则人己不隔、万物一体,悲悯生心,即为求仁之近路。曾子言孔子之道,忠恕而已;仲弓问仁,孔子告以"己所不欲,勿施于人";子贡问终身行,孔子告以恕。故子贡明太平之道曰:"我不欲人加诸我,吾亦

欲无加诸人。"人人独立,人人平等,人人自主,人人不相侵犯,人人交相亲爱,此为人类之公理,而进化之至平者乎!此章,孟子指人证圣之法、太平之方,内圣外王之道尽于是矣,学者宜尽心焉。

又说:"人人性善,尧舜亦不过性善,故尧舜与人人平等、相同。此乃孟子明人人当自立,人人皆平等,乃太平大同世之权,而人亦不可暴弃自贼,失其尧舜之资格矣。此乃孟子特义。"①这里,他是从人的天然禀赋自然充足饱满,不假外求上来构筑政治文化之平等主义的理论基础的。这表明康有为很巧妙地把侧重外在意义的近代西方政治观念与特重内在根据的中国传统儒家思想融为一体了。

---

① 《孟子微》,卷一。